费江波 ◎ 著

高校学生社团育人价值
实现模式的探索与实践

九 州 出 版 社

JIUZHOUPRESS

图书在版编目（CIP）数据

高校学生社团育人价值实现模式的探索与实践/
费江波著.—北京：九州出版社，2024.5
ISBN 978-7-5225-2985-1

Ⅰ.①高⋯　Ⅱ.①费⋯　Ⅲ.①大学生－社会团体－研
究－中国　Ⅳ.①G645.57

中国国家版本馆CIP数据核字（2024）第109594号

高校学生社团育人价值实现模式的探索与实践

作　　者	费江波　著
责任编辑	安　安
出版发行	九州出版社
地　　址	北京市西城区阜外大街甲35号（100037）
发行电话	（010）68992190/3/5/6
网　　址	www.jiuzhoupress.com
印　　刷	天津中印联印务有限公司
开　　本	710毫米×1000毫米　16开
印　　张	20.5
字　　数	272千字
版　　次	2024年5月第1版
印　　次	2024年5月第1次印刷
书　　号	ISBN 978-7-5225-2985-1
定　　价	78.00元

前 言
PREFACE

　　高校学生社团是由学生自发组织的非正式群体，以共同的兴趣爱好、专业特长或学术取向为基础，遵循自愿选择和非营利性原则，依据学校相关规定和成立条例，在相对独立的环境下实施自治并开展活动。其目的在于促进成员个人成长，实现共同理想。回顾学生社团的发展历程，在不同历史阶段，学生社团均承担了独特的历史责任。在我国进入中国特色社会主义新时代的背景下，高等院校面临前所未有的机遇与挑战，学生社团教育价值被赋予了更为丰富的内涵，需要肩负起更为艰巨的任务和伟大的使命，涉及知识积累、素质提升、兴趣发展、个性展示、社会认知和社会服务等多个方面。如何充分认识加强学生社团育人价值实现的重要性和紧迫性，如何深入挖掘学生社团的人才培养资源，如何搭建学生社团育人价值实现的平台体系并确保其顺畅运行，已成为高校教育工作者亟待解决的问题。随着实践的深入和学界的广泛关注，高校学生社团在育人功能方面的广度和深度得到了进一步拓展，成为保障和提升高等教育质量的重要途径。

　　本书共分为十章。第一章从个体、群体、组织三个层面探讨了高校学生社团的理论基础，各层面分别聚焦一个具体理论，以期为高校学生社团研究提供多元的理论视角，为学生社团参与高校育人的实证研究提供坚实的理论支持，丰富和发展学生社团育人价值实现理论，为高等教育的研究者和管理者提供更好的决策依据。第二章简明梳理了学生参与学校教育教学事务的历史渊源，并回溯了学生社团教育功能实现的历史演进。第三章分析了高校学生社团的育人功能及其实现的前提，提出了"学生社团育人价值实现模式"，重点研究了模式的目标理念体系、实施主体体系、实现路径选择、运行机制构建、框架模型设计等方面。第四章至第九章，用六章篇幅分别论述了参与思想教育、参与专业教育、参与组织服务、参与文化建设、参与实践历练、参与创新创业六大体系的构建。各章节主要从体系构建的原则与思路、平台体系建构、平台运行模式设计及其实证分析四方面，形成了各体系构建的路径及模式。其中部分实证案例在社会和兄弟院校中具有较高影响力，平台运行实践经验具有先进性和示范性，对高校推行学生社团参与人才培养工作的改革与实践具有较高的借鉴价值。第十章结合前文理论与实证研究结果，从高校视角提出了提升学生社团育人价值实现运行效率的对策建议。

本书认为，学生社团参与人才培养工作既是高校民主办学的重要途径，也是学校尊重学生主体性、提高教育教学质量、培养优秀人才的重要渠道，是高校求生存促发展的必由之路。理论与实践本就密不可分、相互促进、相辅相成。随着实践的不断深入，学生社团育人价值实现模式需要学界的关注，特别是从多学科理论视角诠释其特征内涵，分析其功能与策略，促进学生社团持续有力发挥育人功能。反之，理论的发展也必会为实践带去助力。随着学生社团育人价值实现模式理论的不断丰富和发展，社团的参与形态、参与情境、参与策略与参与功能等都将发生变化，基于多学科理论视野开展的相关研究，将更好地诠释各类学生社团组织在学校育人系统中的地位、作用及其自身发展。从而，进一步拓宽学生社团育人价值实现模式的实践思路，促进学生社团更为深入地参与学校各项人才培养工作。

目　录
CONTENTS

第一章　高校学生社团研究的基础理论

研究高校学生社团涉及多个学科领域，例如教育学、心理学、政治学、社会学、经济学、法学等，并在各个领域得到广泛应用。作为高校学生事务的重要组成部分，学生社团不仅是思想政治教育的主要载体，也是促进学生全面发展的实践平台。作为一种非正式学生组织，社团具备基本的组织特性。当前研究学生社团的重点在于关注成员个体、成员群体和领导管理等三个层次。相较而言，个人层面的学生发展理论更有助于以社团成员为对象的研究，组织层面的理论更适用于学生社团的结构和组织特征的研究。本章将依据管理心理学和组织行为学的研究对象分类，分别从个体、群体和组织这三个层面出发，阐述高校学生社团研究的理论基础。

此外，为了实现更多元化的理论视角，各层面将分别聚焦一个具体理论探讨理论预设，旨在为高校学生社团研究提供更为丰富的理论视角，为学生社团参与高校育人的实证研究提供更为坚实的理论支持，从而丰富和发展学生社团育人价值实现理论，为高等教育的研究者和管理者提供更好的决策依据。由于篇幅有限，此处仅能提炼部分理论进行探讨。著者期待更多领域的专家学者能够关注学生社团的研究，促进其可持续快速发展，推动高等教育事业不断发展进步。

第一节 个体层面的理论基础

社团在个体层面的理论基础主要关注社团对个体的作用和影响，以及个体的心理机制，这包括了隐性思想政治教育、学生干部培养和成员全面发展等方面。与此同时，研究也聚焦于成员的态度和满意度，以及成员的需求与动机，以提升他们加入社团的动机，并丰富激励机制。现有的理论主要集中在教育功能、社会化功能和成员需求方面。

一、教育功能方面的理论

在个体层面，理论探讨侧重于社团的教育作用，尤其是隐性教育功能。这一功能引起了我国思想政治教育工作者的重视，并在实践中逐步形成了系统的理论观点。其中，具有代表性的理论包括隐性思想政治教育理论、思想政治教育生活化理论以及道德体验理论。

隐性思想政治教育理论源于隐性课程概念，该概念最早由美国学者杰克逊（P.W.Jackson）于 1968 年提出，随后被引入思想政治教育领域。这一理论使学生在潜移默化中接受并认同政治制度和道德规范，进而形成符合政府需求的政治思想。自 20 世纪 80 年代起，我国开始关注并探索隐性思想政治教育的理论研究和实践。学生社团作为隐性思想政治教育的重要载体，凭借其宽松自由的环境和自发自治特性，以间接性、渗透式的方式灌输某种思想，有效地弥补了显性教育方式容易引发社员抵触和排斥心理方面的不足。

思想政治教育生活化理论强调教育与生活的紧密联系，具有显著的隐性教育特征。该理论源自美国教育家杜威的"生活即教育"的生活教育理念。受此理论启发，陶行知先生提出了"在生活里找教育，为生活而教育"的观点。在这一理论的指导下，社团既成为一种生活情境，也是一种教育情境。在这样的生活化教育环境中，思想政治教育得以悄然渗透到学生的日常生活中，充分尊重个体发展规律，发挥大学生的自主性和能动性，帮助他们适应社会进步，实现价值认同与行为认同。

20 世纪 90 年代，朱小蔓、刘惊铎等学者将"体验"引入德育研究领域，强调没有体验的道德教育无法真正促进道德成长。这一观点对社团思想政治教育产生了深远的影响。道德体验理论关注学生自我构建过程中的学习内驱力，认为社团的教育功能主要体现在这一过程中。通过参与实践活动，学生从内心深处体会到某种价值，产生认同、敬畏、信任等情感，或产生拒绝、厌恶、羞愧等情感，从而实现自我教育，促进整体道德素质的健康发展。从"体验"的角度看，高校学生社团中蕴含着丰富的体验元素，如生活情境、角色承担、自主体验、民主方式、分享精神、沟通技巧、服务意识、团队协作、冲突及解决、榜样带动等，为学生的自我提升提供了丰富的素材。

二、社会化功能方面的理论

在个体层面，理论关注社团的社会化功能，强调社团对学生的社会化成长产生积极影响。社团助力学生构建异于现实社会的关系，推动个体社会化进程。研究社团社会化功能的基础理论包括社会资本理论、社会化理论和人的全面发展理论。

社会资本概念起初因研究者对社会阶层固化现象的关注而提出。他们认为，社会阶层固化对社会而言是不稳定因素，需量化其程度并进行严密监控。20 世纪 70 年代，社会资本概念应运而生，被定义为个体在组织结构中利用特殊位置获取利益的能力。这种可以贡献利益的结构主要是指亲戚朋友、同学老乡等关系网络，个体从这些关系中获得的利益越高，代表其社会资本越高。20世纪80年代，布迪厄（Pierre Bourdieu）和詹姆斯·科尔曼（James Coleman）对社会资本进行重新定义，布迪厄将该概念拓展为实际与潜在资源的集合体，与关系网络密切相关；詹姆斯·科尔曼则将其视为个体拥有的社会资源，包括社会团体、社会网络和网络社区，具有不可转让性和公共物品性质。由于部分观点过于功利，社会资本理论被视为消极的社会理论，但相关研究确实证实了其科学性。社团作为一种社会资本，可以为社员提供社会资源，大学生加入社团的一大动机便是借助社团认识志同道合的朋友，拓展发展空间。这为运用社会资本理论解释社团社会关系建立现象提供了依据。

社会化理论关注社会对个体学习与发展的重要性，强调个体将社会价值、态度、技能内化为处事准则和个人能力，以使自身更加符合社会标准。社团的社会化功能是高校学生社团功能研究的重要领域。例如，李金发在其《高校学生社团对大学生社会化的影响研究》中从是否参与社团、参与社团的类型和参与社团的程度三个方面考察大学生道德社会化、政治社会化、角色社会化和个性社会化四个方面的现状，得出"参与社团对学生的社会化有一定影响"的结论。

人的全面发展理论亦常被用于解释社团对社员的作用。个体社会化过程是其适应社会的必要过程，目标是人的全面发展。马克思认为，在社会发展初期，个体追求小范围内的"圆满境界"，但具有局限性；进入资本主义社会后，个体成为社会大生产环节的组成部分，追求真善美的能力被剥夺。全面发展是社会主义社会中个体的发展目标，如马克思所言，"全面发展的人是体力和智力综合发展的人，是才能和志趣广泛发展的人"，个体可根据自己的天赋实现梦想，具有足够的自由并且具备生存的积极力量。社团作为第一课堂的有益补充，是大学生素质教育培养的重要基地，是大学生培养自我爱好特长的核心阵地，完全符合人的全面发展理论的宗旨。

三、成员需求方面的理论

在个体层面的理论探讨中，高校学生社团成员的需求构成了一项重要研究内容。现有理论主要从两个方向展开：一是探究成员在组建、加入以及参与社团建设过程中的心理驱动机制；二是以需求理论为指导，推动社团建设。其中，马斯洛（Maslow）的需求层次理论颇具代表性。马斯洛主张，需求是驱动人类行为的核心动力，可划分为基本需求和成长性需求两大层次。基本需求包括生理、安全、归属与爱、尊重等；成长性需求则涵盖认知、审美及自我实现等方面。据此，高校学生主要关注的是归属与爱和尊重的需求。这一理论有助于解释大学生成立、加入和参与社团建设的动机，为高校学生社团建设研究提供了理论依据。此外，赫茨伯格的双因素理论和麦克莱兰的三需求理论亦值得关注。

赫茨伯格的双因素理论认为，现实工作中的动机水平受激励因素和保健因素的影响。激励因素包括成就感、认同感、挑战和责任等，随着激励因素的增加，个体的动机也会增强。保健因素如报酬、人际关系、地位和组织管理等，虽不能直接增强个体的动机，但不足时会降低个体的工作动机。麦克莱兰的三需求理论则指出，工作情境中存在归属、成就和权力三种主要动机需求。归属需求是指个体希望与他人建立关系、获得他人的爱戴；成就需求是指个体期望完成任务、实现目标；权力需求则是指个体渴望控制他人和环境。

四、利益相关者理论为个体层面基础理论提供新视角

在个体层面，社团研究主要借鉴了社会学、政治学和心理学的核心概念。本部分将以利益相关者理论为支撑，将社团视为一种具有教育功能的特殊组织形式，置于高等院校这一典型的多元利益主体并存的利益相关者组织之中，展开个体层面的学生社团实证研究。

随着高等教育的快速发展及高校间竞争的加剧，不同利益主体对高校的生存和发展产生越来越重要的影响。其中，大学生与学生社团尤为重要。利益相关者理论为研究提供了有益的启示和有力的理论支持。学生深度参与到关乎自身成长成才的社团活动之中，既关系到大学生的切身利益，也是高校内各利益相关者的政治经济问题。从利益相关者视角出发，学生社团活动的有效运行将为实现高等教育的飞速发展提供强大推动力。

（一）利益相关者理论

利益相关者概念于 1963 年由斯坦福大学隶属研究所首次提出，初始阶段该概念完全局限于经济活动和企业管理领域。最初的定义将其完全视为经济活动和企业管理领域的概念。随着学术界的广泛关注，此后，这一概念受到学术界广泛关注，中外学者自不同角度对利益相关者进行定义，其中，安索夫和弗里曼的定义得到学界与企业界的广泛认可。20 世纪 60 年代，经济学家安索夫提出："一个企业要想达到理想的状态，需要综合权衡企业各个利益相关者之间的利益诉求，包括企业的高层管理者、普通员工、投资方、供货商以及消费者。"20 世纪 80 年代，被称为利益相关者理论的集大成者——美国经济学家弗里曼在其《战略管理：利益相关者管理的分析方法》一书中，进一步丰富发展了利益相关者的定义："利益相关者是指那些能够影响一个组织目标的实现或能够被组织实现目标的过程影响的人或者群体。"弗里曼在该书中勾勒出了利益相关者概念的基本特征，并从战略管理角度分析了利益相关者对企业持续经营的重要作用。他认为，企业中的利益相关者具有一定的"赌注"，是对该企业有要求权的；利益相关者是因公司活动受到影响，他们的权利也因此而受到尊重或受到侵犯的人。1994 年，经过进一步研究，他提出利益相关者是共同合作创造价值的人为过程的参与者。诸多相关研究均认为，利益相关理论撼动了传统的股东至上主义，改变了企业仅追求股东利益最大化的现状，为企业与所有利益相关者间构建了一种全新的关系模式。

　　以米切尔、弗里曼等为代表的相关研究者普遍认为，利益相关者理论的核心内容是：受公司利益影响的不仅仅是股东，而是所有的利益相关者，因此，公司经营的目标应该是满足多方利益相关者的不同诉求，减少对各方利益相关者的负面影响。国内学者杨晓宏等在总结和归纳国内外相关成果基础上，认为利益相关者理论的核心内容主要包括三个层面：一是目标上以利益相关者的利益为中心，通过促进组织利益最大化实现利益相关者整体利益的最大化；二是理念上主张共同治理，所有的利益相关者均有参与组织决策的权利，各利益相关者之间的权利是独立平等的，通过共同治理可以实现各利益相关者的利益平衡和社会责任；三是方法上采取分类对待、有效协调和动态发展，可根据各利益相关者与组织的紧密程度、贡献作用程度、权利控制程度、参与组织治理的意愿与能力程度对利益相关者进行分类，明确各利益相关者的角色特征和利益诉求，采取有效机制和措施来协调各利益相关者的利益诉求，同时要随着各利益相关者角色和属性的变化做出相应的调整，以适应各利益相关者之间新的利益格局。

（二）高等教育中的利益相关者理论

　　世界著名的高等教育专家菲利普·G.阿特巴赫说："大学不是一个整齐划一的机构，而是一个拥有自治权的各种团体组成的社会。"随着利益相关者理论在企业管理领域的广泛应用并逐步趋于成熟，国内外学者纷纷探讨将其应用于其他领域。美国高等教育学家罗索夫斯基是首位将利益相关者理论应用于高等教育学研究的研究者。他借鉴利益相关者的研究视角，突破传统观念，将高等院校视为由多个利益相关者组成的机构。他认为："大学的'拥有者'不仅包括教授、董事，还包括更为广泛的有利害关系的个人或群体，如学生、校友、政府、社区等。因此，大学应充分发挥各利益相关者的作用，以合作伙伴关系共生共赢，共同实现大学的有效治理。"在罗索夫斯基看来，没有学生的存在也就没有学校存在的必要，哪怕是学术研究，也是因学生的存在而有了更深远的意义。因此他着重论证了在学校众多利益相关者中，学生、教师和学校管理者是最重要的利益相关者，鉴于学生处于弱势地位且为大学校园中最重要、最突出的群体之一，学生无疑是需要给予高度关注的重要利益相关者。无独有偶，哈佛大学学者亨利·罗索夫斯基认为，高校是一种典型的利益相关者组织。他将利益相关者划分为四个层次：学校管理者、教师和学生；学校董事、校友和捐赠者；在特定时期对学校产生影响的相关者，如政府、周围市民、社区和媒体等群体。他认为，这四个层次的利益群体有着不同的利益诉求，代表不同的群体，因此，他们所发挥的作用也不尽相同。

20世纪90年代，越来越多的学者从经济学的角度研究教育问题，越来越多的高等教育学研究者认同并采纳罗索夫斯基的理论，尝试以利益相关者理论的视角探讨高等教育问题，将学生视为高等院校最重要的顾客已达成共识。近十年来，随着我国市场经济体制的快速发展，学界开始关注学生在高等院校中的角色地位。一些具有代表性的研究成果包括：李福华根据利益相关者与大学的密切程度，将大学利益相关者划分为四个层次，即核心利益相关者（包括教师、学生和管理人员）、重要利益相关者（包括校友和财政拨款者）、间接利益相关者（包括与学校有契约关系的当事人，如科研经费提供者、产学研合作者、贷款提供者等）和边缘利益相关者（包括当地社区和社会公众等）；胡赤弟认为，高校利益相关者包括大学行政管理人员、教授、出资者、学生和政府；金银凤认为，高校利益相关者包括教师、学生、家长、高等学校、教务管理部门、教学管理部门、教育主管部门和用人单位等八种主体；王健认为，高校是利益相关者契约的集合，将其利益相关者划分为两个层次，其中，学生、院系、教职工、后勤辅助单位、业务科研合作单位为第一层次，政府、主管部门、其他高校、金融界、银行、债权人、企业公司、工会、媒体、环保组织为第二层次；钟洪认为，大学治理的主体应是关键利益相关者，其利用层次分析法（AHP）从利益相关者的重要性、紧急性、主动性三个维度得到了大学利益相关者的权重排序，分别是政府、教师、管理人员、学生、债权人、服务使用者、捐赠者、社区和竞争对手。尽管国内学者对高等院校利益相关者的划分方式和范围描述不尽相同，但他们均一致强调，学生是高校利益相关组织中第一层次的重要利益相关者，是高等院校存在的前提，是促进高校发展的重要助推力量。这些研究成果进一步证实了学生在高校教育管理中的核心地位，为社团育人价值实现模式提供了坚实的理论依据和全新视角。

（三）大学生在学校利益相关者组织中的角色分析

学生依靠大学实现个人的成长成才，而大学也依靠学生维持生存和发展。大学与其学生之间相互作用，他们之间的关系如同鱼和水，植物与土壤，彼此相互依存。著名学者加塞特曾在其《大学的使命》一书中提出："一所大学的根基是学生，而不是管理者、教师或者教育知识。"大学在履行教学、科研、服务社会等职能的过程中，始终需要学生的参与，而所有这些活动的最终指向都是学生的个人发展与成长成才。那么，大学生在学校利益相关者组织中的核心地位是通过何种角色得以体现的呢？

首先，大学生是高等教育的消费者。为适应经济体制改革，1992年11月，国家教委发布了《关于加快改革和积极发展高等教育的意见》。1993年2月，中共中央、国务院正式颁发了《中国教育改革和发展纲要》，自此高等教育体制改革正式开启。1999年在中共中央"共建、调整、合作、合并"方针的指导下，高等教育体制改革进入了加大力度、加快步伐、全面推进的新阶段。教育经费来源也随之发生变化，从计划经济体制时期完全由政府承担，转变为多元渠道筹措。与世界上许多国家的高校相同，国内学生接受高等教育均需要缴纳一定额度的学费（极少数特殊扶持的专业除外）。如此一来，将学生称为高等院校的消费者也就更加顺理成章、合情合理了。消费者的一大特点是习惯性比较自己的经济支出与所获取商品的价值，即思考所购买的商品或服务之性价比，学生消费者自然也不例外。高等院校需重新审视大学生群体及其利益诉求，始终将注意力聚焦于学生利益相关者群体，致力于为他们提供高质量的教育服务，使其体会到自身诉求的被尊重、被重视和物超所值的教育体验。

其次，大学生是其他利益相关者的代言人。作为核心利益相关者的高校学生，并不只是代表着自身的利益诉求，他们还承载着家长、社会、用人单位等群体的利益，大学生是连接高校与众多利益相关者利益的纽带，起着不可替代的桥梁作用。学生的利益诉求得到了实现，同样，与高校学生有着密切联系的家长、社会和用人单位等利益相关者的利益也会因而得到实现。在高校利益相关者组织中，由于学生与诸多利益相关者间的紧密关系，成了这些群体利益诉求的代言人。

家长群体是学校特殊的利益相关者。就关系而言，他们与学生最为亲密，对学生的成长成才有着最殷切的期望。他们含辛茹苦养育子女，风雨兼程陪伴孩子十年寒窗，只为将儿女送入高等学府。金榜题名之时又要节衣缩食为孩子提供大学学习的经济保障，学杂费、住宿费、生活费、学习用品及电子产品的购置费等不菲的支出，使许多工薪家庭捉襟见肘，经济困难的家庭甚至倾其所有、债台高筑。因此，家长群体对于所"购买的高等教育服务"有着较高的期待，其利益诉求需引起高等院校的关注和重视。

社会也是以学生为纽带的重要利益相关者。高校的核心职能是为社会培养人才，培养什么样的人，怎样培养人，不是高等院校的"闭门造车"，而是高校、学生与社会三者间的常态化信息交互。高校为社会输出的人才质量直接关系到经济社会的发展，关系到社会对高校的利益诉求是否得到满足，因此高校需高度关注社会对于人才规格的需求，关注社会要求学生走入社会时需要具备哪些能力和素养。通过创设社会实践平台，建立在校生与社会的链接，检验所培养的学生能否适应社会的发展，以便及时调整人才培养策略。随着高等教育竞争的日趋激烈，就业率已经成为评价一所高校的重要指标，而这一指标也就等同于用人单位对这所高校培养学生的认可程度。在这个市场主导就业的时代，毕业生必须接受用人单位的考验和筛选。正如英国巴斯大学校长理查德·默迪特曾提出的"毕业即能上岗"，用人单位对毕业生的要求往往体现出即时性与持续性并重的特点。用人单位希望学校所培养的人才能快速适应职业岗位，能即时为单位创造价值，与此同时还需具备强劲的发展潜力。

再次，大学生是高校民主治理的生力军。就高校治理问题焦笑南提出：一是改变政府管理大学的方式，由直接管理向间接调控转变；二是引入利益相关者参与大学的治理；三是建立大学内部权责划分和制约机制。潘海生认为，利益相关者对大学有不同的利益诉求，有的甚至是冲突的。为了协调他们的利益，实现组织价值最大化，应依据各利益相关者与大学的利益相关程度以及参与大学治理的意愿和能力，按照非均衡分散分布的原则，在各利益相关者内部配置剩余控制权。这些利益相关者的剩余控制权是相互影响、相互作用的，是大学组织利益结构的反映，构成了大学利益相关者治理的主要内容。要实现高校的民主治理，需要吸引更多的利益相关者参与其中。而学生作为第一层次的核心利益相关者，无疑是高校民主治理的生力军。学生的深度参与不仅体现了大学管理的民主化，更是为学生的成长成才提供了实战的锻炼平台。

（四）利益相关者视角下学生社团建设创新实践

《哈佛商业评论》1998 年提出体验式经济时代已经来临，高等教育的消费者是学生利益相关者的重要角色之一，高校应以提供优质教育服务为重心，为学生创造出更为美妙的"消费体验"。在学生社团建设的创新实践中，著者站在学生体验的角度，审视平日的教育工作，挖掘他们的内心渴望。受体验式营销启发，以学生的真实感受为出发点，充分考虑学生的需求，以体验为导向指导了特色社团"成功体验吧"的建设。

本社团通过为学生提供成功体验平台，帮助其创造成功经历，使学生在体会成就感和自我价值感的同时强化自信心。在体验式教育情境中，教育者与学生更容易建立融洽的师生关系，也进一步凸显了学生的教育主体地位。无论是参与朋辈帮扶的"学生教育者"（社团干部），还是接受教育服务的"学生消费者"（社员），从这一经历中都获得了宝贵的切身体验。随着建设的逐步推进和经验积累，成功体验隐性教育方法的效果令人欣喜。

从设计思路来看，需要注意两点。其一，"授弱势学生以渔"更显工作价值。大学生弱势群体（过去称之为"五困生"）已经成为不可忽视的客观存在，该群体在学生中占有相当大的比例，现已成为育人工作中的重要工作对象。如何帮助弱势群体解决所面临的问题，指引他们正确认识事物、科学选择人生目标、合理管理自我是高校人才培养工作需要深入研究和探索的重要课题。大学生弱势群体承受着巨大的压力，往往表现出个性孤僻、自控力差、自尊心强、意志力薄弱、很少与他人沟通、对他人缺乏信赖感，他们比其他学生更需要关注和关爱，因此高校不仅要解决他们眼前的困难，更需要从深层次考虑该群体学生的可持续全面发展问题。通过扎实有效的思想政治教育工作，帮助弱势学生树立自信心，逐步摆脱不利因素，健康快乐成长成才，进而提高综合素质，提升社会竞争力，是教育工作最能体现价值的重要方面。其二，成功体验是学生最好的营养剂。有人说，人不是为了被打败而来到这个世界上的，而是为了得到赏识来到人间的。天生我材必有用不仅仅是一种心理暗示，更需要具体的成功事例来证明自己。因为有过他人相信其能力的经历，人就会相信自己，并不断以最佳的状态发挥自己的能力。对于弱势学生弱小的心灵来说，只有看到成功的希望，才有努力的力量。成功体验将诱发他们无限的动力，挖掘他们惊人的潜能。教育者恰恰是帮助其创造成功经历，并不断巩固已有成就感、自我价值感和自信心的那个人。在社团运行中，社团干部和指导老师最大的任务就是思考如何使学生"尝到甜头"，如何设法创造一个能使学生产生"成功体验"的平台，哪怕只是小小的成功，对于弱势学生来说也是弥足珍贵的，因为小成功必将化为大胜利。

从实施过程来看，可以通过四个环节展开。第一步，发动项目宣传，建立体制机制。对社团进行广泛的宣传，在学院内招募拥有"正能量"且热心助人的高年级学生作为朋辈指导员，切实体现此社团的育人载体特质。建章立制，制定相关规章制度、服务规范、服务流程等；人力资源培训，结合服务内容面向全体朋辈指导员开设较有针对性的培训班，授课人员包括院系领导、社团指导老师、有某项专长的优秀校友等。第二步，锁定目标学生，提供成功体验平台。具体操作中为了防止学生有被"贴标签"的顾虑，在寻找目标学生时应该是面向整个学生群体，特别要对弱势学生的定义进行重新审视，只要是在某方面尚不优秀或仍有较大提升空间的学生，某种意义上来说都属于弱势学生。只要通过提供成功体验平台使其发现全新的自我，都将会收到意想不到的教育效果。第三步，趁热打铁，适时介入引导。使学生享受到美妙的成功体验之后，特别注重及时介入引导其纠正固有的错误认识和行为。让这样一次小小的成功，激活学生潜在的巨大潜能和自信，促进成就意识的形成。第四步，跟踪强化，助其持久收获成功。持续的跟踪是使教育效果持久的重要措施。一般来说，大部分学生都会在体验到成功滋味后，提升自我认同、自尊心和自信心，同时在思想认识、行为习惯等方面也会出现一些可喜的改变。后续的关注、跟踪和督促，是不断强化教育效果的关键。帮助学生不断收获成功，推动他们继续向更高的目标迈进，在人生的长河中获得持久"成功"。

以曾开设的三期"论文撰写培训班"为例，参与的18名同学均在一个月内完成论文撰写，最终成功发表，实现了在他们看来"自己不可能做到的事"。事后有学生感悟道："一个月，短短一个月就撰写好了论文！你敢相信吗？一个月前我还觉得写论文于我而言真是遥不可及，而现在，我竟然真的做到了！""成功或许不一定是结果，但是成功的感觉让我一步步自信，一点点地让自己更加充满梦想，这次的经历在我的一生中都将是一段非常宝贵的经历，感谢自己，感谢社团，感谢费老师。"

随着社团建设的逐步推进和经验积累，成功体验教育方法的效果还是相当令人欣喜的。具体总结如下三点：其一，成功体验引爆学生潜能。被人肯定、认可、欣赏所带来的成功，满足了被尊重的需要，就像枯萎的庄稼见到阳光，迅速引爆了他的潜能。这不正是教育的根本目的吗？我们的学生是可爱的、优秀的，每个学生都有自己的闪光点。当我们给他们提供一次成功的体验，他们将给我们展现一个全新的自我。其二，每个人都需要成功体验。无论是一般意义上的好学生，还是教育中所谓的"困难生"，其实每个学生都需要成功体验。某种程度上说，"困难生"对于成功体验的渴求反而更加强烈。这是对他们进行思想政治教育，解决"困难生"教育难题的绝好途径。只有不断的成功体验，学生的思维才会更加敏捷；只有反复的成功体验，学生才能越来越自信；只有更多的成功体验，学生获得的思想教育和知识技能才能刻骨铭心；也只有无数的成功体验，我们设计的教育目标才能具体内化为学生的基本素质。最终，我们的教育才算是成功的教育。其三，以成功体验教育法为依托，创新学生工作思路。学生教育管理的方式方法可以进行颠覆性的转变，教育者形象将从原来的"苦口婆心、循循善诱"转变成为"发现学生亮点、提供成功体验平台"。工作的核心任务是使学生都能获得一种成功的体验，并将其放大，用一切可能的手段和方式挖掘每个学生的潜能。

此实践主要包括显性成果与隐性成果两种形式，其中显性成果包含学生发表学术论文、获国家专利授权、参加各类竞赛获奖等。比如，两年里共开设三期"论文撰写培训班"（参与的 24 名同学均顺利完成论文撰写并成功发表）；开设"锦上添花训练营"（参与的 16 名商科专业学生均获得国家专利授权）。隐性成果包含学生通过体验到本以为"遥不可及"的成功，发现全新的自己，提升对自我的认同和自尊心、自信心，从而进一步挖掘个人潜能，遇见更好的自己。社团为参与朋辈帮扶的"学生教育者"和接受教育服务的"学生消费者"提供了一次小小的成功体验，而学生却因此发现了一个全新的自我。据了解，参与学生自我认同、自尊心和自信心明显提升，在之后的学习工作中能够更深入、更主动地挖掘个人潜能，各方面表现进步显著。

第二节　群体层面的理论基础

社团在群体层面的理论基础主要关注群体行为原因、群体与环境关系、群体内相互关系和群体对象教育等方面，尤其关注社团群体对社团发展的影响以及社团对群体的实际作用等问题。这些理论以心理学，尤其是群体心理学、心理咨询和治疗理论为基础，包括群体动力理论、"泛智"教育思想、认同理论、交互作用分析理论、平衡理论、社会学习理论等。

一、以社团群体为研究对象的理论基础

群体动力学理论由法国心理学家勒温提出，主张群体行为动力源于群体内部，成员之间的关系对群体行为有最大影响。因此，群体发展的动力在于群体与成员之间的相互影响。群体动力学可以阐释群体性质、群体发展规律以及群体活动的过程等，有助于分析群体在面对社团危机时的行为表现以及群体中可能存在的社会惰化和从众现象。

"泛智"教育思想由夸美纽斯于17世纪30年代提出，旨在"将一切知识教给一切人"。具体来说，这一思想包括两方面含义：一是将所有事物视为知识，旨在将各类知识传授给所有人。传统教育仅以《圣经》为唯一教育内容，而在"泛智"思想中，科学、德行、信仰等均可视为知识，呈现出百科全书式的知识体系；二是认为知识可传授给所有人，传统高等

教育仅针对贵族，具有明显阶级性。因此，"泛智"思想拓宽了教育内容和对象，将普遍世界的客观存在划分为认识事物、行动熟练和语言优美等三种主要知识形式，体现出先进的教育目标。在高校中，学校不会对社团类型严格控制，只要社团不违反法律、道德原则及学校的奖惩规定，一切知识对社团都是有益的，社团类型多样化的特点符合"泛智"思想的基本原则。在教育对象方面，高校学生社团纳新时不会设置各类门槛，不要求学生必须具备一定的知识结构体系或接受过一定内容的专门训练。综上，"泛智"教育思想对高校学生社团研究具有现实价值。

二、以社团内部关系为研究对象的理论基础

"认同"概念最初由威廉·詹姆斯（William James）和弗洛伊德（Freud）提出，强调个体潜意识地向别人模仿的历程。个体向他人或团体的价值、规范与面貌不断模仿、内化，最终形成自身行为模式。基于"认同"概念，衍生出价值认同、社会认同、组织认同等概念，"认同"也成了群体行为研究的重要议题。这其中组织认同理论与高校学生社团的关系更为密切，因为社团成员对于社团的社会认定（social identity）和文化认定（cultural identity）会影响个体对社团的价值观、情感维系等方面的认知，进而影响个体对社团文化的归属感和忠诚度。关于学生社团组织认同方面研究主要从个体、组织、环境三个层面展开，包括个体层面的成员满意度、认同感、加入年限、个性等，组织层面的沟通氛围、组织声誉、组织支持、同事关系、领导风格等，以及环境层面的组织竞争程度和组织差异性。

交互作用分析理论是1957年由美国精神分析学家伯恩（Bern）提出的，他认为，无论人们是以坚决还是非坚决的方式相互影响，当一个人对另一个人做出回应时，他们之间存在的一种社会交互作用，其目的是协助人们了解与别人互助的本质，教育当事人改变生活态度，对与人交往获得

深刻的领悟力，建立成熟的人际关系。社团成员往往呈现出同质性，这不仅是因为他们志趣相投、目标相近，而且社团成员之间的交互影响会极大程度改变他们的生活态度和自身成长。因此，交互作用分析理论对研究学生社团具有重要意义。

三、以社团环境为研究对象的理论基础

"平衡理论"也称为"P-O-X 理论"，由海德（F.Heider）于 1958 年提出。他认为个体处于与外界环境的三角关系中，当自身、他人及其他事物或人三者之间形成肯定关系时，个体呈现平衡状态；反之，若三者之间存在否定关系，则个体陷入不平衡状态，从而引发心理紧张与压力。当人处于不平衡状态时，个体会改变对事物或他人的态度，恢复平衡状态。在学生社团研究中，时常需要探讨社团环境与成员个体之间的交互作用，因此"平衡理论"具有较高的理论价值。

社会学习理论，由美国社会心理学家班杜拉（A.Bandura）提出，强调学习是个体与环境交互的结果，行为、环境、个体特质共同影响学习过程。尤其突出观察学习的重要性，大多数人通过观察和模仿他人进行学习，从而使环境在学习中具有决定性作用。学生社团环境为学生提供丰富的观察、学习机会，如观察他人的技能和行为，其他成员如何合作、交流和解决问题，领导者如何指导、管理和解决冲突，活动组织者如何策划、组织和管理活动，其他成员如何建立良好的社会关系等。因此，社会学习理论作为群体层面的理论基础，具有很高的借鉴价值。

四、教育生态学理论为群体层面基础理论提供新视野

社团研究在群体层面的理论视野以心理学为主，管理学、社会学等学科亦有涉及。然而，从长远发展角度来看，高校学生社团理论支撑的不

足，限制了前沿探讨、本质特征的提炼以及自身发展。为此，高校学生社团研究需汲取更为深厚的学理资源，引入多元学科支撑。本部分基于系统观、平衡观的教育生态学，展开群体层面的学生社团实证研究，试图从多学科理论视角诠释学生社团特征内涵，分析功能策略，为高校学生社团研究提供宏观全面的崭新视野。

（一）国外教育生态学相关研究

教育生态学源于教育学和生态学的相互渗透，是运用生态学的理论和方法研究教育现象和教育问题的分支学科。教育生态学的雏形是人类行为的生态学研究，学者们开始关注教育环境与教育对象间的关系。其中较有代表性的研究成果有：20 世纪 20 年代，德国学者布泽曼等人曾尝试探究教育与宏观环境要素间的关系，并试图建立"教育环境学"；20 世纪 30 年代，英美出现了针对学校环境的专门研究，学者们以学校管理、教师、学生、物理环境、教材、教学手段与方法等要素评价学校的教育环境；日本学者细谷俊夫在其《教育环境学》中论述了自然环境、社会环境和精神环境对教育的影响等。可见，学界早在 20 世纪 20 年代就开始关注环境与人的发展之间的关系，虽尚未开始运用"教育生态学"术语，但有关于学校环境、教育环境、课堂环境方面的研究成果丰富，对教育生态学的发展起到了重要的支撑作用。

"教育生态学"理论最早由美国哥伦比亚大学师范学院前院长劳伦斯·克雷明提出，1976 年他在其《公共教育》一书中，从教育生态学的角度出发审视教育定义，认为"教育是通过周密的、系统的和持久的努力来传播、激发或获取知识、态度、价值、技能和情感。教育是由这种努力所产生的所有结果"。克雷明认为，这一定义具有以下特点：强调目的性、具有包容性和实施教育的个人和机构的多样性。1978 年 9 月，在瑞典皇家科学院庆祝斯德哥尔摩大学建校 100 周年的大会上，克雷明做了题为《教育生态学中的变革：学校和其他教育者》的演讲，进一步阐明了他对教育生态学的见解。他认为，"生态学的概念是有用的，因为它强调联系"；教育生态学思想的实质就是"把各种教育机构与结构置于彼此的联系中，以及与维持他们并受他们影响的更广泛的社会之间的联系中来加以审视"。可见，将教育视为一个有机的、复杂的、统一的系统，是克雷明教育生态学思想一以贯之的核心思想，在克雷明看来，教育生态系统中的各因子都有机地联系着，这种联系又动态地呈现为一致与矛盾、平衡与不平衡，而这些种种的现象及其成因都可以运用生态学的理论和方法来研究，从而掌握教育发展规律，揭示教育发展的趋势和方向。

1976年，布朗弗布伦纳创造性地引入"系统"概念，为教育生态学的发展带来了深远的意义。在布朗弗布伦纳看来，人的发展应放在一个宏观的、多层次的生态系统中加以考察，而一个人的发展就像不断生长的有机体般，是他一生中自身与其所处环境相互适应的变化过程。布朗弗布伦纳将教育生态系统分为小系统、中间系统、外系统和大系统四个层次。其中小系统是指发展中的个体与即时的环境之间的复杂关系，构成这一系统的要素有地点、时间、物理特征、活动、参与者及其角色；中间系统是由一系列小系统构成的系统，因此会包括两种以上情境间的关系，以大学生为例，其中间系统包括他在家庭、学校、所属组织和伙伴之间的关系，随着个体的发展和情境的变更，中间系统也会发生变化，并形成和发展新的系统；外系统是对个体产生直接影响的情境系统，但其中并不包含个体的主动参与，对大学生而言，包括父母的工作地位、亲戚朋友和同学就读的学校、父母的朋友等；大系统是指一系列信仰、生活方式、伦理观念、价值观、宗教观等具有一致性的文化或亚文化，属较为宏观层面的，但对个体的发展有着深层次的影响。

20世纪80年代和90年代是教育生态学迅速发展的时期，诸多学者积极关注，研究范围更加宽广，并不断向纵深方向发展。华盛顿大学的古德莱德侧重于微观的学校生态学研究，首次提出"学校是一个文化生态系统"的观点，其目的在于从管理的角度入手，统筹各种生态因子，以建立一个健康的生态系统。教育生态学家鲍尔斯也对微观的课堂生态以及宏观的教育、文化、生态危机等教育生态问题进行了深入的研究。国外学者对教育生态学研究对象的认识颇不一致，但都强调生态学的基本精神，即综合、联系、平衡；研究的内容主要侧重于三个方面：微观教育生态学、教育生态因子生态学、宏观教育生态学。

（二）国内教育生态学相关研究

与国外相比，国内关于教育生态学方面的研究起步较晚。相对较早关注该领域的是台湾地区，其专门成立了从事教育生态研究的研究所。20世纪60年代，台湾师范大学方炳林出版《生态环境与教育》一书。20世纪80年代后期，台湾李聪明的《教育生态学导论》与世人见面，书中他运用生态学原理对台湾教育的各种现实问题进行反思，率先开展了该领域的实证研究，但分析的深度和广度仍需进一步加强。

大陆学界对教育生态学的关注始于20世纪80年代末90年代初。早期最具代表性的成果当属1990年吴鼎福和诸文蔚著成的《教育生态学》，这也是大陆地区第一本教育生态学的相关专著。该书最大的特点是生态学色彩浓厚，通过借用诸多生态学的概念和理论，分析教育与其生态环境间的关系，总结出了各种教育生态环境与教育之间相互作用与影响的规律，详细阐述了生态结构、生态功能、基本原理、基本规律、行为生态、演替与演化、评估、可持续发展等内容。吴鼎福和诸文蔚认为，"教育生态学有几个基本原理：限制因子规律、耐度定律和最适度原则、教育生态位原理、教育生态链法则、教育生态系统的整体效应、教育生态的边缘效应等，这些基本原理揭示了教育的内部规律"。

20世纪末以来，更多的学者开始关注教育生态学研究，从生态化教育哲学构想、教育生态环境建设、大学教育生态化、高等教育生态发展、教育生态学与中小学素质教育、生态发展战略、教育人类生态等不同的角度对教育生态学进行了研究，并形成了大量成果。比如王丽琴在《生态化教育，必要的乌托邦———21世纪教育哲学前瞻》一文中，从生态文化与生态化教育、生态化的教育哲学构想、生态化教育在中国等方面，对生态教育进行了论述。方然在《教育生态的理论范畴与实践方向》一文中，从教育生态建构的基本理论范畴和教育生态建设与培育的实践方向等方面，论述了教育中的"智能生态圈""教育生态系统""教育生理节律"和"教育生态位"。

除了以上宏观层面的探讨，更多的是以教育生态学理论为指导，解决各级各类教育机构的现实问题，提升教育质量。而这些中微观层面的研究，主要从教育生态环境与学生发展的关系入手，研究探索如何构建良好的教育生态环境，以促进教育质量的提升。比如李荣德、魏永广等人在《高等教育发展规模与速度的生态学探索》一文中，讨论了我国高等教育的教育生态系统及其规律，从生态学的角度对高等教育的发展提出了新的思路。张忠福在《基础教育生态的建设与培育》一文中提出，要树立教育生态意识，破除狭隘的学校教育观念，调整学校布局，优化资源配置，充分发挥社会对学校教育的促进作用。刘克汉的《教育生态学与中小学素质教育》则根据教育生态学中的限制因子定律、耐度定律、生态位原理、生态系统的整体效应等基本原理，对目前我国中小学实施的素质教育存在的问题进行了分析，探讨了教育生态学视角下的素质教育新思路。

（三）从孤独学习个体到学习共同体的生态学转向——教育生态学视野下"学习共同体"社团建设实证

学习是大学生的主要职责，是校园生活的重要组成部分。引导学生主动创建学习型社团——学习生态共同体，是学生社团育人价值实现模式在学风建设领域的探索和创新。建设中需重点设计并实现资源共建性、交互协作性、互惠共赢性等共同体学习情境的生态属性，实现其自主生态循环。如此一来，不仅能够减轻学校在学风建设方面的管理教育投入，而且能够切实提高学生的学习实际效果。在学习共同体的生态运行中，突出每位学生的"专长"，使他们在与其他成员的交流互动与协同合作中体会到自身价值，不断强化"我是专家"的积极信念。

学习生态共同体的概念可界定为以完成一定的学习任务为目的，以拥有共同的学习目标和学习兴趣的学生作为组成主体，以互动、共享为主要学习特征，具有和谐融洽、互敬互爱学习环境的学习型学生组织团体，是学生"表达自我、展示自我、发展自我"的重要支持平台。

学习生态共同体生态系统结构方面，学习生态共同体是一个学习生态系统，所有的参与主体都是系统中的生态因子，因此构建学习生态共同体的探索是一个复杂的实践过程，是以生态系统形式存在、由诸多要素组成的有机整体。传统的学风建设系统主体包括相关职能部门、学生管理工作者、有关学生组织及大学生，学生在此生态系统中成了彻彻底底的"消费者"。建构主义理论认为学习者的知识掌握就是其自我建构的过程，而传统的学风建设却忽视了大学生学习活动"生产者"的地位。学习生态共同体建构过程中突出以学生为主体，因此其生态主体就是参与其中的学生，即生态系统中无论是生产者、消费者还是分解者均由学生扮演，实现了多重身份的高度统一。当然，参与学生在学习活动中或多或少会扮演 $1 \sim 3$ 个角色，他们共同参与构建的共同体环境也成了自身赖以生存的生态圈，不过与自然生态系统不同，他们所扮演的角色可以变化。

为了实现其自主生态的循环，需要对三种角色做生态属性分析。学习生态共同体中的生产者能够推动共同体学习活动的开展，激励、指导、帮扶其他成员，我们将其称为助学者。自然生态系统中，生产者把无机物合成有机物，供自己生存的同时，也为其他生物体提供了物质和能量。在学习生态共同体中，生产者即助学者可以是参与主体中的任何学生，他们在完成个人学业的同时，还会分享个人的学习经验、激发其他成员的学习热情、共享自己的学习资料、为伙伴们答疑解惑等，对参与主体的学业有着积极的促进作用。与之相反，其中的消费者一般对共同体没有什么贡献，参与共同体的初衷就是寻求学习帮助，如同自然生态系统中的消费者一般，他们由于在学习方面存在困难，比如作业无法独立完成，由于基础太差上课时仿若听天书等，因此需要他人的帮助，彻底的"消费者"往往存在依赖倾向，甚至对寻找、收集、利用有价值的学习信息资源都不愿独立完成，我们称其为"求学者"。另一个角色分解者，在自然生态系统中它们将残缺的有机体分解成无机物，并依靠分解过程中产生的某些物质维持生命，最终实现生态系统的循环。在学习生态共同体中，我们将分解者称之为维护者，他们的重要职责是"保障系统环境和谐，促进交流平等友好"。他们往往是舆论的引导者、人际的协调者、不良信息的隔离者，在系统中他们举足轻重，在参与学生中有着较高的影响力。

关于学习生态共同体的生态环境营造，所谓学习共同体的生态环境，是以学习活动为中心，对学习活动的产生、存在和发展起到制约调控作用的多元环境系统。在学习型学生社团日常运行过程中，需要创设有利于学生健康成长、全面发展的生态环境，充分发挥参与主体与环境间的良性互动。

学习生态共同体的环境与生态系统中的非生物环境类似，包括系统内环境和系统外环境。系统外环境主要包括学校的政策环境、设施环境、文化环境，在这里我们主要探讨其系统内环境。很多学者习惯将学生社团比喻为充满"人情味"的大家庭，成员间如同家人般相互关心、相互帮助。这些理应成为学习生态共同体系统内环境建设的重要目标，除此之外，还应注入"共建""交互""共赢"的元素，将学习共同体建设成为学生的心灵家园和实现他们个人全面发展的根据地。

分析学习生态共同体环境的生态学属性是其良好环境营造的重要前提。学习生态共同体生态系统内环境的关键在于参与学生，他们都是系统中的生态因子，既依赖于学习环境的生态圈，也会反作用于环境，促进学习情境的建立和发展。因此可将学习生态共同体环境的生态学属性总结为资源共建性、交互协作性、互惠共赢性，此三种属性与参与学生在共同体中的状态均有着密切的关系。

自然生态系统中，无论是生产者、消费者还是分解者，他们都会各尽所能地为生态系统资源的生产和消耗做出贡献。因此，学习生态共同体本着共同开发、共同利用、共同管理的原则，倡导每位参与主体都要为共同体的学习活动开展做出尽己所能的最大贡献，这也是"学习共同体"的应有之意，仅求索取者是不适宜生存于共同体之中的，这一属性即为资源共建性。

自然生态系统中，各生物之间虽然存在着竞争，但却彼此依赖，协调共生。学习生态共同体生态系统中所有的角色均由参与学生扮演，这将最大限度地激发他们的斗志、挖掘他们的潜能，通过彼此深入的交流互动、协同合作达成共同的学习目标，以此巩固增进成员间的情感，并进一步增强他们在学习活动方面的自信心。参与主体间这种互利共生的关系即是交互协作性。

在现实的高校教育管理中，往往采取"抓两头带中间"的工作方式，优秀学生、问题学生成为相关工作者的主要关注点，而人数众多的"中间群体"却常常被忽视。"学生社团育人价值实现模式"视野下，使"全体学生的全面发展"成为可能，强调平等民主、强调全员参与，每位学生都有闪光点，都是某领域的"专家"，都有参与教育管理的能力。自然生态系统中，往往通过反馈机制来保证生物种群的繁衍和良性循环。学习生态共同体生态系统为所有参与主体提供了具有"和谐关系与合作共赢"的学习情境，共同体成员一起参与学习活动，在为共同学习目标努力的过程中，成员们互相鼓励促进，彼此尊重信任，相互教授指点，他们都从学习情境中汲取了"营养"，也均为学习情境的建设做出了贡献。在学习生态共同体生态系统中，每一位参与学生都是平等的，都有着他们独特的价值。

第三节　组织层面的理论基础

社团在组织层面的理论基础主要关注高校社团管理和宏观分析社团组织属性两个方面。现有的理论主要包括高校学生事务工作理论、高等教育学、制度性同形理论和组织理论等。

一、高校社团管理方面的理论基础

高校学生事务工作理论从英国传统的"替代父母制"（in locoparentis）发展演变而来，20 世纪发展为"学生人事服务"（student personal service），再到六七十年代的"学生发展理论"（student development theory），其主要指导思想是学生发展理论，即探讨学生知（认知和智力）、情（情感和态度）、意（伦理和道德）三方面发展的理论。学生发展理论认为有效的学校事务管理必须采用适当的管理方式和合适的人。该理论主要基于两点人性假设，其一，人是复杂且具有各种需求和不同能力的"复杂人"。其二，人是具有自由意志的能动决策者的"决策人"。从这两个人性假设可以看出，学生事务工作越来越以学生的发展为中心。20 世纪 90 年代末，美国大学人事协会（ACPA）提出了学生事务的新含义：学生的学习是当务之急，而后这一概念也成为指导学生社团的重要理论基础。新含义中有两点特别值得高校学生社团研究的关注。第一，学生社团应以提高学生学习和个人发展为目的，是学术工作的补充。第二，高校学生社团可以联合其他机构和部门共同促进学生的学习和发展。

高等教育学理论以社团管理和控制为视角，运用高校教育的相关理论来管理和控制学生社团，并为学生社团提供必要的发展资源。理论认为，高等教育管理包括高等教育行政管理和高校管理两个方面，是人们有意识地调节高等教育系统内外各种管理和资源以实现高等教育目标的过程。高等教育控制包括建立判断准则和标准、衡量偏差以及采取纠正措施等三个基本过程。借鉴这三个基本过程对学生社团进行控制是有意义的，比如高校可以建立完善符合自身教育理念和校园文化的社团评判标准和准则，定期考察评估社团，在必要时督促和纠正社团。

二、社团组织属性方面的理论基础

制度性同形理论由保罗·J.迪马奇奥和沃尔特·W.鲍威尔于1983年提出，该理论是社会学、经济学、政治学多学科交叉的产物，归属于组织社会学范畴。此理论认为，组织面临来自"技术环境"和"制度环境"两方面的外部环境，组织既可以与外部环境进行交流，又可以在自身组织结构内模仿环境要素。长此以往，即便组织类型多样，但形式和实践却仍然相似。学生社团同处于制度化的高校环境之中，随着时间的推移，同一高校的学生社团往往出现组织同质化、组织趋同等现象。因此，制度性同形理论可应用于高校学生社团的组织分析。

组织理论在近百年中经历了古典组织理论、新古典组织理论、行为组织理论和现代组织理论的发展。现代组织理论认为，组织是一个置身于环境因素的系统，协作的意愿、共同的目标、信息沟通是协作系统正常运行的必然要素。比如具有代表性的钻石结构模型，该模型由李维特（Leavitt）于1965年提出，他认为，组织包含社会结构、参与者、目标、技术等四个主要要素。高校学生社团是由具有共同兴趣爱好的大学生自愿自发组成的群众组织，符合组织的基本特征，符合自发、行动无规律、仅以情感、习惯、喜爱和相互依赖满足个人不同心理需求的非正式组织特点，所以适合运用组织理论来探讨社团干部在组织行为中的作用及社团环境因素等问题。

三、心理契约理论为组织层面基础理论提供新支撑

心理契约通常指的是组织与成员之间在某种特定关系中相互约定的主观规定。它反映了人们对双方权利、义务的期望，认知和信念。现今的高校更加强调以学生为中心的教育管理，管理风格逐渐从传统的约束性、强制性转变为隐性化、柔性化。因此，将心理契约嵌入学生社团管理有利于激发大学生参与的主动性和积极性，有利于构建更加民主和谐的社团环境，也有利于学生社团发挥更多更好的教育作用。虽然心理契约是非正式的隐性契约，但它是联系学生与学校之间的心灵纽带，其履行程度直接影响学生的态度和参与行为。学生社团教育价值的实现主要依赖于学生的心理契约状况，他们的良好履约将为高校教育管理带来无限的生机和活力，相反，他们的契约违背将对高校造成严重打击。社团研究在组织层面的理论基础主要借鉴了经济学、政治学和社会学的一些概念。因此，这部分内容我们将运用心理契约理论对学生社团管理实践进行实证研究，以期为组织层面的理论基础提供新支撑。

（一）心理契约理论

心理契约出自社会心理学，后被组织行为学家借用，用来描述组织中雇佣双方之间微妙的人际关系和互动状态。其概念的提出源于20世纪60年代，随着研究的不断深入，20世纪80年代后期出现了古典和卢梭（Rousseau）两大学派的激烈争论，争论的焦点在于研究的视角是从个体和组织两个层次的双维度，还是个体单一层次的单维度，其概念到底是广义的还是狭义的。大量的相关研究聚焦在企业领域的实践应用上，对促进企业发展起到了积极的作用。近几年，该理论也引起了其他类型组织的高度关注，在各类非营利性组织应用上也开始了可喜的探索。

古典学派倾向于将心理契约理解为是一种心理期待。比如"心理契约鼻祖"莱文森（Levinson，1962）将其描述为"未书面化的契约"，是组织

与员工之间未公开说明隐含的相互期望的总和。提出心理契约概念的第一人施恩（Schein，1965—1980）将心理契约看作是"在组织中，每个成员和不同的管理者以及其他人之间，在任何时候都存在的、没有明文规定的一整套期望"。卡特（Kotter，1973）认为，心理契约是一种个体与其组织间的内隐契约，它将双方关系中一方希望付出的代价以及从另一方得到的回报具体化。

以美国学者卢梭（Rousseau），罗宾逊（Robinson），莫里森（Motrison）等人为代表的卢梭（Rousseau）学派，强调心理契约是对责任义务的一系列信念和主观认知。卢梭（Rousseau，1994）和罗宾逊（Robinson）& 莫里森（Morrison，1997）都将心理契约看作是组织与员工对于各自责任的认知和理解。

关于心理契约结构学说有二维和三维两种主要观点。"交易—关系"型二维结构学说最早由法学家麦克尼尔（MacNeil，1985）提出，而后卢梭（Rousseau）& 帕克斯 (Parks)（1993）又丰富和发展了该学说，提出虽然心理契约存在很大的个体性和特异性，但基本上可以分为两大类：交易型心理契约和关系型心理契约。两种类型在关注点、时间框架、稳定性、范围和明确程度上存在差异。"交易—关系—团队成员"型三维结构学说首先由卢梭（Rousseau）& 蒂若里马拉（Tijorimala，1996）通过实证研究提出。李 & 廷斯利（Lee & Tinsley，1999）通过对我国香港特区和美国工作团队的研究，进一步验证了这一学说。沙博理 & 凯斯勒（Shapiro & Kessler，2000）将三个基本维度调整为交易责任、培训责任和关系责任。

（二）工作绩效的概念和维度

坎贝尔等人（Cambell et al.，1993）认为绩效由陈述性知识、程序性知识与技能、激励三个层面组成，提出了 8 因素的绩效模型。拜阿斯 & 鲁（Byars & Rue，1997）将绩效定义为员工工作实现的程度，可用来衡量员工目前工作的表现情况。

关于工作绩效维度，最为被广泛认可的是博尔曼 & 莫托维德洛（Borman & Motowidlo，1993）的维度模型。他们将工作绩效划分为任务绩效和关联绩效两个维度。其中任务绩效由作业绩效和周边绩效两个子维度组成，指组织所规定的行为或与特定作业有关的行为。关联绩效由人际促进与工作奉献两个子维度组成，指对组织、社会和心理环境的额外工作，如自愿承担分外的工作任务；在工作中始终保持热情；经常帮助别人与别人合作共事；尊重组织制度与程序；支持和维护组织目标。国内学者王雁飞（2002）、张淑熙（2004）等在研究中使用过此种模型，并认为该模型在中国文化背景下也是适用的。

（三）工作满意度理论

无论如何定义满意度，工作满意度都是指向一种态度，这种态度也将直接影响到个体的行为。工作满意度由霍普克（Hoppock，1935）首先提出，并将其界定为员工在心理和生理两方面对环境因素的满足感受。而后学者们在研究员工行为与企业绩效关系过程中，由于视角、目标、范围各异，对员工满意度的基本概念也有着不同理解。比如有从情感角度出发的瓦尼斯 & 劳勒（Wanous & Lawler，1972），将其定义为由于员工的经历或者员工和组织的和谐而产生的对员工具有促进作用的态度或愉悦的精神状态。卡勒伯格（Kalleberg，1977）将其定义为：员工对于自己的工作角色所具有的正面感情的程度。国内学者王重鸣（2001）也有类似的定义，即个体有关其工作或职务的积极或消极情感的程度。还有从认知角度出发，重点关注期望与现实差距的，波特 & 劳勒（Porter&Lawler，1998）将工作满意度视为一个人从工作中实际获得的报酬与本身预期报酬的差距，差距越小，满意程度越高；反之，则满意程度越低。陈敏和时勘（2001）认为工作满意度是指组织成员根据其对工作特征的认知评价，比较实际获得的价值与期望获得价值之间的差距之后，对工作各个方面是否满意的态度和情感体验。

无论如何阐释，都如台湾学者徐光中（1977）所总结归纳的三类：综合性定义、期望差距定义与参考架构型定义。综合性是对工作角色的整体情感反应；期望差距取决于自我期望与工作现实间的差距；参考架构型倾向于员工多层面情感的综合反映。

目前经典的工作满意度测评工具较多，比如卡曼（Cammann，1974）等编制的整体工作满意度量表（Overall Job Satisfaction，1974 1994 版本），安德鲁与维希（Andrew&Withey，1976）编制的多维工作满意度量表（Satisfaction with Job Facets），施里斯海姆 & 崔（Schriesheim&Tsui，1980）编制工作满意度指数（Job Satisfaction Index），罗森（lronson，1989）等编制的工作满意度通用量表（Global Job Satisfaction）等等，其中很多量表都得到了国内外学者的广泛认可和实践应用，使用范围较广，但主要集中于企业员工满意度测量。涉足教育领域的满意度测量研究极少，为数不多的成果中理论探讨较多，实证研究缺乏，关于参与学校教育管理学生的满意度尚无较为成熟的测评工具。

（四）心理契约理论视角下探索学生社团参与国防教育绩效提升路径

高校国防教育是全民国防教育的重要组成部分，是爱国主义教育的重要方式，是促进大学生素质全面发展的重要途径，对形成良好校风有积极的推动作用。但目前高校国防教育往往面对师资队伍建设不健全、成效持续性不理想、学生主体地位不突出等瓶颈问题，国内诸多高校大胆推行国防教育改革与实践，创造性地建设国防主题特色学生社团，大学生担任国防教育教官在国内高校已不是新鲜事。这些学生教官在军事技能、军事理论传播、综合素质引领等方面扮演了积极的角色。

但目前学生教官的表现良莠不齐，个体间差异性明显。针对这一问题，相关研究者将视角主要集中在组织管理、制度支持、物质保障等方面，对于其参与主体 -- 学生教官的研究方向存在一定程度的忽视。探讨大学生教官参与国防教育绩效提升这一问题，组织管理、制度支持、物质保障等固然都是重要因素，但究其根源关键还在于大学生教官的积极参与和全情投入，因而本部分尝试引入心理契约理论，旨在探究学生教官心理契约的履行及其参与态度和参与行为之间的关系，通过深入分析心理契约满足大学生教官需求，从而建立一种更为和谐平衡的关系，也为高校针对此类特色学生社团的管理及其组织属性的探究提供新的理论视角。

在国防教育过程中，大学生作为学生教官经历了自我投入、组织反馈和自我发展的循环，形成了与所在组织的情感契合关系，即认同感、归属感和忠诚度。这种情感交织的核心是对组织的满意度，情感契合的程度将影响学生教官的积极性和主动性，从而对高校国防教育绩效产生影响。因此，探究学生教官与其所在组织之间的心理契约现状，找出其对于满意度和绩效的影响方式及其程度，探求心理契约、满意度和绩效之间内在的关系，对于提高高校国防教育的质量和效果具有重要意义。在心理契约理论的基础上，建立完善的心理契约模式可以提高学生教官的满意度和参与绩效。通过了解学生教官的心理需求和期望，组织可以制定相应的政策和措施，以建立和维护心理契约。这种心理契约的建立将有助于提高学生教官的满意度和参与绩效，从而促进高校国防教育的进一步发展。

关于学生教官心理契约概念界定，学生教官参与国防教育绩效的高低，关键取决于学生教官内心对其所在组织的认同和对个人的期待。因而以心理契约的狭义概念作为理论支撑，从学生教官的视角评判心理契约的履行状况，将学生教官与其组织之间的心理契约定义为：学生教官所感知到的组织及其自身的责任和期望。关于学生教官心理契约结构，学生教官与其所在组织之间是非雇佣关系，学生教官要为所在组织做出一定的贡献，组织要对学生教官给予"回报"，这种隐含并未公开的相互期望将两者紧紧地联系在了一起。与主张个性、强调个人主义的西方文化不同，中国人更为看重所处环境的人际关系和进入某一群体带来的归属感。大学生之所以愿意投身于高校国防教育工作，最大的吸引力就是个人的发展和对于组织的憧憬。故而，基于心理契约结构学说的梳理，从学生教官视角对心理契约维度与内容进行了设计。学生教官心理契约结构包括交易型契约、发展型契约、关系型契约三个维度，其中交易型契约具体内容包括为学生教官提供规范、系统的军事业务培训；提供公平、合理的福利（如服装、学分、经济补贴等）；提供较多有意义的活动；提供评优、推优入党等奖励；提供内部晋升机会。发展型契约具体内容包括帮助学生教官增强身体素质；提高心理素质；提升综合素质和能力；增强组织纪律性和自觉性；培养大局意识和集体荣誉感。关系型契约具体内容包括为学生教官提供个人成长和长期发展的平台；上级领导给予指导、支持和鼓励；组织是公平公正的集体；队员之间关系融洽和谐；组织对我们充分尊重和信任；很多队员对组织有着深厚的情感。

关于学生教官工作绩效概念界定。大学生教官是高校国防教育师资队伍的特殊组成部分，其参与绩效的高低关系到国防教育工作水平和实际效果，关系到爱国主义教育能否常态化运行，关系到大学生的积极性主动性能否得到充分调动。因而结合工作绩效理论，将大学生教官参与国防教育绩效的概念界定为：大学生教官参与国防教育特定目标达成的程度，可用来衡量大学生教官参与国防教育工作的数量、质量和贡献度等方面的表现情况。根据博尔曼＆莫托维德洛（Borman&Motowidlo）的模型，将大学生教官参与国防教育绩效划分为任务参与绩效和关联参与绩效两个维度。其中任务参与绩效包括作业绩效和周边绩效两个子维度，关联参与绩效包括人际促进与工作奉献两个子维度。

关于学生教官满意度概念界定，在国防教育实施过程中，学生教官是参与的主体，扮演着重要的角色，其参与满意度应该是一个包括多方面感受的多维概念。基于此，本文将学生教官满意度定义为：大学生教官将外显回报、内隐回报与个人预期对比后的满足感受。由外部参与满意度和内部参与满意度两部分组成。外部参与满意主要来自对制度保障、基本条件、现实回报等外在因素的认知，内部参与满意主要来自对组织氛围、团队归属、成长成就等内在因素的感知。

探讨学生参与国防教育绩效提升路径。社会交换理论认为，人类的所有行为均受到交换活动的影响和支配，成员通过参与组织和为其付出换取奖励和报酬，组织通过为成员提供满意的工作环境，换取成员更卖力地工作和对组织的归属和忠诚。心理契约是存在于学生教官与其组织之间的隐性契约，是学生教官成长环境的重要部分。心理契约的履行状况是影响学生教官参与满意度和参与绩效的重要因素。

第一，心理契约对学生教官参与满意度有着显著影响，其中发展型契约履行情况需特别关注。如果说心理契约是一种调节的工具，那么参与满意度就是调节的效果表现。目前高校中的学生教官组织大多仿照部队文化，有着铁一样的纪律，对于学生教官提出了全面且较高的要求，梳理他们的参与经历就是自我加压、自我丰富、自我发展，不断挖掘自身潜力的自我教育过程。因而，心理契约在学生教官组织中的作用相当关键，会直接影响参与学生教官的态度和行为，影响学生教官的参与满意度，对高校国防教育的实效起到不可低估的作用。组织以往的行为常被人们作为预设期望的基础。目前，在各类学生教官组织中，如能规范履行组织责任，提供合理的评优激励、内部晋升等保障，往往会吸引一众大学生报名加入，确保生源充足且稳定。但加入组织的大学生能否持续保持热情，能否最终成为合格的学生教官，能否为学校的国防教育做出贡献，答案就有着一定程度的不确定性了。对于学生教官而言，面向学生开展国防教育是一个复杂的互动过程，表面上看是有着明确流程和步骤的授课或施训过程，虽有完善的外部约束和监督，但学生教官间的教学效果仍然存在着明显的差异，对他们的监控也很难做到完整有效，因此参与绩效很大程度上取决于参与热情和投入程度，取决于学生教官对组织心理契约履行的满意程度。

根据满意程度差异，可分为三类：组织给予的"报酬"符合个人预期，比较满意；具有较高的能力提升评价，参与过程中因个人成长与发展乐在其中；有着积极的情感反映，强烈的团队归属，为组织愿意做出自我牺牲、甘于奉献。当然，心理契约类型和满意度都是动态变化的，比如学生教官队伍中不乏一些"跟风"加入了组织，而后的日常训练和带班军训经历使其不仅收获了属于自己的个人成长，而且对所在的组织有了越来越深厚的情感和强烈的认同。综上可得出三点推论：交易型心理契约对学生教官的外部参与满意存在正向影响；发展型心理契约对学生教官的内、外部参与满意均存在正向影响；关系型心理契约对学生教官的内部参与满意存在正向影响。

第二，交易型心理契约以外部满意为中介变量给予绩效积极作用。无论是倾向于行为导致态度还是认同态度影响行为，多数学者都认为工作满意度与工作绩效间应该存在着简单直接的关系。梅奥、赫兹伯格通过实验验证了满意度与绩效的正相关关系，梅奥提出生产效率主要取决于职工的"士气"，职工心理需要的满足是提高产量的基础。在交易型契约中成员关注于短期的报酬、奖励、福利等即时回报，参与组织行为具有较强的功利性意图。根据湖南农业大学的统计，在校期间学生教官担任各类学生干部比例为79.24%；获各类荣誉达88.14%；入党比例为30.46%。大连工业大学学生教官后续使用情况显示，担任学生干部人数比例为95%，担任班级导师助理比例达97%，入党比例为54%。由此可见，交易型契约履行良好，学生教官所在组织的激励保障执行到位。交易型契约的关注点与外部参与满意影响因素极为相似，因此这些外显回报将带来外部参与满意的显著提升，从而对参与绩效产生积极影响。

第三，发展型心理契约对参与绩效有正向作用且不存在显著的中介变量。在发展型心理契约中成员关注于新知识新技能的培训机会及个人能力提升和发展前景，参与组织行为虽也带有一定的功利性色彩，但相较渴求短期回报的交易型，发展型心理契约的工具性信念并不明显。学生教官参与国防教育是一项有意义、有乐趣并极具挑战性的工作。根据曲秀君，王松涛对于同济大学学生教官的调查，大部分学生教官都表示收获了各类能力的提升，其中沟通协调能力有提高占78%，组织能力占73%，表达能力占69%，执行能力占62%。有学生特别指出："带训时自信心'爆棚'!"可见，学生教官很容易从参与中获取成长感和成就感，这样的情绪体验可能停留在对于自我发展的欣慰，更有可能延伸至对组织的感恩、认同和归属，因此发展型契约的关注点与内部与外部参与满意影响因素都有交集。当然，总会有部分学生教官虽对所在组织没有感性的忠诚、归属，但仍能理性的珍惜组织为其提供的发展平台，在各项工作中发挥应有的作用。

第四，关系型心理契约以内部满意为中介变量给予绩效积极作用。在关系型契约中成员关注于在组织中获取尊重、和谐、归属等情感回报，成员与组织间主要是以社会情感交换为基础的契约关系。目前各高校虽采取不同的运行模式，但有一个不谋而合的共通之处：无论是前期自训还是担任施教者，学生教官都将经历身体上、心理上、意志上的多种磨炼，对于他们的考验可谓前所未有。因此学生教官在整个蜕变的过程中对于和谐互助友爱的组织环境更为渴望，这些需求的满足，不仅有助于关系型心理契约的履行，而且也能更好地激发学生教官的工作热情，从而对参与绩效产生积极正向作用。另外，关系型契约的关注点与内部参与满意影响因素极为相似，学生教官在参与国防教育的过程中展现了个人的能力并获得赞许，这是一个典型的内部参与满意度提升的过程，学生教官内部满意将会促进他们高度投入的工作，从而提高其参与绩效。

第五，交易型心理契约对于任务参与绩效的影响大于关联参与绩效。对心理契约与员工绩效关系学术界虽暂无定论，但大部分学者认为两者有着显著的正相关关系，比如赫里奥特（Herriot，2004）通过实证研究提出员工对企业的经济与物质利益、发展成长机会、支持关怀环境等三方面的心理期望对员工绩效存在正向影响。卢梭（Rousseau，2004）研究发现心理契约中组织交易、组织关系和组织团队三方面的满意度对员工绩效有直接影响。将奖励报酬等外显回报作为主要预期的学生教官，特别重视组织对交易型契约的履行程度。为了达成更好的"收益"，他们往往会按照组织的要求完成分内工作即确保任务绩效达标。然而，由于他们对所在组织缺乏归属感，将个人与组织间简单归为交易关系，一般来说，他们很难有动力、有热情去主动承担额外的工作，积极性、主动性也无法长时间保持，因而关联绩效完成情况不理想。

第六，关系型心理契约对于关联参与绩效的影响大于任务参与绩效。学生教官既要做好军事理论授课的"文教官"，又要做好军事技能训练的"武教头"，还要承担朋辈模式学生管理、校园文化活动、社会服务等等职责。为了胜任国防教育施教者的角色并不耽误学业，他们需要在相当长的时期中利用课余时间进行枯燥且高强度的训练，如果对所在组织不心存信任与忠诚，没有将个人前途与组织发展紧密的联系为一个命运共同体，是很难坚持到底并有所作为的。因此关系型心理契约不仅是衡量学生教官参与满意度的一个重要指标，而且也会间接作用于受教学生的积极性和参与绩效，是实现高校国防教育提质量、上水平的强大动力。由于受到时间和空间的限制，本研究仍存在一些局限性，实证研究需要扩展和延伸，从而进一步探讨验证提出的推论。

第二章　学生社团参与教育教学的历史渊源

第一节　国内学生参与学校事务的历史演进

一、中国古代学校中"学生参与"乃无本之木

我国教育历史深厚，其根源可追溯至夏商时代。当时，学校还没有明确的分类，大学被称为上庠、东序和右学。古代的天子帝王普遍会设立大学和小学的教育机构。到了周朝，周天子创立了"辟雍、上庠、东序、瞽宗、成均"五学之所，这是中国古代教育历史上首次被文献记录的高等教育学府。在战国时期，齐国开办了稷下学宫，这里与其他的养士机构迥然不同，充满了思想自由、学术交流、师生平等、百家争鸣的氛围。在这里，各种学派都可以自由地授课和传授知识，因此吸引了各地的学者。这些士人在稷下学宫有权自由发表对社会政治的评论，这种自由言论和自由思考的精神成了他们给后世的宝贵遗产。

汉代的太学是中国最早的大学机构，当时的大学教师被称为博士，学生被称为博士弟子。担任博士的基本条件是熟悉儒学经史百家，主要职责包括管理图书和教授经学。博士弟子通常需要年满 18 岁，学习和考试的内容主要是儒学，并有明确的目标，即进入官方职位。董仲舒对太学的建

立贡献良多，他明确表述了教育的重要性："教，政之本也；狱，政之末也。""立太学以教于国，设庠序以化于邑，渐民以仁，摩民以谊，节民以礼。"他倡导君权至上，以儒家思想教化民众，巩固王权统治，强化社会秩序。他主张使用儒家道德理论教化民性，反对自然知识的学习，"能说鸟兽之类者，非圣人所欲说也。圣人所欲说，在于说仁义而理之。"唐代"六学二馆"中的国子学、太学、四门学，也具有鲜明的大学特征。

显然，我国古代的高等教育思想经历了悠久的发展过程，并逐渐形成了以地方官学和中央官学为主要形态的固有制度化教育。教育机构成了巩固皇权，维护封建统治的工具，很少给予学生参与学校事务的机会；教育内容以儒家经典为主；教育目标是为统治者培养合格的预备官员。学生以追求功名仕途为目标，希望有朝一日有幸为国家社稷贡献力量，所谓"两耳不闻天下事，一心只读圣贤书"，不敢奢求参与学校事务。如北宋靖康学生反抗运动之类的事件虽偶有发生，但其背后的原因主要是政治，而非学生争取自身的参与权。

二、近代中国学生参与意识开始萌芽

（一）近代新式教育的西学东渐历程

19 世纪中后期，近代中国高等教育开始萌芽。面对帝国主义的入侵、国内不断爆发人规模农民起义，政治、经济、社会和思想文化发生巨大动荡，中国的教育环境也在发生变革。1840 年第一次鸦片战争后，中国面临空前的变局。中国人在经历战火之后，首次意识到科技的强大力量，许多有识之士提倡学习西方的先进科技。比如，洋务派的代表人物张之洞主张废除科举，建立"中体西用"的教育体制；李鸿章认为培养科技人才是教育的根本，正所谓"中国欲自强，则莫如学习外国利器；欲学习外国利器，则莫如觅制器之器，师其质而不必尽用其人"；清末著名思想家魏源在其著作《海国图志》中提出了"为以夷攻夷而作，为以夷款夷而作，为师夷之长技以制夷而作"，即广为人知的"师夷之长技以制夷"，这也成了洋务运动初期的主导思想。从那时起，近代中国大学教育经历了西学东渐的发展过程，改革书院、创办新式学堂、开设科学技术课程、广开青年学生赴欧美留学门路、用西学之"器"结合中学之"道"，以图改良旧式教育。

新式学校与教会教育及企业内部教育机构大相径庭，是由中国人自主创办的专门学府。最初是在洋务运动时期出现，因而被称为洋务学校。近代中国的大学教育始于洋务运动时建立的京师同文馆，这是由洋务官员创建的第一所新式学堂。与古代大学注重儒学和道德教育不同，同文馆的学生基本不再学习传统的"四书五经"，而是主要学习翻译、几何、航海、化学、天文学和世界地理等，由外国传教士担任教师。

但新式学堂的开办和发展遭到了来自正统力量的极大阻力。近代中国，古老沉重的国门刚刚被打开，"天朝上国""华尊夷卑"传统观念根深蒂固，许多正统人士从内心深处抵触以"夷人"为师，向"夷人"学习。新式学堂的开办遭到了来自以倭仁为代表的一批正统中国士人的强烈反对。他们大声疾呼："夷人'称兵犯顺，凭陵我畿甸，震惊我宗社，焚毁我园囿，戕害我臣民，此我朝二百年未有之辱'"，"不必奉夷人为师"。

然而，正统势力极力阻挠新式学校的创建和发展。那时，中国的古老国门刚被打开，"天朝上国"和"华夏至尊"的传统观念深入人心，许多正统人士抵制向外国人学习。新式学堂的开办遭到了来自以倭仁为代表的正统士人的强烈反对。他们大声疾呼："夷人'称兵犯顺，凭陵我畿甸，震惊我宗社，焚毁我园囿，戕害我臣民，此我朝二百年未有之辱'"，"不必奉夷人为师"。由于正统力量的反对，新式学校在开设新专业时常常困难重重。据史料记载，为了培养急需的天文算学人才，同文馆建成不久，洋务官员计划增设相关专业，但由于正统士人势力的极力反对，天文、算学馆拖延了半年方得以建成。而建成后的两馆却又面临着"招生难""生源差"的问题，当年第一届招收录取学生仅 30 人，由于生源不理想，半年后通过复试者只剩 10 人。

1898 年京师大学堂成立，它既是教育机构又是教育管理机构，京师同文馆分出原有的科技教育部分并入京师大学堂，成为外语人才培养的专门教育机构。各省也陆续设立高等学堂。据资料记载，1904 年，全国有新式学堂 4222 所，在校学生 92000 余人；1909 年，学堂数量达到 59177 所，学生人数 163 万 9921 人；1912 年，学堂数为 87470 所，学生人数近 300 万人；与 1904 年相比，1912 年的学校数与在校学生数分别为其 20 倍和 31 倍。新式学堂教育获得长足发展。

除上述新式学堂外，清末时期突现了企校一体的教育型企业，它通过将教育与生产相结合，发挥企业培养科技人才的教育功能，可谓国内教育界"产学结合"的鼻祖。最早开始承担教育职责的企业大多是洋务运动中创办的新式企业，福建船政局堪称近代中国第一个教育型企业，其做法被而后创立的教育型企业纷纷效仿。福建船政局由左宗棠筹划建置，他曾明确指出："习造轮船，非为造船也，欲尽其制造驾驶之术耳；非徒求一二人能制造驾驶也，欲广其传使中国才艺日进，制造驾驶辗转授受，传习无穷耳。故必开艺局，选少年颖悟子弟习其语言文字，通其算学，而后西法可衍于中国"。故而，福建船政局统一规划、同时开办了铁厂、船槽、船厂和学堂，各岗位均有双重身份：学生既要学习科技知识，又要参加工厂生产；教师既要传授知识技术，又要负责生产制造；管理人员既要负责学堂监督，又要负责工厂监管。

此外，清朝末期涌现出一批企校一体的企业集团，它们通过将教育与生产结合起来，发挥企业的教育功能，堪称国内教育界"产学结合"的先驱。最早开始承担教育职责的企业大多是洋务运动中创办的新式企业，福建船政局堪称近代中国第一个教育型企业。所谓"船政根本在于学堂"，企校一体的教育型企业其根本目的在于科技人才培养，生产乃达成目标之路径。故而，福建船政局统筹规划，同时兴建了铁厂、船槽、船厂和学堂。各个岗位的人员均具备双重身份：学生既要学习科技知识，也要参与工厂生产；教师既要传授知识技术，也要负责生产制造；管理人员既要监督学堂的运行，也要管理工厂的运营。福建船政局的做法被后来创办的教育型企业纷纷效仿。洋务运动时期创办了一批企校一体的新式学堂，如表2-1所示。

表2-1　部分清末新式企业设立新式学堂的统计表

学堂名称	创办时间	所属企业	学堂名称	创办时间	所属企业
福建船政学堂	1866	福建船政局	天津电报、水雷学堂	1880	天津机器局
操炮学堂	1874	江南制造局	广东黄埔鱼雷学堂	1884	广东黄埔鱼雷局
福州电报学堂	1876	福州电线局	旅顺口鱼雷学堂	1890	旅顺口鱼雷局
天津电报学堂	1880	天津电报局	湖北矿务局工程学堂	1890	湖北矿务工程局
广州西学馆	1881	广州机器局	驾驶学堂	清末	轮船招商局
上海电报学堂	1882	上海电报局	山海关铁路学堂	1895	津榆铁路公司
金陵同文电学馆	1883	金陵电报局	四川机器学堂	1907	四川机器局
两广电报学堂	1887	两广电报局	苏省铁路学堂	1907	苏省铁路有限公司
台湾电报学堂	1890	台湾电报局	湖北铁路学堂	1907	川汉铁路局

资料来源：陈元晖主编：《洋务运动时期教育》，上海教育出版社，2007年版；孙毓棠编：《中国近代工业史资料（1840—1895）》第一辑，科学出版社，1957年版；朱有瓛主编：《中国近代学制史料》第一辑，华东师范大学出版社，1983年版。

（二）民国前期推行"学生自治"

在中国近现代发展史中民国前期地位独特，它既有开天辟地的崭新气势，又有藕断丝连的怀旧情结。经过多次历史更迭，学生群体逐渐发展壮大，并在这个特殊的历史阶段承担起了特殊的历史使命。随着新式学生群体的发展，现代的自治理念被引入和推广，这标志着旧式教育和校园管理中的许多保守和僵化的观念被改写，学生的地位和权力得到了提升。随着西方民主自由思想的传播，许多具有自治精神的学生组织在清末民初出现，它们都希望通过努力反抗封建专制，肩负起成才救国的历史使命。

学生群体的观念觉醒得益于他们的精神导师，梁启超就是其中之一。他慷慨激昂地呼吁青年学生"成才救国"是他们的天职，并声称国家的未来取决于青年人："某窃以为我国今日之学生，其天职与他国之学生则有异矣！……故他国之学生所求者学而已，中国则于学之外，更有事焉！今靡论所谓维新救国者，其果出于真心与否，乃若无人才，则良信也。既无现在之人才，故不得不望诸将来人才。则相与矫首企踵，且助且祷，曰'庶几学生乎！庶几学生乎！'此今日举国有志之士所万口一喙，亮亦诸君所熟闻也。夫以前后一二年间，而诸君之被推崇受期望也，忽达于此高度之点，是一国之最高最重之天职，忽落于诸君头上之明证也。诸君中自知此天职者固多，其未知之者当亦不乏。若其未知也，则谋欲诸君自审焉！自认焉！"梁启超唤起了青年学生群体的国民责任意识，激发了无数有志青年加入革命运动。

辛亥革命后，陈独秀和李大钊承继了梁启超的新民思想，通过新文化运动进一步激发了青年学生的国民责任感和历史使命感。陈独秀曾在《新青年》发表文章《敬告青年》，阐明青年国民应有之形象："精神上别构真实新鲜之信仰，使得谓为新青年而非旧青年，使得谓为真青年而非假青年"，他尤其强调青年应具备独立自主的人格："一切操行、一切权利、一切信仰，唯有听命各自固有之智能，断无盲从隶属他人之理"。在这样的舆论影响下，青年学生逐渐接纳了新的角色定位，他们以身作则，走到救国救民革命的最前线，谱写了一曲激昂壮丽的青春热血之歌。

著名美国教育家杜威于 1919 年来到中国，面向广大中国学生他发表了近两百场演讲。他强调"共和自治是共和国立国的根本"，并认为"学生自治是共和学校里一件重要的事情"。在他看来，只有学生自治才能培养出共和国公民，这是共和国环境下的必然选择。杜威的学生自治思想深深影响了当时的教育界:"自治的意义不是绝对地不许外界插入干涉,乃自己练习管束自己的意识。学生组织这一机关,乃专为管理自己的,不是去管教习、校务及学校以外的一切事的。"他主张学生自治并不是无条件地排斥外界干涉,而是鼓励学生自我管束。这一观念不仅扩大了学生的权利,而且增强了他们自我管理的责任和成为合格公民的使命。杜威的教育思想得到了多位教育家的推崇,比如著名教育家陶行知就受其影响极深。

北京大学是民初时期较早实行民主治校的高等学府,蔡元培是从欧洲带回教育新思想的代表性人物,1917 年接掌北京大学后,他依照民主和自由的观念对北京大学进行现代化革新,改革教学、管理体制,建立"教授治校"制度,组织各种学术团体,实行学生自治。1919 年五四运动爆发后,教育界开始大力倡导"学生组织起来自己管理自己"的学生自治活动,随着校园内此起彼伏的"解放""改造""还我自由"的大声疾呼,清华大学、北京铁路管理学校、上海同济大学、复旦大学等多所学校成立学生自治组织,北京、上海率先成立学生联合会,不久天津、山东、安徽等多地便参照其经验先后成立地方学生联合会。1919 年 6 月 16 日第一次全国学生代表大会在上海召开,会议宣告成立了全国学生联合会,学生自治组织可谓以风驰电掣之势迅速在全国范围内扩散。1920 年第六届全国教育会联合会发布《学生自治制纲要案》。自此,各地学校几乎都设立了以"学生自治会"命名的学生自治组织,并以此为载体培养学生的民主意识和自我教育能力。

在民国初期,北京大学是最早实施民主治校的高等学府之一。蔡元培在 1917 年担任北京大学校长后,带来了他从欧洲学来的教育新思想。他运用民主和自由的理念对北京大学进行了现代化的改革,改革教学、管理体制,建立"教授治校"制度,组织各种学术团体,实行学生自治。五四运动爆发后,教育界开始大力倡导"学生组织起来自己管理自己"的学生自治活动,随着校园内此起彼伏的"解放""改造""还我自由"的大声疾呼，清华大学、北京铁路管理学校、上海同济大学、复旦大学等多所学校成立学生自治组织，北京、上海率先成立学生联合会，不久天津、山东、安徽等多地便参照其经验先后成立地方学生联合会，各地的学生自治机构如雨后春笋般涌现。1919 年 6 月 16 日第一次全国学生代表大会在上海召开，会议宣告成立了全国学生联合会，学生自治组织可谓以风驰电掣之势迅速在全国范围内扩散。1920 年第六届全国教育会联合会发布《学生自治制纲要案》。自此，各地学校几乎都设立了以"学生自治会"命名的学生自治组织，并借此培养学生的民主意识和自我教育能力。

然而，学校与学生对于自治范围的理解存在着分歧。学校认为自治应局限于日常学习生活，如生活食宿、课外活动、校外社会服务等，反对学生干预行政事务。如蔡元培曾明确反对学生干涉校方行政事务，称其不在学生自治范围之内；陶行知认为学生自治乃学生结为团体，而后自己管理自己；胡适也曾对此问题表示担忧："活泼有精神的自治会，必欢喜多干事，范围必渐渐扩大"。而学生自治组织则期望深入参与学校的所有管理事务，主动为学校的重大决策和行政管理出谋划策，积极保护广大学生的权益，成为"教授治校"民主体制的有益补充。

总体来看，蔡元培等教育者在民初时期为中国教育史留下了深刻印记。他们整合了中国传统教育理念和西方现代大学理念，提倡以学生为主体，推进学生的全面发展，引入杜威"学校即社会""教育即生活"的民主主义教育观点，大力推行学生自治，通过学生对团体生活的自行组织管理，发掘学生本能、发展学生自治能力、培养学生高尚人格，将学生培养为既有爱国之情，又有报国之能的合格"社会人"。

然而，国民政府在 1927 年建立后，通过法律法规及国立大学校长由政府高级官员兼任等方式，对学校进行了严格管控。抗日战争爆发后，国民政府进一步增强了对教育的全面干预，尤其在大学中全面实施了军事管理。虽然国民政府一直尝试对大学进行严格控制，但由于政局不稳，加上大学师生坚持追求独立自治，因此在这个时期，大学的外部环境相对宽松，学生自治组织迎来了快速发展的黄金时期。

（三）新民主主义革命时期学生自治组织快速成长

在 1927 年南京国民政府成立之后，采取法律法规颁布以及政府高级官员兼任国立大学校长等措施，对学校的管理和控制进行了加强。抗日战争爆发后，国民政府进一步全面干预教育，颁布实施了《战时各级教育实施方案纲要》《战时各级教育实施方案》等条例，在大学普遍实行军事管理。在新民主主义革命中后期，国民政府控制大学的企图始终受到政局不稳、政府管理能力有限、大学师生追求独立自治等因素的制约，此阶段大学外部环境相对宽松，学生自治组织进入了迅速发展的黄金时代。

北京交通大学王巍曾经总结说："我国高校学生会组织是伴随着五四运动而产生的一支重要学生群众力量，而新民主主义革命时期是中国高校学生会组织的重要成长阶段。在这一阶段，中国高校学生会组织对于自身的定义进行了认真的思考、总结和实践，为我国高校学生会组织从无到有、从幼稚走向成熟发挥了积极的作用。"事实上，五四运动期间迅速发展的学生自治组织，在经历新民主主义革命时期的洗礼后，迸发出磅礴的生机。其中，五卅运动成为一个重要的转折点。

五卅惨案引发了全国性的愤怒。学生自治组织在此次反帝爱国运动中起到了关键的作用。1925 年 5 月 30 日，为声援工人，上海两千余名学生在租界游行抗议，遭到残酷镇压。时任中华民国外交总长沈瑞麟于 6 月 1 日向驻京公使团领袖意国公使提出抗议："为照会事，据报告本年五月三十日上海各大学生因为学生被捕及工人受伤两事，在公共租界捕房门首游行演说，以示抗议。而捕房竟以武力干涉，捕去学生四十余人，同时击毙学生四名，击伤学生六名，已死二名，路人受伤者十七名，死亡三名等情况。本总长得悉之余，至深骇异，似此不幸之事，应请贵公使特别注意。查该学生等，均系青年子弟，热心爱国，并不携带武器，无论其行为之性质如何，断不能以暴徒待之……"五卅运动沉痛打击了帝国主义的同时，也推动了学生自治组织对自身定位作更清晰地思考，明确在国民革命大潮中要扮演的角色和发挥的作用。1926年，全国学生联合会执行委员会首次明确了学生自治组织的定义，即为提高学业、改善学生福利、参与爱国运动而组织的学生团体。这其中有两个方面的内涵：一是学生群体的痛苦和诉求具有普遍性，自治组织必须联结广大学生团结一致，如此才能集中学生的意志与力量，达到各种解放的目的；二是国民爱国运动需要自治组织统领全体学生群众并联合各界民众团体（商会、工会、农会等）共同奋斗。因此不仅要在每个学校成立学生会组织，而且要成立学生联合会。当年，许多省份应全国学生联合会的号召成立了地方学生联合会，如山西、河南、陕西、四川、湖南、湖北等。

在当时的苏区红军大学和抗日军政大学（抗大），学生自治展现出了鲜明的民主管理。这与封建军阀或国民党的压制性管理手段大相径庭，反映了无产阶级教育者的民主管理思想。鲁迅曾深刻地剖析了学生管理应涵盖的三个要素：一是理解，无理解则会一味蛮干；二是指导，对学生"决不能用同一模型，无理嵌定。长者须是指导者协商者，却不该是命令者"；三是解放，即引导学生自我管理。

由于革命战争时期学习时间极为紧凑（抗大学生仅有二到六个月的学习期），学校管理通常较为人性化，营造了和谐的民主环境，这令每位学生记忆犹新。苏区红军大学和抗大鼓励自我教育和自治，并努力形成管理者与学生间的新型民主关系。管理层与学生共同生活、学习、劳动，培养彼此的理解与尊重，通过民主生活制度的建立，强化学生自治机构的职能，以促进学生的自我教育和管理。学生自治组织的主要职责包括：一是辅助管理者进行思想政治教育。按照毛泽东关于"学校一切工作都是为了转变学生的思想"这一原则，教育青年学生"掌握马克思列宁主义，克服资产阶级小资产阶级的思想；教育他们加强纪律性、组织性。反对无政府主义与自由主义，教育他们深入下层实际工作，反对轻视实际经验；教育他们接近工农，决心为工农服务，反对看不起工农的意识"。此为学校一切工作的中心和灵魂，学生自治组织需在其中发挥积极作用。二是组织学生参与"自己动手，丰衣足食"课余劳动，如苏区红军大学在瑞金森林中由师生携手建校，并设园圃、畜牧场、碾坊以供大家共同劳作。三是参与学校的民主管理，学生自治组织可以推选代表列席学校会议，参与学校管理、重大决议讨论等事宜。

三、中华人民共和国成立后，"学生参与"峰回路转终现大跨步发展

中华人民共和国成立之初，国家正面临着建立政权，以及改造和接管教育体系的艰巨任务。当时，中国的经济处于一种较为落后的状态，再加之缺乏有关如何对高校学生进行有效管理的经验，导致我国在高等教育管理上采取了源于苏联的集中、统一、以计划为主导的体制。虽然这一管理模式在后来经历了多次调整与变动，但并未实现根本性革新。到了"文化大革命"期间，高等教育管理体系甚至进一步受挫。整个这一时期，高校对学生统一管理，学生处于"你管我听"、积极或被动的配合状态。

改革开放为中国高等教育带来了新的生机，教育规模的迅速扩展和体制的持续深化改革，为学校的政治化和民主化注入了新动力。伴随着《高等教育法》与《普通高等学校学生管理规定》等法规的出台，学生的民主权利得到了确认和推崇，学生被鼓励积极投身于学生管理活动。

新时期，学生在选课、教学评价、后勤服务等多个方面参与学校事务已成为常态，学校开始主动"邀请"学生参与，学生参与也被学者、管理者认为是实现高校民主管理的一种手段，学生参与权利的实现也开始被多方重视，许多高等学府逐渐开始注重学生在教育管理工作中的作用，高校治理体系中学生参与教育管理的趋势逐渐加强。

综上所述，从 1949 年中华人民共和国成立以来，学生参与高校管理经历了从统一集中控制到鼓励学生参与的曲折过程。目前随着教育改革的不断深入，学生的主体位置被显著强化，他们的意见和需求开始受到重视，这不仅成为实践校园民主的有效途径，也被认为是提升高校教育质量、满足教学改革需求的关键手段。学生参与的权利现已成为教育管理的一部分，受到政策支持和社会认可，极大地提升了学生在校园内的参与意识和能动性。

第二节　国外学生参与学校事务的历史演进

一、西方学生的自治源于中世纪大学

欧洲的中世纪大学通常被视为现代大学和高等教育的起源，与中世纪的"行会"机构密切相关。当时的商人或手工业者成立自发组织以确保利益，称为"行会"，具备自治和自卫特性。中世纪大学最初是由教师、学生组成的"教师行会""学生行会"和"师生行会"。这类学者组织旨在保护成员的权益，并共同研究和传播知识。欧洲最早的大学，如博洛尼亚大学、萨莱诺大学、巴黎大学、蒙彼利埃大学和牛津大学等，都是通过这种方式诞生的。

按照组织结构和管理方式的不同，中世纪大学可分为"学生治校"和"教师治校"两类。学生自治源于"学生治校"型大学，如 11 世纪初意大利博洛尼亚大学的"博洛尼亚管理模式"。随着大学的壮大，博洛尼亚大学在 13 世纪时学生人数已超过万人，因此成立学生代表大会代替"同学行会"作为学校的最高权力机构。学生校长由学生代表大会选举产生，任期为两年。除此之外，各学生社团均有权推选一定数量的顾问与学生校长

共同进行学校日常管理。监督政策与校规执行情况，处理校内教学、行政、后勤管理等事务，相关所有管理事项均由学生校长与数位顾问共同决定。该模式在欧洲南部地区包括意大利、西班牙、葡萄牙和法国（巴黎除外）的多所高校普及，直至18世纪才被废除。

学界也相当关注博洛尼亚模式的研究，简单列举一二。单中惠、马超曾如是总结该模式学生自治权利的范围：第一，推举学生校长。博洛尼亚大学的学生曾按不同地区组成了四个"同乡会"，并于13世纪中期合并为两个最大的同乡会，负责选举学生为大学校长。第二，聘请教师。学生有权邀请本地和外地的著名学者来校任教，规定教师的报酬，教师必须宣誓以表示绝对服从学生管理。第三，独立的司法权。学生自治型大学不受所在城市法律的约束，有权对自身的行政事务进行管理，特别是拥有司法裁定权。第四，学校行政权。大学委员会由同乡会推举的代表和学生校长组成，职责是对校长进行监督并对大学管理活动提出咨询意见。大学的最高管理机构是由全体学生参加的大学全体会议，负责制订有关大学的重大规章制度等。修丽娟曾对博洛尼亚模式进行了梳理并给予了评价：学生可自主制订规章以管理自己的学习、生活、活动和调节内部关系。学生还有权选举院长、雇佣教授，学校教授的教学工作受到学生的严格管制，学生能对讲课迟到或未能完成由学生所制订的教学计划的教师罚以重金。在博洛尼亚大学，学生不仅可以管理自己的学习、生活、活动，还有权力去管理教师。那时的高校学生可谓"称霸一时""独揽管理大权于手"，很是"神气"。这一阶段的高校学生呈现出对学校管理高度的、积极的参与，学生的参与权利得到了充分的实现。

二、现代大学的诞生使学生的自治权重新得到认定

从15世纪末开始，在高校中职责分工越来越明确，教育经费由完全依赖学生学费转向政府全额支持。因此，学生参与管理的权力逐渐被削弱。16世纪以后，"学生治校"模式逐渐被取代，仅保留小规模学生社团，

涉足范围也只是学生课余文体活动的组织，再无其他。此后，欧洲大部分大学采用"家长制"管理，由校长和学校职员负责学生教育管理等各项事务。从欧洲文艺复兴时期，经天主教改革、18世纪启蒙运动到工业革命，宗教的阴霾逐步消散，自由、人权和理性逐步回归，西方教育迈向了新时代。学生自治在此新光映射下重新崛起。德国领跑，将学生自治融入教育制度。在教育发展历史中极具世界影响力的"洪堡改革"，成功地推动了西方新型学生自治理念的成形。

1810年，洪堡与费希特共同创立柏林大学，它的教育理念和实践为高等教育开创了新的时代，它的成立宣告了现代大学的诞生。柏林大学提倡"学术自由""教学与科研相结合"以及"科学育人"的教育理念，确立了尊重师生学术自由的教育精神主旨。洪堡说："教学与科研的结合体现在大学教育工作者身上，就是既是教师，又是科学研究工作者；体现在受教育者身上，就是既是学生，又是研究者。他们都是为了科学、用比较系统的科学研究方法来填补知识空白的人。"柏林大学成为高等教育的里程碑，学生终不再仅被视作为未来职位做准备的对象，而是被视为有思考自由的年轻人，大学的职责也转向以科学培养全面发展的人才。新型学生自治理念正是在这场高等教育改革中孕育而出。19世纪德国大学里出现"学生联盟"，学生自治力量开始形成结盟。1920年，魏玛共和国推行教育民主化改革，普鲁士教育部颁布《学生自我管理的决定和方针》，以法令规定学生可建立自我管理机构、参与学校管理。这不仅构筑了校园管理民主化的雏形，而且推动了现代大学精神的形成。

如果说柏林大学开启了新型学生自治理念，那么而后美国的高等教育实践就是对该理念的践行与丰富发展。1862年美国政府出台《莫里尔法案》，此后美国学生事务快速发展，学生自治组织也随着高等教育的发展以惊人的速度壮大。其形式包括以宾夕法尼亚大学和芝加哥大学为代表的学生委员会，其主要职责是维护生活区域的良好秩序；以沟通协商为主要形式的学生顾问制，学生选派代表作为学生顾问，就教育管理方面的问题与校方协商，普林斯顿大学、佛蒙特大学、弗吉尼亚大学等均采取此种形式；以伊利诺斯大学和缅因州立大学为代表的学生自治组织，承担了相当份额的学校管理事宜，由于对学生自治能力的过度预估，实践中也出现了一些问题。1867年，伊利诺斯大学学生自治组织模仿联邦政府模式，由学生选举行政、立法、司法机构成员，这些成员被赋予了对学生生活进行纪律约束的权力。而后的运行中由于派别之争，内部纪律涣散，整体效果不佳，1883年学生自治组织终止了这一尝试。

19世纪到20世纪上半叶，大学生民主意识逐渐增强，他们渴望通过"斗争"反抗权威、争取独立，摆脱学校和教育管理者的控制，获取真正的自由。因此这一时期以"争取参与学校事务、行使管理权力"为目的的各类学生抗议活动、抵抗运动此起彼伏。抗议主题既有住宿、课程安排、教育改革等校内焦点问题，也与种族歧视、时事政治、外交政策等社会问题，引起了校内外的广泛关注。总之，这一时期虽有以美国部分大学为代表的有益探索与实践，但总体而言，这一时期学生在大学内的"参与地位"并无实质性的改善。学生仍需奋力抗争才能争取一些参与机会，学校大多没有认识到学生在教育管理中的主体地位，更加没有主动邀请学生参与学校治理的意识。

三、学生参与度逐渐成为评价高等教育质量的关键指标

在20世纪50年代至70年代末期，学生争取参与学校治理权利的抗议活动如火如荼地进行着，这股抗议的浪潮从欧洲席卷全球。到了20世纪80年代以后，学生在高校民主管理中的参与机会显著增加。比如，在德国，学生拥有选举学校管理者的权利，甚至有机会被选为主要的管理者或者委员参与管理工作。美国密歇根大学的学生可以定期对食堂工作进行评估，甚至有机会被食堂管理者聘为兼职的管理人员。越来越多的高校开

始认识到，学生参与学校管理事务的权利至关重要。

影响这一转变的最重要动力来自对高等教育质量的评价和改进。高等教育的首要任务是培养出适应社会需求的优秀人才。随着对高等教育质量评价视角的转变，现代理论开始强调学校需要最大化地推动学生个性的发展，并关注他们的学习生活体验。从此，学生的参与度逐渐成为评估高等教育质量的核心指标。

"学生参与"教育理念是现代高等教育发展的必然产物，体现了现代大学追求的民主、平等的制度理念。这个理念的理论支撑主要来自学生发展理论和大学影响力理论。学生发展是评价高等教育关注的重点，在欧洲和北美的高等教育学术界相关研究已有上百年的历史。学生发展是人的发展概念在高等教育领域的延伸和发展，相关研究者更为关注学校所提供的教育服务能否促进学生发展。大学影响力理论关注的则是学生变化的来源。将学生变化与学校特征和学生的在校体验联系起来，强调高校资源、校园环境、社交互动等外在因素对大学生发展的影响作用。大学影响力重点评价大学对于学生发展的净效应，也就是由大学体验引起的学生收获和变化。许多学者结合了两方面理论提出了学生参与的概念框架和测量模型，较有代表性的有泰勒的任务时间性概念；佩斯的努力质量理论；阿斯汀的学生涉入理论等等。综合相关研究不难发现，支持鼓励学生参与学校的教育管理，不仅体现了民主平等的现代大学精神，而且对提升学生的认知水平、实践能力和情感发展具有积极的推动作用，对于提升高校教育教学质量，和谐师生关系，树立和维护校园和谐有非常大的推动作用。

第三节　学生社团教育功能实现的历史演进

学生社团是由学生自发组织的集体，以共享的兴趣和爱好为基础，遵循自愿参与的原则，主要行为模式为自主实施活动。回溯学生社团的发展历程，在各个历史阶段学生社团均承担了不同的历史责任。在国家面临危难和战乱的时期，学生社团关注国家未来，为挽救民族危机而奋斗。在新时代的民主、和平及社会主义建设过程中，学生社团致力于知识积累、素质提升、兴趣发展、个性展示、社会认知及社会服务，这些被视为其主要任务和使命。

一、萌芽阶段：为挽救民族危亡而斗争中成长

回顾历史长河，学生社团在各时期留下了独特的印记。百年前，热衷于国家复兴的前辈们从京师大学堂的抗俄铁血会开始，投身于民族振兴事业。他们以炽热的爱国情怀，为后世学生社团的蓬勃发展奠定了坚实基础。

抗俄铁血会作为我国近代高校史上首个学生社团，成立于 1904 年。在俄国入侵我国东北及加入八国联军征讨义和团的背景下，由京师大学堂师范馆学生丁作霖（化名丁开山）创立。该社团以反对俄国侵占我国东北为目标，通过报纸、演说、集会等方式弘扬抗俄理念，并与俄国发生多次冲突。抗俄铁血会具有明确目标、众多成员、丰富活动内容及适当的活动规程等特点。鉴于其主要特点及在政治运动中的角色，学术界普遍将其成立视为我国高校学生社团的起点。

早期学生社团的成立源于个体自发或对政治运动的响应，起到了连接广泛学生群体的桥梁作用。1915 年，陈独秀创办《青年杂志》（后改为《新青年》），提倡独立人格，反对依附他人，这一进步观点迅速得到广大青年的认同，并在五四运动中发挥重要作用。五四运动前后，全国各地学生社团进入了一个极为活跃的阶段。1917 年，蔡元培任北京大学校长，提出"思想自由，兼容并包"的办学理念，为学生社团的自由发展创造了条件。北大的共产主义小组等社团的成立，便是当时社团与社会联结、关注政治问题的写照。

1918 年，毛泽东、蔡和森等人在湖南第一师范创立"新民学会"；同年，李大钊在北京组织"少年中国学会"；1919 年，周恩来在天津南开创建"觉悟社"。1919 年 6 月，各地"学生自治会"代表在上海聚集，成立了中国规模最大的学生组织——中华民国学生联合总会。1920 年，李大钊联同邓中夏、罗夏龙等人在北京大学成立了马克思学说研究会。除了上述爱国主义社团，五四时期也成立了一些以培养兴趣、增强体魄为目标的学生社团，比如毛泽东、蔡和森创立的"星期同乐会"。

综上，五四时期的学生社团肩负部分政治责任，在传播马克思主义、宣传民主与科学思想等方面发挥了重要作用。许多社团负责人后来成为中国革命的骨干力量，而这些社团也逐渐演变成为党的秘密组织。

二、探索阶段，在曲折中摸索前行

1949 年 3 月中华人共和国成立前夕"中华民国学生联合总会"在全国第十四次学生代表大会上正式更名为"中华全国学生联合会"。自此学生会成了党的学生组织，成了其他学生社团的引导者。我国高校学生社团也进入了一个不断探索的阶段。从建国到改革开放，我国高校学生社团发展迅速，但也经历了一些被作为政治斗争工具的历程。在 1949 年至 1965 年这段时间，我国的高校学生社团发展迅猛，据统计，到 1965 年，全国性的学生社团已有近一百个，地方性的社团多达 6000 个以上。然而，接下来的 1966 年至 1976 年，我国高等教育与高校学生社团受到灾难性冲击。总的来说，这段探索历程中学生社团的数量规模虽出现迅速壮大的势头，也曾涌现出一些颇具影响力的社团，但对学生成长的影响却带有一种毁誉参半的色彩，这也在一定程度上反映出高校对社团正确引导的不足。

三、成熟阶段，为服务党和国家中心任务而增长才干

在历经探索与磨砺之后，我国高校学生社团自 1979 年起逐步复苏，重新步入繁荣阶段，学生组织亦朝着多样化方向发展。1978 年，清华大学率先恢复辅导员制度，并引入荣誉制度以激发学生积极性。各类学生社团在大学校园中自发成立，如作为学生社团走向成熟阶段重要标志的复旦大学"书画协会"。改革开放的春风解放了学生社团的思想束缚，也激发了高校管理者探索"第二课堂"价值的热情。如在刘道玉校长的鼓励支持下，武汉大学在 20 世纪 80 年代初已拥有超过 400 个学生社团。

进入 20 世纪 90 年代，一系列政策文件为高校学生社团发展指明了前进方向。1995 年，国家教改委颁布《中国普通高等学校德育大纲》，文件将学生社团定位为党团建设平台，强调实现学生自我教育、自我管理、自我服务和自我约束。2004 年，中共中央、国务院发布《关于进一步加强和改进大学生思想政治教育的意见》，在此基础上，团中央和教育部联合颁布《关于加强和改进高等学校校园文化建设的意见》。这两份文件均要求降低学生社团的政治属性，重视其在思想政治教育和文化建设方面的功能，并鼓励社团类型多样化、活动形式与内容创新。2005 年，教育部和共青团中央发布《关于加强和改进大学生社团工作的意见》，明确了加强和改进大学生社团工作的主要任务，支持学生社团活动，推动学生社团健康发展，并对领导与管理机制做出具体规定。

综上，改革开放以来，高校学生社团工作取得了显著成果。领导体制逐步演变为党委领导、行政支持、团组织负责具体管理，各部门共同关注的格局。与此同时，高校学生社团依然面临一些问题，如缺乏科学完善的社团评价体系、对社团干部激励不足、相关研究缺乏符合我国国情的指导性理论等。

第三章　学生社团育人价值
实现模式的提出与设计

第一节　学生社团育人价值实现模式的提出

一、学生社团的育人功能

作为非正式的学生群众组织，学生社团在培养学生过程中所发挥的育人功能是显而易见的。它不仅为学生提供了丰富多彩的课外活动，还通过各种形式的社团活动培养学生的综合能力，对于学生的全面发展起到了积极的推动作用。需要强调的是，本部分探讨的育人功能是所有类型学生社团共有的功能，是学生社团最基本的功能。

（一）隐性教育功能

学生社团是思想政治教育、心理健康教育等高校教育管理工作的重要隐性阵地。随着班级功能的弱化和社团影响的扩大，这一隐性阵地的地位愈发重要，学生社团育人环境的营造也愈发被重视。隐性教育是一种不通过直接的说教或强制的方式，而是通过间接、隐藏、浸润的形式使学生潜移默化接受某种思想或教育内容的教育。隐性思政教育可以通过时政热点讨论、社会实践、志愿服务、社会调研等多种方式实现，隐性心理健康教育可以采用心理辅导、户外拓展、心理沙龙活动等方式帮助学生学会情绪调节和压力管理，提高他们心理素质。与传统教育方式不同，在学生社团中开展的隐性教育活动往往具有实践性、体验性、多样性和趣味性，也因此其教育更具有针对性和有效性。

（二）促进社会化功能

学生社团是一个由学生自发组织、自愿参与的课外学习组织，其核心活动方式是自主开展活动。社团活动均需要社团成员自行策划、组织和实施，这不仅锻炼了他们的能力，还提高了他们的综合素质。许多社团活动需要社团成员走出校门，深入社会。许多社团活动本身就是服务社会的活动，例如，一些志愿者服务性质的社团定期会组织成员参与社会公益活动，为车站、医院、社区等场所提供服务。这些社团活动可以使学生更早地接触社会，了解社会，适应社会。因此，学生社团是一种非常有益的学生组织，对增强学生社会适应能力具有积极的影响。

（三）助力成长成才功能

学生社团为大学生提供了一个展示自我、学习他人、交流互动、自我激励的自由空间，在这里社团成员可以尽情施展自己的才华，大胆提出自己的设想，并努力使其变为现实。首先，拥有共同兴趣爱好是成员们最直接的成长动力之一，因为志趣相投，成员们更加努力不断拓展自己的知识面和技能水平，使自己的兴趣爱好得到更大的进步和更好的发挥。其次，跨专业学生之间的相互交流也是社团活动中的一大亮点。来自不同专业的学生，拥有不同的知识背景和思维方式，这种交流会使学生感受到不同领域的知识碰撞，从而拓宽自己的视野和思路。再次，社团活动是实施素质教育的有效途径。素质教育注重学生的全面发展，而社团活动正是通过各种形式的活动，培养学生的综合素质和能力。通过参与社团活动，学生可以锻炼自己的组织协调能力、沟通表达能力、领导力等，这些都是未来社会所需的重要素质。总之，社团活动会让学生在轻松愉快的氛围中实现素质的全面培养和能力的显著提升。相对于未参加社团活动的学生，社团成员有更多的平台和机会促进自己的成长成才和全面发展。

二、参与文化乃学生社团育人价值实现的重要前提

（一）当前高校落实"以生为本"育人要求存在局限

"以生为本"的育人要求是一个重要的教育理念，是指教育应该以学生的需求和发展为中心，充分考虑学生的个体差异和特点，尊重学生的权利和尊严，注重培养学生的创新精神和实践能力，以及全面发展和终身发展的能力。但在现实的教育实践中存在一些局限性和挑战。首先，充分了解每个学生的特点和需求，尊重学生的个体差异和特点难度巨大。不同的学生有不同的背景、兴趣、能力、需求和目标，要最大程度为每个学生提供个性化的教育方案和指导，对教育者而言是极大的挑战。其次，实现学生的全面发展和终身发展是一个系统工程，高校需统筹推进学生人文素质、科学素质、创新素质、艺术素质等教育革新工程，培养学生健康生活方式与自主学习能力和习惯，对于高校来说，如此庞大的系统工程面临着巨大的挑战。最后，对教育者提出了极高的素质能力要求，教育者只有具备高尚的道德品质和教育素养，才有能力为学生提供个性化的教育方案和指导。

（二）参与文化的内涵

参与文化作为大学文化的重要组成部分，在高校育人环节中发挥着重要的作用。参与文化源于人本主义思想，它强调深化学生的总体参与度，尊重他们的主观能动性，并强化以学生为服务对象的意识。通过"鼓励学生参与、服务其参与、激励其参与"，为学生提供更多的参与机会和平台，创造环境促进吸引学生积极参与，这将使更多的学生热衷于参与到自己感

兴趣的育人活动中。通过积极参与，更好地认识自己、发展自己、满足个人需求，通过主动参与，服务他人、助力彼此成长、实现自我价值，形成一种包容性和谐校园文化，最终帮助学生在未来的学习工作和生活中获得更好的发展，实现他们的全面发展。总之，在高校育人工作中，学生的参与是实现"全员、全方位、全过程"育人的重要保障，也是学生在育人工作中主体地位的生动体现。

（三）参与文化的育人作用

参与文化的育人作用主要体现在激励、价值导向、情感陶冶三个方面。其一，激励作用。它可以激发学生的积极性和主动性，提高学生的学习兴趣和热情。参与文化作为大学文化的组成部分，当被广大师生认同之后，就会释放出巨大的力量，产生凝聚力，形成向心力和推动力，对学生产生激励作用，使相关人员更加积极地参与到育人活动中，开拓新的教育管理途径、提高教育管理效能。其二，价值导向作用。它会引导大学在人才培养过程中秉承一定的价值取向，一所大学它的价值观念往往熔铸在它的办学理念、办学特色中，通过一定的文化氛围和精神环境使其中的个体产生对现有价值的认同，从而实现对个体精神、心灵、人格的塑造，是每一个学生深层次的精神追求和严格要求的行为准则。与此同时，还可以促进学校与社会的联系，增强学校的办学实力和社会影响力。其三，情感陶冶功能。情感陶冶功能作为参与文化的一个重要作用，主要是通过学生在感受文化的过程中，接受文化的沐浴、情操的陶冶、道德的洗礼和人格的升华。从而帮助他们正确认识人生观、世界观、价值观，以积极的态度来面对一切困难，树立正确的是非观、道德观、荣辱观，实现自己的人生价值。

三、"学生社团育人价值实现模式"的提出

学生社团育人价值实现模式内涵丰富，涉及但不限于学生个性发展、

思想政治教育、专业学习与实践、创新创业教育、校园管理、心理健康教育等各个方面。模式打破传统的教育者和被教育者的角色设定，转向以学生社团参与人才培养为基本形式的"三全参与"育人新格局。引导学生社团实践"以生为本"教育理念，实现在高校育人各环节各领域之中更广泛、更深入、更持久地参与，为高校人才培养质量提升贡献社团力量。鼓励学生社团反思评估活动过程，不断提高自我教育、自我管理、自我服务能力，提升帮助社员成长成才和终身发展的服务能力。鼓励学生更加全面地理解和把握教育的本质，使通过社团参与育人工作的经历成为他们未来学习和职业发展的宝贵财富。

第二节　学生社团育人价值实现模式的目标理念体系

一、模式理念

（一）构建科学的学生社团育人价值实现模式

根据学生社团育人功能和参与文化的有关探讨，高校推进学生社团育人价值的实现，有助于培养具有集体意识、协作精神、独立人格的高素质复合型人才。任何教育管理体系都需要科学的理念作为指导，传统的以管理者为中心的教育管理模式，无法满足学生群体参与校内教育活动的需求，无法实现学生通过参与提升自身综合素质的愿望。传统的教育管理模式在当前高校发展趋势中必然会被逐步取代，学生社团育人价值实现模式的发展并不是将传统的高校教育模式完全摒弃，而是在原有的基础上，有意识地在育人各领域各环节之中注入学生社团参与的元素。满足高校把学生培养成为有个性、高素质、适应社会发展需要的应用型人才的需要，完成传统学生教育管理和当代学生群体发展需要的有机融合，建立以社会需求为向导，以促进学生全面发展为核心的科学理念。

（二）明确清晰的模式定位

作为一种全新的、科学的人才培养模式，学生社团育人价值实现模式必须明确自身的定位。定位时需要考虑的主要有以下几点：首先，模式面向对象应该是全体学生社团和全体学生，并且全程实施。应当从大一就开始培养学生的参与意识，鼓励全体学生社团积极参加学校的各类教育活动，使学生群体适应社团参与教育的创新环境，并在接下来的大学时光中能够当仁不让地扮演好参与育人、服务育人的角色。其次，高校应当根据学生社团的个性化需求和能力差异，对不同学生社团设定具有差异性的参与目标。再者，学生社团育人价值实现模式的整个体系应当围绕培养学生社团参与意识和参与能力展开。

二、环境体系

这里的环境体系主要是指推行学生社团育人价值实现模式的高校内部环境，它体现了大学为实行该模式的投入和支持。主要可以分为实施层面和理念层面两大部分。（如图 3-1）

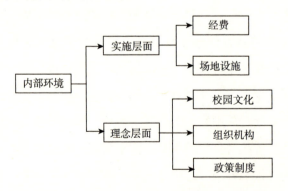

图 3-1　学生社团育人价值实现模式的高校内部环境

（一）硬环境

硬环境主要指高校为了实行学生社团育人价值实现模式而投入的经费和场地设施。该模式的推行无疑需要学校物质方面的投入，通过建设环境优雅、设施完备的活动场地，通过提供充足的经费支持，为学生社团育人价值实现模式的高效运行保驾护航。

（二）软环境

软环境主要指高校鼓励学生社团参与、推崇学生社团参与，创新学生社团参与渠道与平台的氛围及文化，通过相关政策制度和措施激发学生社团参与学校教育活动的热情与激情，为学生社团育人价值实现模式的推行提供内在物质保证。

第一，校园文化。学生社团参与学校教育活动离不开积极正向的校园文化氛围。校园文化具有重要的助推作用，会直接影响学生社团参与各项教育活动的积极性。高校应深入挖掘学校精神、办学理念、教育理念、校训、校风和学风等精神资源，致力建设一个积极向上，符合学生社团育人价值实现模式的校园文化氛围。在"讲述"校本文化故事的同时，最大程度上使每个学生社团和每位学生都能在该模式中找到自己的位置。

第二，组织机构。学生社团育人价值实现模式的深入推行，在很大程度上依赖于完善的组织机构。一般情况下，大部分高校并不会建立正式的专门机构，而是依附于学工部门，局限于狭窄的学生工作领域。因此，学校必须成立高规格的管理机构，由学校主要领导亲自挂帅，加强学生社团育人价值实现模式的全面性、系统性和深入性，促成各育人机构有机协调运行的良好局面。

第三，政策制度。制度环境建设也是学生社团育人价值实现模式中的一个重要环节。要制定鼓励学生社团参与的有关政策条款、管理制度，构建学生社团参与育人平台体系，激发各类社团的参与热情。建立合适的政策管理措施，不仅能够避免该模式实施的表面化、形式化，还能够使其系统的实施具有实质性成效。合适的政策措施能够激励社团指导教师的主动性和积极性，能够刺激学生社团参与其中的创造性和成效性，提升参与过程的趣味性，从而实现学生自身综合素质能力的提升。

三、目标体系

学生社团育人价值实现模式作为以培养学生参与意识和综合素质能力为基本价值取向的复杂系统工程，其目标需要根据学校的发展现状和学生的发展目标综合确定。目标体系决定了该模式理念的树立、价值取向的确定及教育模式的选择，是学生社团育人价值实现模式中其他各模块设计的出发点和归宿点。只有明确了目标，才能确认该模式的发展方向，减少实践探索中的误区，才能有助于我们对模式体系中各组成要素做出更为合理和科学的分析。

目标体系应当具有层次性，从国家教育目的到具体某学校的人才培养目标，都应该涵盖其中。该模式是一项复杂的系统工程，除了要明确学生的素质培养目标，还要明确参与范围的最终目标，以此便于把最终目标和培养目标统一在一条"干线"上，保证每一项教育行为都有很强的指向性，具体如图 3-2。

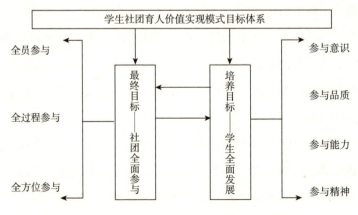

图 3-2　学生社团育人价值实现模式目标体系

第三节　学生社团育人价值实现模式的实施主体体系

一、决策者的构成

如果缺乏有效的管理控制和组织协调，学生社团的育人价值可能无法按照正确的方向进行推动，也无法形成统一力量来促进该模式的有效实施。因此，建立一个高效的管理团队至关重要，它负责通过科学决策和高效管理来推进该模式的顶层设计、资源配置、整体规划、组织指挥和协调控制。学校的决策者通常由校长领导的管理系统来支持，该系统以层级和一套法律法规组成的等级结构，以及下级服从上级和按照规章制度行事的组织规范方式运作。学生社团育人价值实现模式需要在现有行政制度的基础上采用多种行政管理和非行政管理方法。多部门如宣传部、组织部、学工部等需协作互助，扩展和延伸对决策者的行政决策，监控学生社团育人价值实现的整体规划和方向，在决策实施过程中提供政策支持，并在需要时提供适当的资源配置。在把握模式运行大方向的同时，决策者还需要对一线教师进行组织管理，确保组织层面不会偏离正常轨道。与此同时，还需关心指导参与教育活动的学生社团和学生群体，鼓励学生提出创新性建议，通过收集各方面的评价信息，及时调整战略方向。

二、组织者的建设

在构建以学生社团参与人才培养为基本形式的"三全参与"育人新格局时，教师扮演三个关键角色：参与平台的设计者、教育活动过程的指导者以及教育结果反馈者几个角色。具体来说，为了形成学生社团主动参与教育活动的氛围，首先，教师需要搭建具有吸引力的平台，为学生社团主动参与打造良好的空间。其次，在学生社团投入教育活动的过程中，教师应该作为良师益友，指导学生制定和执行素质提升计划，激发他们的参与热情，培养他们养成良好的学习、生活和做事习惯。最终，教师应该利用自己的专业知识和人生阅历对学生社团参与的效果进行评判，及时评价和解决社团在参与过程出现的问题，并助其改正。因此，学校应当致力于将一线与学生接触的全体教师建设成为学生社团育人价值实现模式的实施者和组织者，将其打造成为一支"掌握激励学生社团参与的策略，善于创设参与渠道，敢于创新参与载体"的教师团队。

三、实施者的培养

现代大学生群体鲜明的特点是他们一方面渴望学校将自己培养成高素质、有特色、能应对社会进步需求的全能型人才，但另一方面又要求学校能够营造良好的自由发展空间，实现自我个性发展。他们不仅在思想观念、生活习惯和个人学习生活规划等方面体现出自身个性和独立风格，而且对参与学校的各类教育活动展现出极高的积极性和自主性，凸显了他们强烈的个体意识和参与欲望。学校为不同的学生社团提供契合的参与途径，在满足了学生个性发展的同时，还能够增强他们的参与意愿和对社团的认同感，并借助参与符合个人发展的教育活动进一步提高他们的综合素质。学生渴求指导教师针对自身情况给予个性化指导，在与领导老师的接触中敢于直抒胸臆，是决策层与组织层收集评价信息的重要来源，如图3-3。

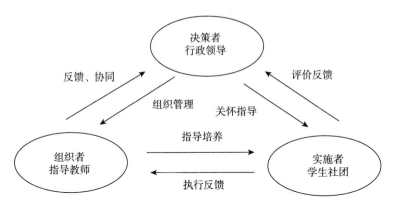

图 3-3　学生社团育人价值实现模式的参与主体体系

第四节　学生社团育人价值实现模式的实现路径选择

在高等教育体系中，教育活动作为关键环节和基础保障，关乎人才培养质量，既与高校教学活动相辅相成，又互为促进，共同构建人才培育的关键双翼。面临新时代挑战，高校须深化践行"以生为本"的教育理念，结合实际情况，积极探索和发展具有校本特色的育人体系。前述学生社团育人价值实现模式可在实践中探索有效路径。著者基于十余年的探索，提出以"参与思想教育、参与专业教育、参与组织服务、参与文化建设、参与实践历练、参与创新创业"为主要内容的模式实施途径，旨在为学生社团构建特色鲜明、多元参与的渠道，全方位优化思政、教学、校园文化、社会实践等育人环节。

一、参与思想教育

学生社团积极参与到思想教育领域之中，在促进成员思想素质提升的同时，将形成符合主流价值的社团文化。学生社团参与思想教育主要通过以下途径实现：

一是思想引领。学生社团可以在开展读书会、论坛、沙龙等活动时，融入爱国主义、集体主义、社会主义核心价值观等元素，通过社员间的见解分享，相互启发、共同进步，从而增强学生的思想认同和价值观念。

二是以文化人。营造积极向上的文化氛围，如倡导诚信、友爱、互助等价值观念，将中华优秀传统文化、革命文化、社会主义先进文化等融入社团活动和社团文化建设之中，培育学生的文化自信。

三是实践育人。学生社团在组织志愿服务、社会调查、公益宣传等活动时，有意识地引导社员在实践中体验和感悟社会主义核心价值观的内涵和意义，促使他们深入了解社会、了解国情民情，增强成员的社会责任感和公民意识。

四是网络教育。学生社团可以利用各类网络宣传平台，如公众号、微博、短视频号等，传播正能量，倡导正确价值观，引导成员正确看待社会现象和问题。

五是榜样示范。学生社团可以通过开展各种选树评选活动，在社团内树立榜样形象，让成员感受到身边的正能量和良好风尚，激励他们积极践行社会主义核心价值观，鼓舞他们追求进步和自我发展。

二、参与专业教育

学生社团在专业教育中发挥着至关重要的互动实践作用，通过多样化的活动形式，有助于深化课堂外的学习体验。学生社团深度参与专业教育领域，不仅可以提升成员的专业素养及职业竞争力，同时也为我国人才培养质量的提升做出重要贡献。学生社团（以专业学术类社团、专业实践类社团为主）参与专业教育的途径主要包括以下四个方面：

一是强化课程互动。学生社团可以成为紧密联系教师和学生的纽带。实战演练不仅锤炼学生的专业技能，更能加深对课堂所学理论知识的理解。因此，学生社团可以主动配合教师，与教师合作开发项目课程或实践课程，将课堂所学的理论知识巧妙融入同期举办的社团活动，增强学生对专业知识的消化吸收与实践应用。

二是拓展学术视野。学生社团可以邀请专家学者、专业教师定期举办讲座或座谈讨论活动，帮助社员了解最新学术研究成果，掌握专业发展动向，从而激发他们的学习兴趣，点燃他们深入探究的热情。

三是培养专业技能。学生社团可以通过参加专业相关竞赛，与产业界实施合作项目，开设技能提升课程和培训工作坊等多种方式，帮助社员深入了解行业的发展趋势和市场需求，助力他们掌握更深入的专业知识和更精进专业技能，成为未来相关行业中具备专业核心能力的佼佼者。

四是开展职业体验。学生社团可以与行业企业合作，为社员争取专业实践的实习机会。在实习岗位上，社员可以亲身体验行业工作环境，将所学知识应用于实践，了解未来职业发展方向，提升职业素养和社会责任意识。

三、参与组织服务

高校要充分发挥学生社团的教育服务功能，通过科学规划学生社团的建设和发展，对原有相关制度进行修正和完善，鼓励各级社团组织通过积极承担学校各项工作来服务青年学生，服务育人大局，扩大自身影响。鼓励学生社团在规模上扩大，种类上增多，质量上提升，为学校组织育人服务提供支撑。学生社团结合自身特点参与组织服务育人相关领域，通过搭建多样化的服务平台，社团不仅能够为学生成长成才提供必要的支持，而且还致力于塑造他们的积极人生观和良好行为模式。学生社团参与组织服务主要通过以下途径实现：

一是心理健康服务。学生社团（心理类社团为主）可以通过提供朋辈心理咨询，普及心理健康知识，设立心理支持服务热线等服务，帮助大学生更好地了解自己，帮助他们学会处理压力、焦虑、抑郁等心理问题。学生面对各类精神挑战时能够及时获得社团专业的服务和同伴的帮助。在服务中学生社团会成为大学生健康心灵和阳光心态的坚实守护者。

二是培养健康生活方式服务。学生社团可以通过推广体育运动、举办文艺活动、普及健康知识等服务活动，培养学生积极的生活态度和良好的生活习惯。学生社团（体育类社团）通过展现各类运动的魅力吸引学生多利用课余时间参与体育运动，提高身体素质。学生社团（文艺类社团）引导学生关注校园文化活动，培养高雅兴趣爱好，愉悦身心的同时也能陶冶情操。学生社团还可以倡导健康饮食与睡眠，帮助学生保持健康的饮食习惯和良好的睡眠习惯。

三是提供后进生矫正服务。学生社团可以为后进学生提供情感上的关怀支持和精准的个体矫正服务。从倾听困扰、朋辈辅导、个别指导到创造社交机会和培养责任感等途径，社团通过全方位引导，帮助这些学生与同龄人建立联系和友谊，重拾自信和对自我成长的渴望。

四是提供培优服务。学生社团可以提供锻炼领导力、培养团队精神、扩展社交网络等平台。学生通过策划组织活动学习如何统筹协调各方，激励团队成员及处理问题冲突，这些技能对日后的职业发展大有助益。学生通过参与社团活动可以结识来自不同学院和专业的同学，由共同的兴趣爱好打破隔阂、建立友谊。另外，通过参与社团活动，学生还有机会挑战自我、塑造自我、挖掘自身潜能、深化自我认知。

四、参与文化建设

高校校园文化建设是一项系统工程，需要多方配合和参与。作为校园生活的重要组成部分，学生社团在文化建设方面发挥着重要作用。因此，学生社团应以本校校园文化建设目标为指引，积极开发有益于培养大学生文化素养、促进学生全面发展的校园文化活动，以促进校园文化的多样性和丰富性，提高大学生的文化素养和综合素质。学生社团参与文化建设主要通过以下途径实现：

一是营造文化氛围。学生社团作为推动校园文化建设的重要力量，通过举办各种丰富多彩的文化活动，如文艺演出、文化讲座、艺术展览等，营造出浓厚的文化氛围，从而使学生在潜移默化中受到优秀文化的熏陶和启迪。同时，他们还可以通过组织各种文化交流活动，展示不同领域和风格的文化作品，让更多的学生了解和欣赏到校园文化的多样性和包容性。

二是培养文化素养。学生社团可以通过组织中华文化主题讲座和传统文化传承活动（如传统手工艺、民间艺术表演等），使学生感受传统文化魅力，增强文化自信，并更好地传承和弘扬中华优秀传统文化。学生社团还可以积极开展跨地域、跨民族、跨国度的文化交流活动，拓宽学生视野，增强学生跨文化交流能力，使学生了解不同地域、不同民族、不同国家的文化习俗和不同文化背景下的思想观念和价值观念。

三是参与文化创新。学生社团可以在激发学生文化创新意识方面发挥重要作用。可以通过举办各类创意竞赛和设计比赛活动，激发学生的创新热情。此外，学生社团还可以鼓励成员积极参与文化创新活动，如文学作品创作、音乐作品创作、艺术作品创作、网络短视频作品创作等，为校园文化注入新的元素和活力。

五、参与实践历练

大学生社会实践活动是学校教育的重要组成部分，是大学育人体系中的关键环节，旨在实现"受教育、学知识、长才干、做贡献"的目标，促进学生的全面发展。为确保社会实践活动的深入开展，高校以大学生社会实践活动和大学生志愿服务活动为主要着力点，强调"基地化""项目化"和"常态化"的运作模式。在这样的总体规划下，学生社团参与大学生社会实践活动的重要性显而易见。社团的参与不仅有助于提高学生的实践能力和综合素质，同时也能为社会做出贡献。此外，通过参与实践，学生社团还能增强凝聚力和影响力，为自身的持续发展奠定坚实基础。具体而言，学生社团参与实践历练主要通过以下途径实现：

一是参与公共服务。学生社团可以依据社会需求并结合自身专长，开展各种公共服务类社会实践活动，比如社区服务、环保行动、义务讲解、文明劝导、慈善义卖以及交通疏导等。这些活动有助于社团成员进一步理解服务社会的意义与价值，并增强他们的社会责任感。

二是组织社会调查。学生社团可组织成员以团队或个体形式开展社会调查，旨在了解社会现状及问题，并提出解决问题的建议。例如，针对河水治理问题，社团可安排成员进行实地调查，继而提出治理建议。此外，社团也可安排专业认知调研，以了解市场对专业人才培养的需求，为成员个人职业生涯规划和完善职业素养提供思路。

三是开展文化交流。学生社团可以采取文化展览、文艺演出、文化讲座、文化研讨等多种形式在校内外广泛开展文化交流活动，这些活动可以促进不同行业、不同文化背景的人们加深对彼此的了解，增进彼此间的沟通与合作，为构建和谐社会贡献学生社团力量。

六、参与创新创业

高校创新创业活动作为培养创新型人才的重要途径，可借助学生社团这一重要力量，充分发挥其在创新创业活动中的积极作用。学生社团因其广泛的群众基础和实践特性，能够为创新创业活动注入无限的生机与活力。社团成员通过深度参与，可有效锻炼创新思维和创业能力，培养创新意识和创业精神，为个人成长和社会发展做出积极贡献。学生社团参与创新创业主要通过以下途径实现：

一是营造创新创业氛围。营造创新创业校园文化是时代赋予大学的重要使命。学生社团应结合各自品牌活动，有机融入双创元素。通过挖掘宣传本社团的双创成功案例、举办行业专家创新主题讲座、邀请创业校友来到社团经验分享、组织双创研讨会、评选双创积极分子等方式，鼓励社团成员积极投身创新创业活动，吸引更多的学生关注和参与创新创业，为营造良好创新创业氛围做出贡献。

二是推动创新创业实践。学生社团在推动高校创新创业教育事业中扮演着重要的角色。通过建立创新创业社团，通过组织各种创新创业活动，学生社团能够为学生提供更多的参与机会和平台资源，这有助于提升学生的创新思维和创业能力。学生社团可以利用自身优势，积极举办一系列创新创业活动，如创业计划大赛、创新创意大赛、创业沙龙等。这些活动不仅为全校学生提供了一个创新创业实践的平台，也为成员提供了一个展示个人创意、创新想法和创业计划的舞台。在这些实践活动中，学生社团可以帮助学生了解创新创业的过程，培养他们的项目管理、团队协作和市场运作能力。通过参与这些活动，学生可以不断提升自身的创新创业素质和综合竞争力。

三是深化创新创业教育。产学研一体化发展是推动创新创业教育进一步深化的重要途径，而学生社团（专业类社团），则在对接学生与校内外产学研资源方面扮演着不可或缺的桥梁角色。借助学生社团这个平台，学生可以获得更多与业内专家、行业领袖进行交流的机会，也可以接触更多的行业前沿动态，获得更多的实习实践机会，从而更好地将理论知识学习、行业现状认知与科技创新实践有机结合，从实战经验中拓宽自己的视野、增强自身就业竞争力。

第五节 学生社团育人价值实现模式的运行机制构建

为保证"学生社团育人价值实现模式"的长效运行，需构筑相对完备的运行机制。主要包括激励机制、保障机制、监督和约束机制，其中以激励机制和保障机制为重点。

一、激励机制

为了有效推动管理进程，激励相关部门积极实践"学生社团育人价值实现模式"，提高学生和教师对此模式的认同感和投入热情，同时拓展更多的学生社团参与育人环节实施途径，提升人才培养的整体效果。为了确保该模式的持续发展和实践，学校可以从两个层面分别制定相关的激励制度，具体内容如下：

（一）管理部门层面

学生社团虽然普遍有志于参与到学校的教育事务中，但往往会由于时间有限、精力分散以及参与意愿不足等原因，导致其热情及效果有所减退。为此，学校可以通过建立一个综合性的激励机制来激发社团组织参与教育活动的热情，包括"授权激励、荣誉激励和成就激励"三个方面，全面调动学生社团发挥育人作用的兴趣和动力。

授权激励是一种通过赋予学生社团一定的决策权、资源分配权、协调权等权力，激励其更好地承担教育功能发挥的责任。设立专项经费，建立相应的监督机制和反馈机制，确保学生社团在授权范围内开展教育相关活动，并对其质量负责。设立"学生社团育人价值实现模式"实践奖项，对在推进此模式中表现突出的学生社团、社团干部、社团成员及指导教师授以荣誉称号并给予物质奖励。常态化、高标准定期开展各级各类总结表彰会和经验分享会，以成就感、满足感向广大学生社团推广相关理念，鼓励更多社团认知并参与育人工作。相关部门需要用心监督激励机制的落实，注重机制的实用性和导向功能，使社团干部和成员能够真正地受到激励，主动参与到学校各项教育活动中，实现育人工作和学生社团建设的良性互动和深入融合。

（二）学生社团层面

需要把"学生社团育人价值实现模式"的实践成效作为一个重要考评标准，纳入年度社团工作目标和绩效考核中。确保激励机制得到全方位普及，从最大程度上激励学生社团全面参与到各项教育活动中。通过设置"社团育人工作创新奖"等评选机制，对于那些创设新参与载体且初见成效的学生社团，给予物质和精神奖励。定期集中展示优秀实践成果，同时吸引更多的学生社团参与到此模式中。倡导并鼓励跨学科、跨年级的社团联合实践活动，为学生社团提供更广阔的参与平台和多元化的参与体验。

二、保障机制

学生社团育人价值实现模式的实行需要以观念、法律法规、政策、规章制度及物质投入作为保障。为了确保模式的顺利实施，高校可构建以下保障机制。

（一）多部门联动协作，创设学生社团育人价值实现环境

学生社团的育人价值实现需要学校各部门的支持和配合。为此，学校应当建立跨部门的联动协作机制，明确各部门的职责和任务，并加强沟通协调，以确保该模式的顺利实施。例如，后勤部门可以提供必要的场地和设施保障，专业学院可以给予社团指导师资的支持，宣传部门则可以通过

多种渠道进行宣传推广，并提升社团的影响力和知名度。树立正确的观念是确保"学生社团育人价值实现模式"顺利实施的首要前提。因此，学校应将该模式的实践作为人才培养工作的重要组成部分，并在全校范围内营造浓厚的氛围，引导全校师生认同并践行该模式。

（二）设置专项工作经费，增加物质投入

为稳步推行"学生社团育人价值实现模式"，学校应在物质投入方面给予充分保障。对重点实践项目给予专项经费支持，确保项目顺利实施。此外，对创设新参与载体的学生社团，给予额外物质投入和特别奖励，以鼓励他们继续发挥创新精神，更大程度发挥育人价值。

（三）建立良好的反馈机制，激发学生社团参与热情

优化学生社团参与的引导机制，定期收集积极评价、正面反馈及意见建议，并通过多种方式及时向学生社团传递这些积极信息，以认可和赞许他们的付出，从而激发他们的积极性和自信心。这将促使学生社团以更加主动的态度投身于育人工作中。

三、约束和监督机制

为了确保学生社团在实现育人价值的实践中既不流于表面，也不降低标准，高校需建立健全相关的约束和监督机制。

（一）全过程监督机制

注重事前、事中、事后全过程检查落实与监督，从事前准备，到事中执行，再到事后评估，整个连续过程都需经过严格检查与监控。相关职能部门通过定期和不定期的方式，如访问学院、审阅活动记录、听取汇报以及开展学生问卷调查等，及时掌握各级社团管理部门的实施推进情况和工作执行情况，并基于观察提供相应的指导和反馈。

（二）推进信息公开制度

进一步增强各类信息的公开透明度，特别是在政策扶持、经费分配、活动场地审批等涉及学生社团核心利益的关键环节，以及评优推优、奖励发放等与社团干部及成员切身利益息息相关的环节，必须保证公开透明、渠道畅通、反馈及时。这样做的目的是激励学生社团以积极、主动的态度参与以民主方式开展的各项教育活动，并与各方力量携手合作，推动学校人才培养质量的提升，确保学生社团的育人价值得到充分实现。

第六节　学生社团育人价值实现模式的框架模型设计

一、"学生社团育人价值实现模式"的内涵

在新时代的背景下，高校始终秉持"以生为本"教育理念，通过探索实践"学生社团育人价值实现模式"把这一理念具体化、实际化。该模式不仅借助了深受学生喜爱的社团平台，增强了教育服务的意识，而且将学生和学生社团的主体地位和参与权力放在了首要位置。注重学生在事关个人成长成才过程中的全面参与和全情投入。学生社团以学生组织身份通过各种形式主动介入到高校各项教育活动中，包括思想引导、专业学习、文化建设、社会实践等各方面，从而实现学生社团从松散学生组织转变为育人工作的重要参与者。深入分析其内涵包括以下几个层次：

（一）尊重学生和学生社团的主体性

"学生社团育人价值实现模式"关注学生和学生社团的全面发展，突出强化"服务学生成长意识，服务学生社团发展意识"的教育模式，具有显著的"尊重、信任、发展"的特征。在这种模式中，学生社团会被赋予

更多自主权、选择权和发展权，作为被教育者的学生其人格、情感及兴趣爱好都能得到教育者的充分尊重，这不仅满足了被教育者的情感需要，而且能使他们获得一个表达自我、展示自我、发展自我的平台。总之，营造"尊重学生个性、信任社团能力、服务学生个体与社团组织发展"的和谐环境，吸引学生和学生社团在教育实践中投入更多的时间和精力，发挥学生和学生社团在教育活动过程中的主体作用。

（二）服务人才培养大局

近年来，学生参与已逐渐成为衡量高等教育质量的重要标尺。在此背景下，"学生社团育人价值实现模式"以高校育人总体目标为出发点，紧密围绕人才培养目标定位。该模式高度关注学生在校学习和生活的全方位体验，以及学生社团参与各种教育活动的广度、深度和成效。为了更好地促进学生的全面发展，该模式致力于通过赋予学生社团知情权、决策权、评价权、监督权等权利，来改进教育服务和校园环境。这些权利的赋予旨在保障学生和学生社团的权益得到实现，从而促进其更好地成长和发展。通过这种模式，学生可以更加深入地参与到校园生活中，培养更加全面的能力和素质。同时，学生社团也可以更好地发挥其育人作用，为学生提供更加丰富多彩的活动和服务。这不仅有利于学生的个人成长和发展，也有利于提高高等教育的质量和水平。

（三）创新教育环境

"学生社团育人价值实现模式"致力于创建多元化的教育环境，以助力学生获得全面的发展。该模式通过鼓励学生社团参与、服务学生社团参与、激励学生社团参与，使学生能够借助社团这一平台，投入更多的时间学以致用，投入更多的精力与同辈和老师互动。这种模式不仅关注学生的学术成就，还注重培养学生的领导力、团队合作精神和创新思维等非学术能力，以最大限度地推动学生社团积极寻找实现育人价值的机会，促进学生社团更多地参与到学生的成长发展过程中。通过这种方式，社团成员可以获得更多的个人成长与体验的收获，从而更好地适应未来的社会生活。

二、"学生社团育人价值实现模式"的框架模型及模块分析

构建完整的体系和模型是推进学生社团育人价值实现模式探索与实践的必要途径。通过梳理十余年的实践经验，结合国内外相关研究成果，遵循科学的研究思路、研究原则和研究途径，尝试将学生社团育人价值实现模式和概念融入大学教育体系中，从而构建学生社团育人价值实现模式模型，构成框架如下图 3-4 所示：

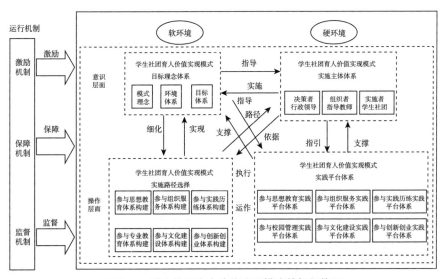

图 3-4　学生社团育人价值实现模式的框架体系

由图可知，学生社团育人价值实现模式可以从以下三个维度进行分析：环境、运行机制和内部机制。整个体系框架的核心部分为学生社团育人价值实现模式的内部机制。学生社团育人价值实现模式的内部机制主要分为四个部分：学生社团育人价值实现模式的目标理念体系、学生社团育人价值实现模式的实施主体体系、学生社团育人价值实现模式的实施路径

选择、学生社团育人价值实现模式的实践平台体系。

第一部分：学生社团育人价值实现模式的目标理念体系又可以细分为模式理念、环境体系和目标体系，它对学生社团育人价值实现模式的实施主体体系和学生社团育人价值实现模式的实践平台体系起着指导作用。

第二部分：学生社团育人价值实现模式的实施主体体系是该模式的目标理念体系的实施者，它主导着学生社团育人价值实现模式实践平台体系的运行，是学生社团育人价值实现模式的实施路径选择的依据。

第三部分：学生社团育人价值实现模式的实施路径选择可以从参与思想教育体系构建、参与专业教育体系构建、参与组织服务体系构建、参与文化建设体系构建、参与实践历练体系构建、参与创新创业体系构建六个方面来具体分析。学生社团育人价值实现模式的实施路径是学生社团育人价值实现模式的目标理念体系的细化，它执行了学生社团育人价值实现模式的实践平台体系，实现了学生社团育人价值实现模式的目标理念体系，也是学生社团育人价值实现模式实施主体体系的实现路径。

第四部分：学生社团育人价值实现模式的实践平台体系可以细化为参与思想教育实践平台体系、参与专业教育实践平台体系、参与组织服务实践平台体系、参与文化建设实践平台体系、参与实践历练实践平台体系、参与创新创业实践平台体系。学生社团育人价值实现模式的实践平台体系是学生社团育人价值实现模式实施路径选择的运作层面，支撑着学生社团育人价值实现模式的实施主体体系和学生社团育人价值实现模式的目标理念体系。

作为核心的内部机制中，学生社团育人价值实现模式的目标理念体系、学生社团育人价值实现模式的实施主体体系、学生社团育人价值实现模式的实施路径选择、学生社团育人价值实现模式的实践平台体系四个部分相互依存，其中学生社团育人价值实现模式的目标理念体系和学生社团育人价值实现模式的实施主体体系偏向于意识层面，学生社团育人价值实现模式的实施路径选择和学生社团育人价值实现模式的实践平台体系则偏向于操作层面。

　　学生社团育人价值实现模式模型中三个维度各成体系，又相互影响。除了上述的内部机制，还需要分析运行机制和环境对体系的影响。运行机制中激励机制对内部体系机制各部分起到激励作用；保障机制对内部体系机制各部分起到保障作用；监督机制对内部体系机制各部分起到约束作用。硬环境和软环境都直接或间接地影响着学生社团育人价值实现模式。后文会对机制和环境进行详细的讨论。

第四章　高校学生社团参与思想教育体系构建

思想教育致力于助力大学生塑造正确的世界观、人生观及价值观，涵盖多个领域，如理想信念教育、爱国主义教育、形势政策教育以及社会主义核心价值观教育等。通过学习马克思主义及党的路线、方针、政策，思想教育助力大学生准确把握社会发展规律和国家前途命运，进一步坚定"四个自信"，增强社会责任感和爱国情怀，确立崇高理想信念。

多年来，高校思想教育取得了显著的成果。然而，在现实的教育环境中，思想教育的实践常常遭到大学生的"冷遇"，导致教育质量提升遭遇瓶颈。为了解决这一问题，全国高校思想政治工作会议提出了"全程育人、全方位育人"的战略性要求，强调思想教育应渗透到高校教育教学的各个环节之中。学生社团作为大学生第二课堂活动的重要载体，是他们最具吸引力的生活空间之一。然而，目前思想教育空间与学生社团空间的对话之窗尚未完全打开，探讨两者的充分交互和耦合协调发展将有助于拓展高校思想教育的运行空间，助力思想教育摆脱现实困境。

在参与思想教育过程中，学生社团体系构建因涉及内容差异而有所不同。为更好地探讨学生社团如何参与思想教育，本部分主要从学生社团参与社会主义核心价值观的角度，对其体系构建进行深入探讨。

第一节 参与思想教育体系构建的原则与思路

一、学生社团参与核心价值观教育的重要意义

（一）核心价值观教育质量提升之路遭遇瓶颈

2016 年 12 月全国高校思想政治工作会议强调："高校要坚持不懈培育和弘扬核心价值观，引导广大师生做核心价值观的坚定信仰者、积极传播者、模范践行者。"然而现实教育情境中核心价值观教育却常常遭到大学生的"冷遇"，知识"消化吸收不良"，教育活动"人气不足"等屡见不鲜，教育质量提升之路遭遇瓶颈。分析其深层原因有三：其一，教育实施者单向的价值灌输形式与"不接地气"的灌输内容，引发学生认知上的兴趣不足，难以在思想层面达到共鸣，其症结在于教育队伍亟待升级。其二，制约大学生自觉认同核心价值观的根源问题在于忽略了大学生的主体地位导致缺乏内化动力。其三，活动策划上未能从大学生真实需求出发，未充分考虑学生需求的层次性和差异性，也未提供恰当的活动形式作为载体。

（二）部分社团文化游离于核心价值观统领之外

学生社团是兴趣爱好相近的学生在自愿基础上自发形成的群众性团体。尽管学生社团拥有较大的自主管理权，但也并非"法外之地"。社会主义核心价值观是学生社团寻求生存和发展的道义准则。在社团文化建设过程中，必须始终坚持以核心价值观为指导，在社团管理和活动策划中，要坚持以习近平新时代中国特色社会主义思想铸魂育人的原则。但需要注

意的是，部分学生社团价值观存在着多元化发展的不良倾向，且游离于社会主义核心价值观统领之外。比如部分社团弥漫着学生干部"玩忽职守、言而无信、任人唯亲"；活动开展"形式主义、敷衍了事、夸大宣传"；成员之间"貌合神离、明争暗斗、尔虞我诈"等不良风气。这些不良风气不仅影响了社团的正常运转，更严重违背了社会主义核心价值观的基本原则。

（三）实现学生社团管理与核心价值观教育耦合发展具有现实意义

全国高校思想政治工作会议要求："高校要把思想政治工作贯穿教育教学全过程，实现全程育人、全方位育人"。因此，如何探寻教育教学各环节中可利用的育人载体，提升核心价值观教育实效，是目前高校面临的重大理论和实践问题。高校学生社团管理与核心价值观教育之间有着与生俱来的强度关联和较高的契合性，它们存在于同一时空之中，拥有着亟待挖掘的共同资源，它们工作对象一致、功能目标相近、内容相互融合、成效互相转化，是互为促进的双螺旋发展关系。因此探讨两者的充分交互和耦合协调发展将有助于拓展高校思想政治教育的运行空间，助力核心价值观教育摆脱现实困境，其现实意义包括：

其一，拓宽高校核心价值观教育的时间空间跨度，进一步实现"全程育人，全方位育人"。社团活动拥有时间上的持续性、空间上的多样性与形式上的灵活性等特点，这些特征将提升教育实践活动的吸引力和生命力，并在很大程度上提升核心价值观教育的实际效果。

其二，增强学生社团自身活力，实现其健康可持续发展。在积极参与核心价值观教育的同时，将有助于学生社团破解目前"活动质量难提升、资源支持难寻求、环境建设难推进"的发展瓶颈，最终实现其结构的合理化、运行的科学化及内外环境的进一步优化。促使学生社团坚持以核心价值观为指导，积极纠正内部不良风气，确保自身在正确的轨道上持续健康发展。

二、研究现状述评

（一）大学生社会主义核心价值观教育的研究

国内对社会主义核心价值观的研究源于 20 世纪 80 年代末，十六届六中全会提出了"建立社会主义核心价值体系"的任务，十七大明确提出了"探索社会主义核心价值体系有效途径"的要求，十八大对社会主义核心价值观进行了科学阐述。党和政府的高度重视进一步掀起了国内学术界相关理论的研究热潮。目前学术界对于社会主义核心价值观的研究主要集中于科学内涵的界定、核心价值体系与核心价值观的关系探究、战略价值、培育路径等方面。

大学生是国家的未来、民族的希望，这一群体的社会主义核心价值观教育自然引起了学者们的广泛关注。学者们从大学生对社会主义核心价值观的认同、践行，社会主义核心价值观与高校思想政治教育间的关系等方面进行了大量探讨：①李斌雄等（2007）、陆树程等（2009）和赵欢春（2014）等分别从认同规律、心理机制、路径主体性的视角，探索了增强大学生对社会主义核心价值观认同的有效路径。②大学生践行社会主义核心价值观研究方面：林晓峰等（2012）主张重视并充分利用社会影响因素；覃轶珊（2014）提出以价值哲学理论为指导构建机制；王春明（2014）认为要遵循通俗化、普及化和大众化三重路径。③经过欧清华（2008）、杨业华等（2013）等的深入研究，社会主义核心价值观与高校思想政治教育两者间具有紧密的逻辑关系这一论断，已被学术界普遍接受。此外学者们就二者如何深度融合、相互促进展开了热烈的讨论，杨晓慧（2009）、王占仁（2009）、高地（2009）等分别从融入过程、融入途径、融入载体的角度分析了社会主义核心价值观如何融入高校思想政治教育的问题。刘峰（2012）、刘明凯（2008）、刘明海（2011）分别从思想引领、实践引领、舆论引领的视角探讨了社会主义核心价值观对于高校思想政治教育的引领作用。

（二）学生社团与社会主义核心价值观教育的关系研究

部分学者已涉足相关研究，目前已达成共识的内容包括学者们一致认为学生社团是具有先天优势的"隐性课堂"，各类院校务必高度重视并深入挖掘学生社团的这一重要功能。研究的重心集中在：其一，学生社团的独特优势，其中徐瑞（2014）、石中英（2014）的观点较有代表性，不同之处在于前者的关注范围在高校，而后者的研究重点是中小学；其二，功能实现基本策略，其中刘伶俐等（2015）认为在社会主义核心价值观教育中要发挥学生社团的自主性优势及实践能力，肖凤翔等（2016）提出推进社团活动规范化、系列化，提高社会主义核心价值观教育语境的适切；创新活动空间，促使学生社团活动课程化；动静结合，显隐结合的学生社团活动模式，提升社会主义核心价值观教育实效；其三，核心价值观指导下的社团建设，其中黄阿火等（2010）、丁强等（2015）、张烽等（2016）较为深入的探究了构建与社会主义核心价值观相符合、相融合的学生组织价值观的重要意义、问题挑战与构建措施。此外，作为一种社团类型，谢群等（2014）、孙琳（2015）等学者对于如何依托理论学习社团促进大学生认知认同社会主义核心价值观也给予了关注。

（三）简要述评

核心价值观教育与学生社团双向关联的研究较少。学术界对核心价值观教育与学生社团的单独研究成果极其丰硕，结合高校人才培养系统思考，将两者融合的成果较少。诚然，两者的关联已经引起了学者的关注，但大多数研究仍属单向关联的研究，对学生社团在核心价值观教育中的功能与作用的探讨尤为偏爱，对两者交互关系的研究较少、关于两者间作用机理的研究相对薄弱。学生社团是大学生第二课堂活动的重要载体，深入探讨两者间的关系和交互作用具有较高的理论和实践价值。

缺少核心价值观教育与学生社团管理交互影响的定量分析研究。截至目前，相互作用的定性探讨多，缺少两系统间交互影响因素及其规律的定量分析，理论与实证相结合的研究相对较少。著者认为两个育人空间的关系不能用"相互作用""相互影响""互动"等常用的词语完全表达，更不能简单用一方对另一方的作用片面阐述，需要运用耦合理论才能使问题分析得更深入，从而进一步澄清两者间的复杂关系和交互机理，使两方面工作形成双螺旋良性发展，提升高校育人质量与效能。

三、学生社团参与核心价值观教育体系构建的原则和思路

（一）避免"填鸭式"强势灌输

当前，在高等教育领域，所谓的"填鸭式"教育仍占据主导地位。然而，学生社团作为思想教育的重要载体，其组织结构、内部环境、活动内容等都蕴含着丰富的社会主义核心价值观教育资源。因此，学生社团参与核心价值观教育完全可以摆脱传统的强势灌输模式。自发性是学生社团区别于高校其他学生组织的根本特点。其发起、组建、创立完全源自学生的内在驱动力。因此，参与思想教育体系构建的学生社团必须遵循"以生为本"的教育理念，突出学生的主体地位，将教育方式从强势灌输转化为柔性互动，教育效果聚焦于学生的参与度、参与体验以及投入程度等方面。

（二）"学中乐，乐中学"

为了使学生社团在思想教育中的参与效果显著，必须满足某些前置条件。目前，参与效果不甚理想，从某种角度来看，这可能是由于参与度不足所致。根据人的社会化属性，大多数人内心都渴望得到他人的认可和融入集体之中。导致学生日渐远离传统受教育载体的根本原因在于参与吸引力的缺乏，这可能是因为缺少参与机会、参与途径单一，以及参与方式的限制。在构建思想教育体系时，学生社团应注重发挥学生的主观能动性，

激发学生的自我教育意识，培养他们的自主学习和思考能力。因此参与思想教育体系构建中，应改变过去学生被动接受教育这一角色定位，通过参与多元互动的活动，促使学生在轻松愉快的氛围中接受社会主义核心价值观的熏陶和教育，为学生提供能够收获愉悦感受、美好体验和满满成就感的参与渠道。这样既能淡化学生的"受教育者"角色感，又能转变学生为"教育主体"，从而在"学中乐，乐中学"的过程中潜移默化的收获个人成长。只有通过这种方式，我们才能更有效地达成思想教育的既定目标，并且培育出一批对社会有责任心和承担精神的杰出人才。

（三）共性化与个性化相结合

学生社团在参与思想教育过程中面临着诸多障碍，其中，社团个性化差异是重要的一环。因此，构建参与思想教育体系需要兼顾各类社团的共性化参与平台（比如以社会主义核心价值观为统领建设社团文化和社团价值观），同时也要尽可能满足不同类型社团的个性化需求。针对不同学生社团的特点和优势，避其所短、展其所长，为他们"量身打造"参与思想教育的个性化平台。比如后文将提及的特色学生社团"军训教导队"，就是面向退伍返校复学学生这一群体打造的"学生成为国防教育主体"的特色平台，通过严格选拔、系统培养，学生也可以成为国防教育、爱国主义教育的"急先锋"，实现了颠覆性的身份翻转。

第二节　参与思想教育实践平台体系

如前文所述，建立学生社团管理与核心价值观教育的耦合机制，以确保二者的耦合协调发展，是构建学生社团参与核心价值观教育实践平台体系的核心环节。故而，本节通过深入探讨学生社团管理与社会主义核心价值观教育的耦合关系、耦合现象及耦合动因，构建了促进两者深度融合、协同推进的耦合协调机制，旨在为学生社团参与思想教育实践平台体系的构建提供有效思路，并破解培育和弘扬核心价值观时大学生"认知欠主动、认同欠自觉、践行欠积极"的现实难题。

一、学生社团管理与核心价值观教育耦合关系的确立

（一）概念界定

学生社团管理与核心价值观教育是作用于大学生全面发展的两个重要子系统，学生社团是核心价值观教育的重要阵地，核心价值观教育促进社团活动提质量、社团管理上水平，二者相互依存，相互促进，存在着密切的内在关联性。故而，将学生社团管理与核心价值观教育两个子系统相互作用的关系界定为耦合关系。

（二）耦合现象表现形式

表4-1 核心价值观教育与学生社团管理的耦合功能表现形式

核心价值观教育现状及问题	核心价值观教育困境	学生社团特征	学生社团特色与功能	学生社团与核心价值观教育耦合功能
单项灌输形式为主	大学生参与热情不高	自发自治性	汇聚志同道合之人	整合优化各类大学生群体
	内化认同动力不足		尊重青年学生的自主性	促进大学生自觉内化
轻视学生主体作用	大学生主体地位未充分体现	开放自主性	充分体现大学生主体作用	突显大学生自我教育主体地位
	缺少高卷入感的生活语境		营造平等、宽松和谐氛围	促进学生之间良性的相互感染与强化
忽视实践活动价值	感性体验不足	灵活多样性	提供知行合一的实践平台	不断丰富发展实践活动载体
	缺少教育吸引力		活动内容、形式源于学生需求	提升活动针对性、有效性

学生社团管理与核心价值观教育的功能耦合主要体现在特征与功能的互补作用（如表4-1），通过对学生社团自发自治性、开放自主性、灵活多样性等特征的深度挖掘，将促进大学生主动认知、自觉认同、积极践行核心价值观。与此同时，核心价值观教育也将助力学生社团冲破现今面临的"活动质量难提升、资源支持难寻求、环境建设难推进"之自身发展重要阻力。

二、学生社团管理与核心价值观教育耦合动因

（一）基于"环境诉求、政策导向"的耦合

学生社团"微型社会"的特性，及其自身发展所面临的资源渴求，决定了其必然会涉足思想政治教育工作。一个人所属的群体会对其价值观的形成与稳定带来不可估量的影响。对于大学生而言，所属社团是他们最具吸引力的生活空间，是他们最具归属感的心灵家园。学生社团无疑是核心价值观教育最适宜的触角延伸地，是最具亲和力和说服力的教育空间。和谐友爱、互帮互助的社团氛围不仅有利于社团的持续健康发展，而且也成了"大思政观"理念下，培育、弘扬、践行核心价值观的理想阵地。如此一来，也必将为两者带来争取"外部环境优化、有利政策导向"更好的契机。

（二）基于"载体供需、资源供求"的耦合

在认知、认同、践行核心价值观的过程中，实践类活动载体扮演了至关重要的角色。社团活动这一广受学生欢迎的知行合一平台，也必然会被纳入核心价值观教育体系范畴之中。从载体的"需求方"——高校和思政工作部门看来，社团活动的人气指数和活动效果普遍优于其他实践活动载体，有利于资源配置效率的提升。从载体的"供应方"——学生社团角度，通过耦合关系的建立可以解决其活动开展所需要的各类资源和政策支

持，有利于活动质量的提高和社团自身内涵建设。更重要的是，以综合评价为导向的资源分配机制将改善社团管理制度的缺失，提升其自治管理的效能。

三、学生社团管理与核心价值观教育耦合机制构建

模型（图4-1）主要围绕两个中心构建：其一，学生社团助力核心价值观教育；其二，核心价值观教育促进学生社团发展。

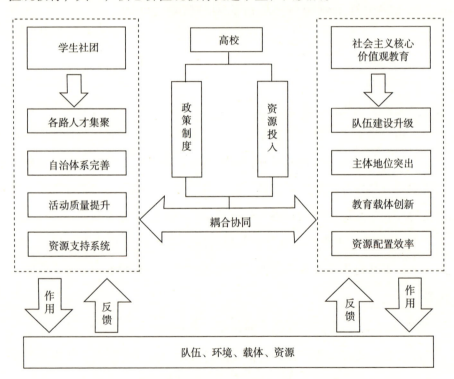

图4-1 学生社团管理与核心价值观教育耦合机制图

（一）学生社团助力核心价值观教育

第一，自发自治的社团组织利于大学生主动认知核心价值观。学生社团组织为核心价值观教育提供队伍建设升级的有力支撑。随着学生社团管

理与核心价值观教育耦合发展的推进，具有广泛群众基础的学生社团，将输送大量精英骨干成为价值观教育的"智囊团"和生力军。自发性是大学生社团区别于高校其他学生组织的最根本特点。其发起、组建、创立完全源自学生的内驱力。社团源于志趣趋同性的强大生命力也将大力推动价值观教育队伍的转型升级，其教育方式将从强势灌输转化为柔性互动，其教育主体将从传统单一主体转化为学生参与的多元主体。

第二，开放自主的社团环境利于大学生自觉认同核心价值观。学生社团独有的开放自主环境是突显学生教育主体地位，实现其自觉内化认同核心价值观的有利条件。随着学生社团管理与核心价值观教育耦合发展的推进，学生社团将进一步优化价值观教育的内外部环境，"志同道合"、自由宽松的同辈群体交往环境极易形成共同相似的精神认同和价值观念，社团成员间会出现价值认同的相互影响、感染和强化，教育成效只要在部分学生身上有所显现，便会借助学生社团这块"宝地"实现教育效果几何倍数的增长。

第三，灵活多样的社团活动利于大学生积极践行核心价值观。社团活动是加速核心价值观教育载体创新，促进大学生积极践行核心价值观的重要途径，也是提升教育资源配置效率的创新思路。随着学生社团管理与核心价值观教育耦合发展的推进，社团活动将有力推进知行合一的教育实践活动体系建设。由于汇聚了志同道合之人，社团组织仿似天然的屏障将不同需求类型的大学生分离开来，社团自治体系和长期积累的活动组织经验，使每个社团都清楚地了解社团成员的需求偏爱。这些特征将提升教育实践活动的吸引力和生命力，并在很大程度上增强大学生躬行践履核心价值观的内在动力。

（二）核心价值观教育促进学生社团发展

第一，强化了活动质量提升动力。核心价值观教育系统可为学生社团活动质量的提升注入无限动力。核心价值观教育活动质量提升的主要动力来源于形式的创新性及内容的针对性，随着学生社团管理与核心价值观教育耦合发展的推进，学生社团对大学生中的各种思想差异和利益矛盾的表象与本质会有更为清晰的认知，核心价值观教育系统将拓展学生社团的视野，增加活动组织的科学性，提供更多的资源支持，使得活动质量提升动力得到强化，提高活动的参与度和满意度，社团活动教育功能的增强将进一步促进核心价值观教育系统提供各类资源支持，也促使学生社团更为充分地理解自身在培育、弘扬、践行核心价值观中的重要使命。

第二，促进了资源支持系统完善。核心价值观教育系统可促进学生社团获取更多的资源支持。国家顶层设计框架下，核心价值观教育系统坐拥极其丰富的软硬件教育资源。随着学生社团管理与核心价值观教育耦合发展的推进，核心价值观教育系统强大的支持资源吸引和资源配置杠杆将为学生社团注入一剂强心针。相应地学生社团将拓展活动经费来源，提高指导保障水平，提升社团活动水平，积累组织管理的经验。思政教育工作者始终在苦寻教育载体创新之路，参与度高、口碑良好的精品化社团活动必然会在资源配置中给予最大程度的倾斜，如此不仅促使学生社团走出资源短缺的困境，而且还为合理配置资源和核心价值观教育载体的创新提供了条件。

第三，优化了社团内、外部环境。核心价值观教育系统可为学生社团内外部环境的优化提供有利条件。核心价值体系是凝神聚力、提振精神的科学法宝，其教育任务关乎"培养什么样的人，为谁培养人"的根本问题，占据高等教育范畴内的制高点。随着学生社团管理与核心价值观教育耦合发展的推进，高校将进一步更新观念，为学生社团提供更为成熟优化的政策环境，对积极参与核心价值观教育的学生社团给予政策倾斜，制定以贡献度为标尺的资源配置保障性制度和激励约束机制，形成学生社团争先恐后参与核心价值观教育的良好局面。

第三节　参与思想教育平台运行模式

本节将重点阐述参与思想教育特色平台"军训教导队"的运行模式设计及改革实践成果。经过多年的研究与实践，著者深感这一特色平台在推进高校国防教育和思想教育中的重要作用。它已经成了校园内国防教育的"毛细血管"，为学弟学妹们树立了身边的英雄形象，并出色完成了学校及上级交付的军事训练、征兵宣传及国防形势与政策宣讲等任务。因此，探讨其运行模式具有重要的现实意义。

一、高校国防教育的特殊地位及面临的困境

（一）高校国防教育的特殊地位

高校国防教育是爱国主义教育的核心内容。爱国主义教育在高校思想教育中扮演着重要角色。其中，以爱国主义为核心的国防教育对于唤醒大学生爱国情感和国防责任感极为关键，是高校思想政治教育的有效途径，同时也是大学生成长为合格公民的一个重要过程。根据《兵役法》第43条，高等院校的学生在就学期间，必须接受基本军事训练。《国防法》《国防教育法》也明确规定了学生接受军训是应尽的法律义务。作为祖国未来的建设者和接班人，大学生肩负着中华民族伟大复兴的历史使命和社会主义现代化建设的重大责任。新时期的大学生大多从小被父母溺爱，且成长在和平年代的新时期，对于国际关系的复杂性和动荡性他们可能理解不足。值得注意的是，在复杂多变的国际局势中和平与安全仍面临多方面挑战：分裂主义和恐怖行动不断，地区冲突和战争硝烟未散，西方国家仍对

中国虎视眈眈，国际上对中国不利的言论依然存在。通过开展军事理论与技能训练为核心的军训活动，能够在极大程度上唤起大学生的保国卫民情怀和为祖国建设做贡献的责任意识，这种教育的力量能深刻激发青年的爱国情感和民族自豪感。

高校国防教育是素质教育的重要组成部分。国防教育是大学生素质教育不可缺少的组成部分。国防教育与素质教育紧密联系、相互促进、互为依赖、相得益彰，因此必须把两者有机结合。《大学生综合素质教育》将大学生素质教育分为七个方面：思想道德素质教育、法律素质教育、科学素质教育、文化素质教育、心理素质教育、技能素质教育、身体素质教育。即德、智、体、美、劳全面发展。国防教育是素质教育的重要途径和重要手段，在坚定大学生中国特色社会主义政治方向、培养未来合格建设者和接班人、塑造大学生健全人格和良好心理品质等方面具有显著教育功能。新时期00后大学生大多缺乏独立生活能力，内心脆弱敏感，集体观念淡漠，体质亟须增强。军训作为一种特别的教育形式，在全面推进素质教育进程中具有独特作用，是提升大学生思想道德素质、心理素质、军事技能素质、身体素质的有效渠道，是大学生磨炼意志品质，打造高尚人格，培养吃苦精神，强健个人体魄的特殊教育活动。

高校国防教育是点燃创新之火的特殊舞台。激发创新意识和培养创新能力是高等教育核心目标之一，国防教育对此具有积极的促进作用。国防教育具有强烈的参与性和体验性，能够有效地促进大学生培养创新意识。此外，国防教育还具有开阔学生视野、扩大知识面、提高分析问题能力等多重功能，能够实现学生个性化学习的目标。通过军事思想政治教育的引入，国防教育能够将军事学科与其他专业学科有机结合，进一步提高学生的观察力、记忆力、想象力和思维能力、操作能力、创新能力等综合素质。

（二）高校国防教育面临的困境

军事训练是高等教育体系内对大学生实施国防教育的关键环节，且被视为学生进入大学后必须完成的基础课程之一。然而，观察我国高校目前实施大学生军训的实际情况，其在大学生思想教育中的潜在价值还没有得到充分挖掘，实际军训的具体实施过程还存有许多不完善之处，主要体现在以下三个方面。

其一，效果缺少持久性。由于军训具有阶段性和即时性的特点，导致其效果不具有持久性。军训活动通常在固定时间段集中进行，大约持续半个月。尽管军训可以在短期内展现其积极作用，但随着时间的推移，效果持续性减弱，如军训结束后不久，学生精神面貌普遍良好，且阳光进取积极，但这种状态往往不能持久，教育活动对学生的熏陶成效和深刻影响有限，常常落入仅在军训时期感触深刻而结束后没有持续影响的困境。

其二，方式缺少多样性。在过去的军训活动中，施训者扮演了绝对主导的角色，这导致了教育内容与方法的过时和单一，同时也未能激发起学生参与的热情和成长成才的动机。以施训者为中心的教育方式，很难充分调动学生的主动性和积极性，也未能让学生通过军训教育活动体验到应有的激情和爱国主义情怀，这对教育效果产生了严重的影响。

其三，教员缺少示范性。在过去的军训活动中，教员通常从部队普通士兵中选派，他们具备军事技能和军事素养方面的专长，但在人文素养和专业指导等领域可能无法给予大学生更多的引导和教育。在指导方法上，他们往往照搬部队模式，缺乏积极创新。这不仅限制了学生提高军事素养的可能性，而且由于教员不具备示范性，也限制了学生综合素质的全面提升。

二、参与思想教育特色平台"军训教导队"的运行模式设计

从文化理念革新、骨干队伍建设、教育内容改革三个方面设计运行模式，以确保特色平台的顺畅运行。其中，以军训作为参与国防教育的切入点，以培育打造一支国防教育学生骨干队伍为核心内容，深度挖掘学生教

官在国防教育和思政教育中的作用，进一步增强国防教育的实际效果，并确保效果的持续性。

（一）文化理念革新

革新文化理念对于特色平台的顺畅运行至关重要。只有不断创新教育理念，特色平台才能不断创新、不断优化，从而不断深化国防教育工作内涵。同时，也需要确立尊重学生主体地位的教育理念和价值观，以便学生社团能够更加深入地参与到国防教育的全过程中。从而弥补传统国防教育工作在育人效果持久性、教育方式多样性以及施教主体示范性等方面的不足，从而更好地服务于高素质人才的培养大局。具体包括以下三个层次的理念创新。

第一，角色创新——凸显学生在国防教育中的主体作用。特色平台倡导"把课堂交给学生、把舞台让给学生"的理念，让学生能够在教育活动中成为真正的中心和主体。被选拔并加以培养的教导队社员骨干，由一名承训者转变成为一名施训者，通过全方位的系统培养，使他们的组织能力和管理才能得到显著提升，成为国防教育活动中的亮点和当之无愧的主角。学校有关部门及教师仅担任指导者和支持者的角色。根据学生教员的自身情况和实际优势，特色平台重新设计了军训过程，确保达到预期目标。

第二，模式创新——改革传统国防教育模式。以军训作为学生社团参与国防教育的切入点，对原先邀请部队到学校带班训练的传统模式进行改革，通过精心培育，打造一支以在校高年级学生为主要力量的大学生国防教育骨干队伍，破解国防教育师资队伍薄弱的难题。该模式将国防教育纳入学校人才培养体系，更加突出以学习者为中心的教育理念，鼓励学生积极参与各类教育活动，多方面发挥国防教育为育人工作服务的特点。

第三，机制创新——创建融合部队元素的校园文化。军训教导队模式突出了以学习者为中心的教育理念，鼓励学生积极参与学校教育教学工作、多方面多角度发挥国防教育为学校育人工作服务。创建融合部队元素的校园文化，注重日常养成，通过教导队培植融合部队元素的校园文化，军训教导队模式的开展使国防教育摆脱了常规套路的桎梏，部队文化与高校校园文化通过军训教导队的组建在学校里逐步融合，成为学校特色文化中的一道亮丽景色，并逐步形成特有的具有长期性和持续发展性的高校国防教育文化。

（二）骨干队伍建设

传统国防教育的师资队伍主要由部队转业干部、地方党政干部、其他专业兼职教师和现役军人（以部队普通士兵为主）等组成。在此基础上，创新性地建设特色学生社团军训教导队，开启国防教育的朋辈教育新模式。为了确保国防教育效果，提高国防教育工作水平，构建军训教导队的长效建设和运作机制是关键。

首先，严格选拔，加强日常训练和管理。面向退伍大学生及其他优秀学生广泛开展教导队员招募工作，制定系统完整的军事训练计划，认真开展各项军训技能训练，精心培育一支业务过硬的学生教员队伍。按照"三练"（即练体能、练技能、练作风）等要求，由部队选派的军事训练骨干在双休日、节假日、寒暑假到校对教导队进行严格军事训练。按照"四会"（即会说、会做、会教、会带）等要求，由校内指导老师组织安排日常体能训练、技能自练和理论学习。定期组织军事技能比武，严格带训准备阶段验收环节。以"三练""四会"为合格标准开展个人业务能力过关考核，由部队、学校组成联合考核小组，以考核结果为依据，最终确定正式教员队伍。

其次，完善制度，培育教导队特有的社团文化。通过与地方人武部建立紧密联系，为教导队的建立和发展提供必要的支持、指导和帮助。在激励机制和约束机制方面，及时制定各类规章制度，例如《教导队考勤办法》《教导队请假办法》《教导队荣誉评选办法》和《教导队队员技能考核办法》等，使教导队建设各项工作有章可循、有据可依。同时，将教导队的组建及日常训练纳入学校的教学计划，所有队员参与日常训练均可获得相应的选修课学分。此外，还要落实教导队队员的干部身份，将其纳入学生骨干队伍，并在评奖评优、党员发展等方面给予政策倾斜。培育社团文化方面，要将部队文化和校园文化相结合，培植具有校园特色的教导队文化。通过注重日常养成训练，强化思想觉悟、纪律养成和作风建设，以特殊的社团文化为载体，打造一支思想过硬、能打胜仗、作风优良的队伍。

再次，严控过程，确保国防教育顺利开展。制订详细的军训计划，设立团、营、连三级教学单位，由各级学生工作负责老师任思政教育负责人、由武警部队骨干任各营军事训练指导，共同配合学生教员开展军训工作。为确保效果，专门安排同专业或相近专业的教导队员担任受训班级教员。军训期间，通过召集全体承担教学任务的教导队成员召开课前准备会、每日总结会，及时明确教学任务，总结阶段教学工作中的经验和不足。利用学生教官自身优势对学生进行大学适应引导，为学生开展学涯规划提供指导。军训过程中教导队成员还可以开展班内军事技能竞赛和班级文化建设等活动，从而增强教学互动，增强班级凝聚力，帮助学生尽快融入校园。

（三）教育内容改革

创新教育内容对于特色平台的顺畅运行也具有不可或缺的作用。推动国防教育与育人工作的深度融合，通过不断拓展教育内容，实现国防教育的体系化和常态化，以实现教育成果对学生成长持续性的影响力。从而使教导队员持续收获个人成长和成就感，同时，也能够使特色社团更好地实现自身价值，收获持续良性发展和资源支持，以确保教育范畴的延展性和教育成效的延续性。

一方面，精心部署，实现国防教育体系化。将高校人才培养目标融入国防教育实践，需要系统地安排、精心地部署和优化设计系统全面的国防教育内容。在国防教育内容的安排上，不仅需要包括国防理论讲授、国防法律法规普及和军事技能训练等常规内容，还应当注重创新和拓展。比如可以以全民国防教育日、中国抗日战争胜利纪念日、中国人民抗日战争纪念日、国际和平日、建军节等为节点，构建全年性国防教育活动体系。如此不仅能够丰富国防教育的内容和形式，还可以提高学生对国防教育的兴趣和参与度。

另一方面，拓展功能，实现国防教育常态化。针对部分院校国防教育形式化、阶段性等问题，建立常态化国防教育模式是必要的。军训教导队可以通过日常教育和生活互动，持续向大学生进行爱国主义、集体主义、纪律意识、专业认知等方面的朋辈引导和教育，使受教学生在与教导队队员的接触中接受最真实生动的国防教育，同时也更容易激发大学生的爱国主义、集体主义情感。这种朋辈引导方式不仅可以帮助学生做好大学生涯规划，还可以为他们的思想进步提供方向。教导队成员通过定期与所负责的受训班级互动交流并持续给予指导，确保国防教育效果能够在一段相当长的时间内得到延续，并进一步扩大国防教育在思想政治教育中的作用。

三、参与思想教育特色平台"军训教导队"的实践成果

著者曾进行质量跟踪调查，调查目的在于掌握学生社团参与国防教育的实际效果，为进一步优化特色学生社团军训教导队的建设和管理提供第一手资料。本次调查问卷分受训学生和教导队队员两种，发放受训学生问卷 568 份，回收有效问卷 520 份，有效回收率为 91.5%；发放教导队队员问卷 173 份，回收有效问卷 171 份，有效回收率为 98.8%。

（一）实践教学评价

由学生担任军训教官是一个颠覆性的转变，由于军事技能训练是国防教育的主要内容，故而传统军训工作中教学承担者大多是现役军人，如何

使军训教导队员胜任军事技能施训者成为此项军训教学改革的关键。为此创新实践构建了以组织机构、规章制度、训练标准、考核机制为主要内容的军训教导队建设机制，为教导队员制订了详细的训练计划，充分利用早、晚、双休日、节假日等课余时间，认真开展教导队员的各项军事技能训练，保证训练工作的常态化。定期组织军事教学技能比武，以"三练"（即练体能、练技能、练作风）、"四会"（即会说、会做、会教、会带）为合格标准开展个人教学业务能力过关考核，部队、学校组成联合考核小组，对所有预备队学员逐个进行考核，最终确定正式教员队伍。

表4-2有效记录了调查中520名受训学生对实践教学的评价情况。从统计结果来看，总体评价中，"十分满意"和"满意"人数占了总数的97.5%，"比较满意"人数仅占了总数的2.5%，可见受训学生对整体实践教学评价较高。在各分项指标中，"课堂管理成效"的十分满意率最高，达到了46.5%，"耐心程度"的十分满意率最低，也达到37.1%，"示范时精神饱满程度"的不满意率最高，仅有1.0%。总体评价和各分项指标满意度均达到99%以上，通过调查结果可以看出，受训学员对于教导队军训实践教学评价较高，虽然学生教员在实践教学时的耐心程度、互动积极程度以及示范时精神饱满程度仍需要进一步改进，但从调查结果中我们可以看出已有的军训教导队建设机制卓有成效，改革前最为担忧的"学生教员是否能像现役军人一样胜任军事技能的施训者"这一关键问题已得破解。

表4-2　实践教学评价抽样调查统计分析表

评价内容	十分满意		满意		比较满意		不满意	
	人数	比例（%）	人数	比例（%）	人数	比例（%）	人数	比例（%）
示范时精神饱满程度	206	39.6	277	53.2	32	6.2	5	1.0
动作熟练程度	227	43.7	249	47.9	42	8.0	2	0.4
动作标准程度	220	42.3	256	49.2	42	8.0	2	0.4

续表

评价内容	十分满意		满意		比较满意		不满意	
	人数	比例（%）	人数	比例（%）	人数	比例（%）	人数	比例（%）
耐心程度	193	37.1	285	54.9	39	7.4	3	0.6
课堂管理成效	242	46.5	232	44.6	45	8.7	1	0.2
互动积极程度	197	37.9	273	52.5	47	9.0	3	0.6
总体评价	232	44.6	275	52.9	13	2.5	0	0

（二）理论教学评价

大学生军训是提高全民国防意识和加强国防后备力量建设的重要举措，它以其特有的形式对大学生国防意识和政治素养的提高起着不可估量的作用，因此理论教学在军训活动中占有着相当的比重。这也就意味着学生教员除了要担任军事训练的"武教头"，也要胜任国防教育的"文教官"。虽然教导队员相较部队普通士兵，在综合素质、人文素养等方面占有明显优势，但如何使军训教导队员熟练掌握教学方法，如何提升军训教导队员的军事理论素养也是此项军训教学改革的关注点之一。

特色社团"军训教导队"创造性的思考了师资队伍建设问题，并倡导"把课堂交给学生、把舞台让给学生"的理念，鼓励学生教员能够在育人工作中成为中心和主体，推动他们用实际行动打消部分师生对"学生能否站稳讲台"的疑虑。通过规范授课内容，明确"上岗"标准，严格考核要求，制订集体备课制度等一系列举措，精心培育这支宝贵的国防教育队伍。经过国防理论、战术基础、武器装备前沿、消防知识和野外生存技能等多项军事理论的系统培训，通过广搭国防形势专题讲座、校园广播台国防宣讲员等多种平台，切实提升教导队员的军政素养和教学能力。

表4-3　理论教学评价抽样调查统计分析表

评价内容	十分满意		满意		比较满意		不满意	
	人数	比例（%）	人数	比例（%）	人数	比例（%）	人数	比例（%）
讲解时精神饱满程度	166	31.9	280	53.8	70	13.5	4	0.8
备课充分程度	172	33.1	263	50.6	79	15.2	6	1.1
课堂管理严格程度	172	33.1	289	55.5	58	11.2	1	0.2
语言准确生动程度	138	26.5	324	62.3	58	11.2	0	0
课堂管理成效	169	32.5	314	60.4	36	6.9	1	0.2
互动积极程度	180	34.6	292	56.2	46	8.8	2	0.4
总体评价	186	35.8	269	51.7	61	11.7	4	0.8

表4-3有效记录了调查中520名受训学生对理论教学的评价情况。从统计结果来看，总体评价中，"十分满意"和"满意"人数占了总数的87.5%，不满意比重仅占0.8%，可见受训学生对理论教学的整体评价较高。在各分项指标中，"互动积极程度"的十分满意率最高，达到了34.6%，十分满意率超过三成的分项指标，占了总共6项中的5项。仅有"语言准确生动程度"的十分满意率不足三成，也达26.5%。值得注意的是，全部分项指标的满意率比重均超过5成，"语言准确生动程度"和"课堂管理成效"还超过了60%。"备课充分程度"的不满意率最高，不过也仅占1.1%。通过上述调查结果可以看出，受训学员对学生教员的理论教学较为满意，特别是学生教员的朋辈身份，使得课堂的互动积极程度较好，当然学生教员在进行理论教学时，语言的准确生动程度、精神饱满程度以及对课堂管理的把握仍然需要不断改进，在多项指标中如何将"满意"提升为"十分满意"在教学改革实践的推行中仍有较大改进空间。

（三）效果延展评价

军训不仅是高校国防教育工作的重要组成部分，而且也是新时期大学生思想政治教育的重要内容。针对部分院校军训教育程式化、形式化的阶段性问题，特色社团军训教导队能在国防教育过程和日常学习生活中对大学生进行常态化的爱国主义、集体主义、纪律观念、专业认知等方面的朋辈引导和教育，为学生开展学涯规划提供帮助，为学生思想进步提供引导，拓展了国防教育的思政育人功能。建立教员与承训班级的日常联系制度，军训结束后，学生与教员朝夕相处，其良好的精神风貌会对受训学生产生榜样示范作用，从而为巩固军训教学成果、深化素质教育改革带来潜移默化的影响，可见军训对施训者和受训者都能起到明显的教育功能，也实现了军训成果对学生成长影响力的延续性。

表 4-4　受训学生效果延展评价表

评价内容	十分满意		满意		比较满意		不满意	
	人数	比例（%）	人数	比例（%）	人数	比例（%）	人数	比例（%）
中长期目标明确程度	177	34.0	247	47.5	95	18.3	1	0.2
学习动力充足程度	205	39.4	247	47.5	63	12.1	5	1
人际关系改善程度	184	35.5	255	49.0	74	14.2	7	1.3
意志力提高程度	178	34.3	268	51.5	74	14.2	0	0
生活自理能力提高程度	201	38.7	264	50.8	50	9.5	5	1
自我管理能力提高程度	170	32.7	264	50.8	78	15	8	1.5

关于受训学生效果延展评价。表 4-4 有效记录了调查中 520 名受训学生对军训前后自我提升的评价情况。从统计结果来看，"十分满意"和"满意"的总和六项指标均超出了 80%，"生活自理能力提高程度"甚至达到了近九成。十分满意率六项指标都超过三成，其中"学习动力充足程度"和"生活自理能力提高程度"均接近四成，分别为 39.4% 和 38.7%。

不满意率方面普遍较低，最低的"意志力提高程度"为 0，最高的"自我管理能力提高程度"也仅有 1.5%。通过上述调查结果可以看出，受训学员已真切地感受到了军训带给自己的改变，并不自觉的以教导队员为榜样不断地完善自我。军训教导队模式的开展，已使军训摆脱了阶段式短期的传统模式，教导队员以"教员加学长"的身份，在一个相对较长的时间里对受训学生持久地、隐性地产生着影响。

表 4-5　教导队员自身成长与收获评价表

评价内容	完全赞同		赞同	
	人数	比例（%）	人数	比例（%）
身体素质提高	145	84.8	26	15.2
心理素质提高	141	82.5	30	17.5
责任感增强	149	87.1	21	12.9
意志力提升	151	88.3	20	11.7
自律能力提升	147	86.0	24	14
综合素质能力提升	156	91.2	15	8.8
收获成就感	148	86.5	23	13.5

关于教导队员自身成长与收获评价。表 4-5 有效记录了调查中 171 名教导队员对于参加军训教导队自我成长与收获的评价情况。评价维度包含"身体素质提高""心理素质提高""责任感增强""意志力提升""自律能力提升""综合素质能力提升""收获成就感"七个维度。客观选项共设四个层次，分别是"完全赞同""赞同""比较赞同""不赞同"。171 份有效问卷中的所有维度评价，未出现"比较赞同"和"不赞同"。完全赞同率除"身体素质提高"84.8%、"心理素质提高"82.5% 之外，其余五项均超过 85%，"综合素质能力提升"还达到了 91.2%。可见，经过系统培养，教导队员在身体素质、军事素质和综合素质上得到了锤炼；通过带班军训，教导队员得到了应用所学知识和管理团队的宝贵机会；由于后续参与教育管理，拥有了学涯规划指导、专业认知教育、思政教育工作等等广阔

的历练平台。教导队员受益于如此优越的成长环境，个体成长迅速、收获满满、幸福感十足。

（四）跟踪调查结论

从整体调查数据上看，特色社团参与国防教育取得了明显成效，创新了师资队伍设置，拓展了军训育人功能，提高了军训教学效果。

第一，突破角色定位，提高军训效果。传统军训的师资队伍大多为现役军人，设立特色社团军训教导队，以其独特的工作定位、广泛的参与基础、浓厚的军旅色彩，成为校园内一道炫丽的风景。在以往的改革实践中我们发现，教导队模式的推行极大激发了受训学生的参训积极性和主动性，学生向教员看齐、做军训标兵的氛围在校园中日趋浓郁，确保了军训效果，提高了军训工作水平。显著提高了学生的综合素质，学生更具爱国情感、国防使命感、国家安全意识、大局观念、团队协作等宝贵品质。

第二，找准自身定位，突显育人特色。人才培养不是专业教育课堂的"专利"，国防教育也应大胆利用新型教学方式方法，不断提升国防教育实效和人才培养质量，为高等教育新一轮发展做出贡献。因此应将学校人才培养的特色融入国防教育之中，确定重点达成目标，并以此为导向，开发设计实效性、趣味性、针对性于一体的广受学生欢迎的特色课程，涉及"国防知识＋安全教育＋情感教育"的理论教学内容和"军事训练＋团队训练＋避险演练"的技能训练内容。对军事技能训练、理论教学、团队拓展及安全教育等方面的内容进行选择与优化设计，既包含国家大纲的内容要求，也体现学校在素质教育和人才培养方面的独特之处。

第三，深化工作内涵，拓展育人功能。军训教导队队员通过军训教学有意识地对受训学生进行了适应性引导和专业认知教育，通过军训结束后经常性的与受训学生的接触、交流和互动，在学习、生活和工作上给予他们有意义的指导，扮演了"教官＋学长＋教育管理者"的角色，施训者和受训者双方均受益良多，拓展并延续了军训育人的效果。此项举措充分尊重了学生的主体地位，为学生全面参与学校教育、管理和服务提供了创造性的平台和机会。

第四，创新队伍建设，打造人才培养品牌。实践中重点把退伍大学生士兵、军训尖兵等学生骨干组织起来，充分发挥他们的优势，提供学生社团直接参与国防教育的平台。不仅能够为学校军训教学和国防教育提供有生力量，而且还为学生的成长发展提供了生动的实践平台。

第四节　参与思想教育实践平台运行实证分析

学生社团空间中蕴含着极其丰富的思想教育资源尚待挖掘，本节立足于学生社团管理现状，聚焦社团文化建设问题，着眼于核心价值观教育促进作用的提升，基于实证调研结果开展数据的因子分析，从错综复杂的学生社团管理因素中识别明晰出最为关键的因素，精准找出核心价值观教育与学生社团管理强度关联的关键指标，量化地甄选出学生社团促进核心价值观教育的最主要影响因素，从而提出发挥学生社团优势，实现其对核心价值观教育促进作用的有效途径。

一、测评设计与指标体系构建

本实证研究编制了学生社团管理与核心价值观教育耦合关联度量表，量表由学生社团管理要素和耦合关联度观测点两部分组成。其中学生社团管理要素包括 4 个一级指标，8 个二级指标，在此指标体系框架下共设有16 个耦合关联度观测点（分别设置为变量 X1–X16）。

表 4-6　学生社团管理与核心价值观教育耦合关联度量表

学生社团管理指标		耦合关联度观测点
自治力建设	社团制度建设	社团制度建设与法治教育
		社团制度建设与自由认知教育
	社团目标管理	社团目标管理与集体主义教育
		社团目标管理与平等认知教育
人力资源建设	社团会员管理	社团会员管理与自由认知教育
		社团会员管理与集体主义教育
	社团干部管理	社团干部管理与公正理念教育
		社团干部管理与敬业精神教育
公信力建设	社团活动管理	社团活动管理与法治教育
		社团活动管理与平等认知教育
	社团组织自律	社团组织自律与公正理念教育
		社团组织自律与诚信教育
团队关系建设	社团人际管理	社团人际管理与友善教育
		社团人际管理与诚信教育
	内部环境建设	内部环境建设与友善教育
		内部环境建设与敬业精神教育

二、实证分析

（一）研究对象与样本选取

实证面向北京、上海、浙江、江苏、广东、福建、安徽、湖北、甘肃、山西、河南、河北、辽宁、四川、贵州、新疆、内蒙古、海南等区域高校的各级各类学生社团开展了问卷调查、现场访谈等实地调研，其中浙江省内调研覆盖杭州、宁波、温州、绍兴、嘉兴、衢州 6 个地区。

最终发放问卷 1347 份，收回问卷 1347 份，回收率 100%，有效问卷数为 1347 份，问卷有效率为 100%。调研对象中参与体育类学生社团 196 人，占有效问卷数的 14.55%；参与文艺类学生社团 416 人，占有效问卷数的 30.88%；参与学术类学生社团 181 人，占有效问卷数的 13.44%；参与政治理论类学生社团 36 人，占有效问卷数的 2.67%；参与社会实践类学生社团 176 人，占有效问卷数的 13.07%；参与其他类学生社团 342 人，占有效问卷数的 25.39%。

（二）信度效度分析

因子分析思想是根据相关性的大小将变量分组，从一些错综复杂的关系问题中找出少数几个主要因子。此次研究通过分析调查问卷的数据，采用因子分析法探寻核心价值观教育与学生社团管理强度关联的关键指标，在一定程度上可以克服指标信息重叠，找到能够最大程度发挥学生社团核心价值观教育作用的核心因子。

因子分析的前提是要求原变量之间应具有较强的相关关系。故而需要首先采用克朗巴哈系数测量及巴特利和 KMO 检验问卷调查的信度和效度。本例 Bartlett 球形检验卡方值 24111.7139，p=0.0001<0.01，适合做因子分析。KMO>0.8 时效果好，本例 KMO=0.9752，故而采用因子分析法能够取得较好的分析效果。分析结果显示 16 个耦合关联度观测点中，X7–X16 这十项指标占到了总信息量的 71.85%，故单独提取 1347 份样本中 X7–X16 的原始数据进行信度和效度分析，结果为 Bartlett 球形检验卡方值 14715.9962，KMO=0.9653，p=0.0001，即适合做因子分析且数据分析效果良好。

（三）因子分析过程

第一步，求相关系数矩阵。设原始数据矩阵为
$$Y:Y = \begin{bmatrix} y_{11} & y_{12} & \cdots & y_{1p} \\ y_{21} & y_{22} & \cdots & y_{2p} \\ \cdots & \cdots & \cdots & \cdots \\ y_{n1} & y_{n2} & \cdots & y_{np} \end{bmatrix}$$，n 为样本数，p 为观测变量数，本文 $n=1347$，$p=16$。对原始数据进行标准化处理：

$$x_{ik} = \frac{y_{ik} - \bar{y}_k}{S_k} (i = 1, 2, ..., n, k = 1, 2, ..., p) \qquad （式 4-1）$$

其中：$\overline{y}_k = \dfrac{1}{n}\sum_{i=1}^{n} y_{ik}$，$S_k^{\ 2} = \dfrac{1}{n-1}\sum_{i=1}^{n}\left(y_{ik} - \overline{y}_k\right)^2$ 设相关矩阵为 **R**

$$\mathbf{R} = \begin{bmatrix} \mathbf{1} & \mathbf{r_{12}} & \cdots & \mathbf{r_{1p}} \\ \mathbf{r_{21}} & \mathbf{1} & \cdots & \mathbf{r_{2p}} \\ \cdots & \cdots & \cdots & \cdots \\ \mathbf{r_{p1}} & \mathbf{r_{p2}} & \cdots & \mathbf{1} \end{bmatrix}$$

（式 4-2）

其中：$r_{ij} = \dfrac{1}{n-1}\sum_{k=1}^{n} X_{ki} X_{kj}, (i, j = 1, 2, \ldots p)$。相关系数矩阵如表 3：

表 4-7　相关系数矩阵

因子	特征值	百分率 %	累计备份率 %
X7	7.7743	77.7426	77.7426
X8	0.4244	4.2445	81.9871
X9	0.3398	3.3983	85.3853
X10	0.2724	2.7239	88.1092
X11	0.2484	2.484	90.5932
X12	0.2277	2.2773	92.8706
X13	0.1938	1.9378	94.8084
X14	0.1868	1.8678	96.6762
X15	0.1717	1.7065	98.3927
X16	0.1617	1.6173	100

第二步，求特征值，确定公因子数。设特征值为 $\lambda_1 > \lambda_2 > \ldots > \lambda_p \geq 0$，用雅可比方法求特征方程 $|R - \lambda I| = 0$ 的 p 个非负的特征值，按照累计贡献率的要求，根据相关公式计算可知，样本适合选取 2 个公因子，所选公因子的信息量之和可占总体信息量 75%，特征值衰减图如图 4-2。

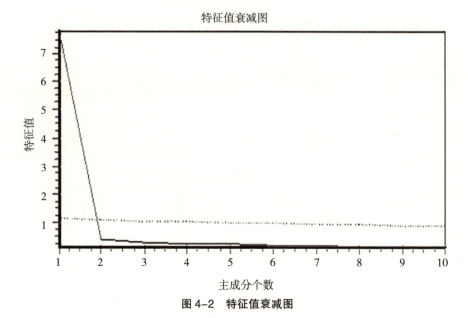

图 4-2 特征值衰减图

提取 2 个公因子描述原变量总方差的 76.96%，因而可以认为这 2 个因子基本反映了原变量的大部分信息。用 2 个公因子代替原来的 16 个指标，既消除了指标间的相关性，又减少了变量的维数，因子载荷矩阵见表 4-8。

表 4-8 因子载荷矩阵

	因子 1	因子 2	共同度	特殊方差
X7	0.661	0.5417	0.7305	0.2695
X8	0.725	0.5059	0.7816	0.2184
X9	0.7423	0.4955	0.7965	0.2035
X10	0.7136	0.4908	0.7501	0.2499
X11	0.634	0.5972	0.7587	0.2413
X12	0.6233	0.6129	0.7642	0.2358
X13	0.5184	0.7224	0.7906	0.2094
X14	0.5484	0.7	0.7908	0.2092

续表

	因子1	因子2	共同度	特殊方差
X15	0.586	0.726	0.7858	0.2142
X16	0.4778	0.7207	0.7476	0.2524
方差贡献	3.8698	3.8265		
累计贡献%	38.6982	76.9634		

（四）核心价值观教育与学生社团管理强度关联因子分析

根据特征值衰减图可知，此次分析适合选取2项公因子。通过实施因子分析，本报告从实测原始数据中提取出了2个综合性指标，分析这2个公因子的内部原始变量情况，将其命名为自治力建设与活动实效、文化力建设与内部氛围。2项公因子能够很好地表达核心价值观教育与学生社团管理强度关联指标的体系结构，占到了总信息量的76.9634%，2个公因子基本反映了原变量的大部分信息。

公因子1是自治力建设与活动实效，包含社团管理要素中社团干部管理与社团活动管理2个二级指标，4个核心价值观教育与学生社团管理的耦合关联度观测点。自治性是学生社团的重要特征，社团干部是位于社团组织环境中被赋予指挥与协调社团活动权力和地位的个人，在社团自治过程中社团干部通过各种具有影响力的行为指引，实现社团组织的特定目标。分析结果显示，学生社团可通过提升干部管理水平和活动管理成效，在相当程度上发挥对核心价值观教育的促进作用。特别是活动管理相关的两个耦合关联点，影响系数均超过0.7。

对比分析各社团管理因子促进核心价值观教育的贡献率和影响度，此项公因子维度中的量化排序依次为：社团活动管理促进法治教育、社团干部管理促进敬业精神教育、社团活动管理促进平等认知教育、社团干部管理促进公正理念教育。可见，干部的才干与活动的质量是社团促进核心价值观教育的重要触发点，社团活动丰富了大学生的课余生活，延伸了德育工作的触角，扩大了思政工作的空间，增添了核心价值观教育的形式。因此，社团干部的知识、能力和人格魅力，社团活动的吸引力、品牌力与渗透力，是进一步发挥学生社团核心价值观教育功能的核心问题。

公因子2是文化力建设与内部氛围，包含社团管理要素中社团人际管理、内部环境建设2个二级指标，4个核心价值观教育与学生社团管理的耦合关联度观测点，且影响系数均超过0.7。学生社团文化是大学生在长期的社团活动中所创造积累的精神财富和文化心理氛围，是高校校园文化的重要组成部分。社团文化具有显著的价值观实践化特征，对大学生人生观、价值观的形成与塑造具有不容忽视的导向性作用。分析结果显示，学生社团可通过强化社团人际管理和内部环境建设，大幅度提升自身对核心价值观教育的促进作用。特别是内部环境建设相关的两个耦合关联点，影响系数均超过0.72。

对比分析各社团管理因子促进核心价值观教育的贡献率和影响度，此项公因子维度中的量化排序依次为：内部环境建设促进友善教育、社团人际管理促进友善教育、内部环境建设促进敬业精神教育、社团人际管理促进诚信教育。可见，丰厚独特的精神财富和舒适和谐的文化氛围是学生社团在核心价值观教育中有所作为的重要发力点。社团文化建设是规范社团及其成员行为的重要渠道，是提升成员对社团组织归属感和荣誉感的有效方式，是促使大学生内化践行核心价值观的天然阵地。因此，学生社团应以核心价值观为基本准则，注重形象设计，规划自身管理轨迹，提升文化软实力，如此将显著提高对核心价值观教育的贡献度。

三、发挥社团优势，促进核心价值观教育的对策建议

根据实证结论与相关分析，以自治力建设与活动实效、文化力建设与内部氛围两个维度作为设计提升路径的逻辑起点，针对学生社团核心价值观教育功能发挥现状和社团组织特征，以全面提升社团干部队伍素质为主

线，以推进学生社团文化建设为龙头，以改进社团外部环境为依托，以提高社团活动质量为重点，提出以下对策建议。

（一）自治力建设与活动实效提升策略

强化引导服务职能，完善双向联动社团干部培育机制。高校应健全相关职能部门联系学生社团的长效机制，完善"学校导向，社团自主"的双向联动干部队伍培育机制。指导包括政治理论类、社会实践类、学术类、文艺类、体育类等各类型学生社团加强干部队伍培育。高校根据自身的思想政治教育工作规划及学生思想动态状况，定期发布《社团干部德育与思政工作能力需求指数》，细化各级社团干部相关能力需求的数据统计分析，精准指导学生社团及社团联合会自主开展更具针对性的业务培训，推动学生社团常态化、长效化、规范化投身"大思政"工作格局。鼓励学生社团与校内外相关单位加强沟通合作，加快建设一支政治素养过硬、引领作用显著、管理能力突出的红色学生社团干部队伍。

搭建"校内＋校际＋校外基地"核心价值观践行平台体系。目前学生社团活动范围大多局限于校内，活动体系亟待优化，影响范围亟待扩大，活动质量亟待提升。完善学生社团活动内容体系，助力社团组织树立良好社会形象，将对学生社团的自治力提升、文化力建设起到巨大的推动作用。高校可分区域、分片区促成学生社团组织与相关地方单位的结对与合作，成立学生社团公益型活动的社会实践基地；促进学生社团与兄弟院校同类组织加强沟通交流，实现资源共享与互助共赢。对于社会影响力高、组织形象良好的学生社团，地方及高校应在经费、场地、指导教师等方面增强扶持力度。

打造典型样板，促进社团弘扬践行核心价值观质量提升。培育一批学生社团积极促进核心价值观教育且成效显著的典型案例，积极挖掘学生社团中弘扬践行核心价值观的典型人物与先进事迹，打造可参照的典型样板。整合新闻媒体、影视文化产业资源，通过报刊、网络、电视、广播等媒体广泛宣传优秀案例、人物事迹等典型样板,提升学生社团服务核心价值观教育的自信心与自豪感。借助影视文化产业迅猛发展的良好势头,给予政策支持,引导影视文化企业创作拍摄一批"讲述学生社团正能量故事"的影视作品,显著增强学生社团弘扬践行核心价值观的主体意识。

(二)文化力建设与内部氛围提升策略

聚焦"立德树人"根本任务,实施社团文化建设工程。制定《浙江省高校学生社团文化建设专项规划》,筹措专项资金,保障社团文化建设工程稳步推进,创造政策"洼地"吸引学生社团组织投身高校"大思政"格局。目前,学生社团普遍缺乏参与思想政治工作的自觉意识,要实现核心价值观教育进社团组织、进社团制度、进社团活动,需制定专项规划与行动计划,强化学生社团的服务大局意识,使他们主动自觉地在日常管理与活动载体中有机融入核心价值观元素,有效提升大学生的思想政治素质。各高校要结合实际积极推进学生社团"活动思政"建设行动计划,根据不同类型社团的特点,清晰描绘各类学生社团服务核心价值观教育的路线图和行动轨迹,构建专项行动的保障体系。

完善激励机制,优化利于社团文化建设的制度环境。成体系推进学生社团考核工作,改变以往对学生社团的评价标准。将自身文化建设成效、思政功能发挥情况等作为重点考察项目,在学生社团及其干部的考核评价中予以体现。高校要制定出台《学生社团文化建设指导意见》《学生社团负面形象损害责任追究实施细则》等制度文件,引导学生社团自觉主动营造和谐社团氛围,明确罗列社团文化建设中学校"零容忍"的责任事故清单。设立"最美社团人""社团育人特别贡献奖"等特色奖项,激励学生社团投身核心价值观教育事业。面向各类型学生社团设立若干奖项,以活动场地、经费支持、境外短期交流等物质精神奖励,表彰在促进核心价值观教育上做出突出贡献的社团集体及个人。

加强校园文化建设,创建社团干部成长良好氛围。强化有助于社团干部成长的政策引导，以保障社团干部"自我教育、自我管理、自我服务"的基本权益为基础，以优化社团外部环境、创新激励机制、完善资源保障、突显人文关怀为途径，营造良好的社团干部成长氛围，提升他们的成就感、使命感与幸福感。

第五章　高校学生社团参与专业教育体系构建

　　专业教育在高校人才培养中扮演着举足轻重的角色，它关乎学生的职业发展与未来成就。专业教育不仅局限于专业知识的学习和学术训练，还包括实践能力的锻炼及综合素质的培养。具体而言，专业教育通过提供系统的课程体系和专业知识，着重培养学生的知识应用能力、实践能力、创新思维以及解决实际问题的能力。同时，专业教育还注重培养学生的职业道德和职业素养。因此，专业教育的目标在于将学生塑造成为具备系统化专业知识和技能的高素质应用型人才，使其能够在特定领域内从事专业工作并拥有持续发展的潜力。

　　培养高素质的应用型人才是众多普遍本科院校的人才培养目标，是社会进步的需要，更是国家发展的需要。在专业教育改革的不断推进下，应用型人才培养质量显著提升，但与此同时也面临着诸多困境，地方经济社会对高素质应用型人才日益增长的需求与普遍本科院校难以满足这一需求之间的矛盾仍然存在。很多院校在增加实践课程学时、模块化交替安排理论实践课程、加强应用型师资建设等方面可谓做足了文章。但仅依靠为数不多的实践课程教学显然略显"单薄"，学校应该开辟更多的理论联系实际的实践育人平台，拓展更多广受学生欢迎的有效人才培养途径，校园中参与人数最多的学生社团无疑是上佳的选择。因此，本章主要从学生社团参与应用型人才培养这一角度出发，对学生社团参与专业教育体系构建进行深入探讨。

第一节　参与专业教育体系构建的原则与思路

一、学生社团参与应用型人才培养的重要意义

（一）新形势下应用型人才培养面临困境

培养高素质的应用型人才是众多普遍本科院校的人才培养目标。《国家中长期教育改革和发展规划纲要（2010—2020 年）》中明确指出："要重点扩大应用型、复合型、技能型人才培养规模"。随着中国高等教育由精英教育走向大众化教育，随着知识经济快速发展和产业升级的不断加快，应用型人才培养无疑是国家今后教育改革和发展的重点。

应用型人才培养领域被学术界关注已有多年，相关院校的理论探讨与实践探索也取得了长足的进步。但相关研究成果的系统性和深入性还略显不足。在国外，早在一个世纪前相关研究和实践就已开展，很多国家的应用型人才培养模式赫赫有名，如英国的"工读交替"模式，德国的"双元制"模式，美国的"回归工程"模式等。国内方面，既有宏观层面对应用型人才培养的背景、意义及规格定位的论证，也有微观层面对课程体系改革、实践课程设置等问题的讨论，同时还有对某一学科、某一专业的具体部分的探讨。其中对策建议方面可归纳为：其一，建构合理的课程体系。如范秀娟（2010）提出，"在本科应用型人才培养的过程中，必须在专业建设中以课程建设为核心，围绕专业培养目标，建构合理的课程体系，选择合适的课程内容，体现每一门课程在人才培养中的价值。"丁小明（2006）提出，"学校应建立循序渐进、层次分明的实践教学体系。"其

二，开发丰富的教学资源。李瑁孺（2011）提出："学校还应与社会保持合作性，为大学生提供丰富的社会实践活动。"其三，创新实践教学环节。如周绍斌（2007）提出，"整学期的实习可以使学生深入全面地了解企业，了解工作岗位的工作情况，造成一种真实的工作环境，使学生真正尝试学生和工人角色的转换，使其毕业后能尽快地上岗工作。"其四，培育应用型师资队伍。如姜运生（2006）提出："技术应用能力的培养要求教师除具有扎实的理论基础之外，要具备很强的技术应用能力，同时还能够向学生传授这种能力。即同时具有教师和工程师的基本素质（双师型）。"

普遍本科院校积极探索应用型人才教育改革与培养的有效途径，在专业教育改革的不断推进下，应用型人才培养质量显著提升，一批广受地方社会认可的本科院校脱颖而出。但与此同时，地方经济社会对高素质应用型人才日益增长的需求与普通本科院校难以满足这一需求之间的矛盾仍然存在，虽然相关院校在增加实践课程学时、模块化交替安排理论实践课程、加强应用型师资建设等方面做足了文章，但应用型人才培养质量提升之路仍然遭遇瓶颈，面临瓶颈原因有三，其一，第一课堂、第二课堂界限划分过明，将人才培养的时间、空间主要局限在第一课堂内，主动放弃了比重相对更多的第二课堂时空；其二，忽略了部分参与人才培养的重要力量，特别是大学生主体作用的发挥；其三，专业教育与素质教育相脱节，规划人才培养大局时没有很好的整合校内所有可利用的资源，特别是在学生中有着广泛参与度和影响力的优质教育载体。应用型人才培养仅依靠为数不多的实践课程教学显然略显"单薄"，学校应该开辟更多的理论联系实际的实践育人平台，拓展更多广受学生欢迎的有效人才培养途径，校园中参与人数最多的学生社团无疑是上佳的选择。

（二）社团活动价值无法充分发挥

2004年《中共中央、国务院关于进一步加强和改进大学生思想政治教育的意见》这一纲领性文件特别指出："要加强对大学生社团的领导和管理，帮助大学生社团选聘指导教师，支持和引导大学生社团自主开展活动。"共青团中央、教育部《关于加强和改进大学生社团工作的意见》明确指出："高校学生社团活动是实施素质教育的重要途径和有效方式，在加强校园文化建设、提高学生综合素质、引导学生适应社会、促进学生成才就业等方面发挥着重要作用。"诚然，现今学生社团虽然数量多，学生参与度高，活动开展得如火如荼，但始终得不到应有的重视。各级领导、广大教师对于社团活动存有较大的偏见，"补充""点缀""不务正业"等形容不绝于耳，社团活动价值无法充分发挥。学生社团自身也尚存在着诸如活动层次普遍不高、活动缺乏创新性、活动质量不理想、专业性社团数量不多、与应用型人才培养这一学校的中心工作关联度较低等问题。

（三）实现社团活动与应用型人才培养耦合发展具有现实意义

无论是学生理论素养、综合素质的提升还是实践能力、创新能力的培养，不但需要第一课堂的教育，更需要第二课堂的积累和辅助。社团活动与应用型人才培养之间有着与生俱来的强度关联和较高的契合性，它们是互为促进的双螺旋发展关系。因此，迫切需要建立二者良好的耦合关系，构建高效的耦合机制。

一方面，构建第一课堂、第二课堂良性互动的多维度课程体系。实现社团活动与应用型人才培养耦合发展，有助于树立适应应用型人才培养的崭新课程观，有助于拓宽应用型人才培养的时间空间跨度，有助于构建第一课堂、第二课堂良性互动的多维度课程体系。社团活动丰富了大学生的课余生活，延伸了课程教学的触角，扩大了应用型人才培养的空间，增添了实践学习环节的形式。社团活动拥有时间上的持续性、空间上的多样性与形式上的灵活性等特点，这些特征将很好的弥补应用型人才培养课程体系改革中的不足。学生在理论课程学习过程中，通过参加社团活动逐渐摸索知识的运用和相关理论课程的重要意义，在实践课程中进一步思考规律性问题并详细做出下阶段个人的理论学习规划和参与社团活动计划。充分利用非课堂途径实施人才培养，不但促进大学生合理安排个人课余时间，促使他们将更多的时间投入个人能力素质提升中，而且还巧妙的联合了对于大学生而言有着强烈归属感并将其视为"家"的学生社团这一重要的育人载体，无形中拓宽了人才培养的时间空间跨度，在不知不觉中实现学生综合素质的全面塑造和内在潜力的充分挖掘。

另一方面，实现学生社团结构合理化和运行科学化。学生社团在发挥了人才培养功能的同时，也将进一步增强自身活力，实现社团的健康可持续发展。学生社团尚存在着诸如社团组建盲目、管理水平不高、保障资源不足、活动质量不理想、专业性社团数量不多、与应用型人才培养这一学校的中心工作关联度较低等问题。有关调查结果显示，当前社团活动质量普遍不高，学生满意度也不尽如人意，花架子、走过场等形式主义令大学生痛心疾首，千篇一律、缺乏特色的社团活动让大学生厌倦疲惫。社团可以因共同的兴趣、爱好、志向而组建，也可以成为培养专业兴趣、历练实践本领、升华职业理想的课外基地。学生社团在主动适应院系发展方向，积极促进专业建设、专业教育、人才培养质量提升等工作的同时，将最终实现自身结构的合理化和运行的科学化。社团发展中面临的资源支持、制度保障、专业指导、信息服务、依托平台等方面的障碍将迎刃而解，从而实现"拓宽社团活动领域、优化社团自治管理、开辟社团校外交流渠道"等美好愿景。

二、学生社团参与应用型人才培养的可行性与突破点

（一）学生社团与应用型人才培养的内涵和特征

首先需要明晰学生社团的内涵和特征。学生社团是指学生为满足自身心理、文化、生活和社会需求，自发筹办并经过学校有关部门批准的，具有一定目标和活动规范的固定成员及特定活动内容的群众组织。最早的大

学生社团出现在 18 世纪后半期的耶鲁大学，当时是学生自发组织的一些文学社团，之后哈佛大学、普林斯顿大学纷纷效仿，随后社团逐渐成为大学生课余社交的重要桥梁。社团活动也从起初的侧重于生活享乐的"世俗社交活动"渐渐发展为培养大学生良好素养的重要途径。学生社团特征有三：其一，志趣趋同性。自发性是学生社团区别于高校其他学生组织的最根本特点。其发起、组建、创立完全源自学生的内驱力，而这种强大助推力的原动力就是成员间共同的志趣和愿景。其二，开放自主性。大学生社团在校园中是相对独立的学生团体，对于社团的机构设置、人员组成、规章制度、日常管理等可以依据学校的有关章程实施自主管理，也可自主与校内外其他组织开展互动交流活动。其三，灵活多样性。学生社团的组织框架设置与管理模式选定都较为灵活，特别是社团活动，由于受到各种条条框框的制约相对较少，吸引了无数风格各异的大学生，多样化的活动形式和多元性的活动内容广受学生好评。

其次需要明确应用型人才的内涵及其培养的特点。"应用型人才"是相对于学术型人才、技能型人才而言的，是一种人才类型。其内涵应有之意包括：第一，突出知行合一。知识应用能力是应用型人才最为突出的特点之一，应用并不是简单的技能操作，而是将所习得的科学原理与知识应用于社会实践即学以致用，乃应用型人才的根本任务。第二，创造直接价值。与"家"字阵营的学术型人才不同，应用型人才一般出现在生产、管理、经营等工作的第一线，属于"师"字形人才的居多。他们通过将抽象的理论符号转换成具体的操作构思，将科学原理应用到具体实践并转化为产品构型，最终为社会创造直接经济价值和物质财富。第三，推动技术革新。随着高新技术产业蓬勃发展，产业结构中高科技知识型岗位比例显著提高，人才需求层次发生了根本性的变化。"应用型人才"又有了更深层次的内涵，除了简单的学以致用之外，具有创新潜力和技术开发能力也是其应有之意。

根据上述所阐述的几点内涵，可以将应用型人才培养的特征概括为以下三点：其一，地方性与市场性并重。将应用型人才确定为培养目标的大多是地方普通本科院校，在办学宗旨、专业设置、人才培养规格等方面，它们始终着眼于服务地方和区域的经济社会发展。紧密围绕地方区域经济、产业和技术结构的特征筹划专业群建设，准确定位地方或区域的产业结构细微变化，及时调整专业结构设置。瞄准市场需求确定各专业学生的知识结构、能力体系培养目标，为所处城市输送急需人才。其二，理论性与实践性并重。应用型人才既不同于以基础理论研究见长的学术型人才，也不同于专业动手能力突出的技能型人才。其知识框架相较学术型人才更具可塑性，知识体系相较技能型人才也更为系统完整，强调专业理论掌握的宽广程度和扎实程度。其实践能力会比技能型人才更具灵活性，所付诸的实践突出的是理论知识向实际应用的转化，看重的是灵活运用专业知识解决实践中的现实问题。其三，即时性与持续性并重。英国巴斯大学校长默迪特曾提出毕业即能上岗的观点。与社会无缝对接是应用型人才培养的基本法则，提升人才的社会适应性是应用型人才培养的第一要务。学校所培养的应用型人才是否能快速适应职业岗位，是否能即时为用人单位创造价值，是评价一所高校应用型人才培养质量的重要指标。应用型人才长期工作在情况复杂、问题频发的最前线，市场越发期待应用型人才具有强劲的发展潜力。因此提高应用型人才的研究能力、学习能力和创新能力等可持续发展能力也是不可或缺的。

（二）调动学生社团参与应用型人才培养的积极性是重要突破口

如何调动学生社团参与应用型人才培养的积极性，充分发挥大学生在人才培养中的主体作用，是促成学生社团参与应用型人才培养的重要突破口。应用型人才培养的诸多探索中，校企合作、课程体系改革等方面的探讨和实践较多，学校、教师成为绝对的主角，大学生在其中的主体地位没能充分体现，大学生的主体作用没能充分发挥。其中最为突出的表现就是以大学生主导的重要第二课堂活动——社团活动与应用型人才培养的脱节。普通本科院校与其他类型的高校在学生社团设置上如出一辙，学生以兴趣爱好为出发点，凭热情组建社团居多，具有一定的盲目性。组建前并没有深入思考社团的性质、地位和发展等问题，与应用型人才培养如同两条平行线，没有从根本上树立服务应用型人才培养的意识。如此随心所欲往往使社团类型失衡，结构设置不合理。致使现有文体类、公益类等社团较多，专业学习、专业实践类社团较少。活动内容多在低水平徘徊，开展文体类活动的社团较多，开展专业实践类活动的社团较少。可以考虑从以下两方面着手解决此问题。

一方面，改善制度环境，合理分配资源。目前，普通本科院校总体制度环境不佳，现有的社团政策大多与学术型大学相近，没有突出应用型人才培养的特征，也不足以调动学生社团参与应用型人才培养的积极性。由于场地限制、经费不足等资源问题，很多学生社团举步维艰：为了筹集资金使原本策划好的社团活动"走样"；为了增加会费收入四处招募会员，只追求数量，有没有兴趣、是否可以定期参加活动等因素根本不考虑；为了得到管理部门的支持，承办各种与社团定位相去甚远的活动。资源缺乏已成为社团发展和其融入应用型人才培养的重要障碍之一。本课题将加强调研，吸收国内外应用型人才培养先进经验，结合相关院校的办学定位和应用型人才培养特点，深入研究如何对社团活动与应用型人才培养耦合关系实施有效的政策导向，如何在场地、经费、实验设备、指导教师队伍等资源配置方面制定妥善的保障性制度。当前，普通本科院校的制度环境普遍存在一定的缺陷。现有的社团政策大多与学术型大学相似，没有充分体现应用型人才培养的特点，因此无法有效调动学生社团参与应用型人才培养的积极性。同时，许多学生社团也面临着场地限制、经费不足等资源问题，导致社团活动的策划和实施经常受到制约。为了筹集资金，一些社团甚至会改变原本策划好的活动内容，以迎合外部需求。此外，一些社团为了增加会费收入，会四处招募会员，但只追求数量，而忽略会员的兴趣和参与活动的持续性。为了获得管理部门的支持，一些社团甚至会承办与社团定位相去甚远的活动。这些资源缺乏问题已成为社团发展和融入应用型人才培养的重要障碍之一。因此，借鉴国内外应用型人才培养的先进经验，结合相关院校的办学定位和应用型人才培养特点，深入研究如何对社团活动与应用型人才培养耦合关系实施有效的政策导向，如何在场地、经费、实验设备、指导教师队伍等资源配置方面制定妥善的保障性制度，是调动学生社团参与积极性的有效切入点。

另一方面，加强信息沟通，注重协调运行。当前，学生社团与社团管理部门之间的无序状态是阻碍学生社团参与应用型人才培养的重要障碍之一。造成这一现象的主要原因在于社团联合会对于自身角色定位往往不清晰，未能充分发挥其在学生社团与社团管理部门之间的协调、服务与互通作用。融入应用型人才培养后，学生社团的管理运行与活动开展将呈现其双向共存的独特性，同时存在自下而上和自上而下两种路径方向和运作机制。在管理运行方面，自下而上运作时，学生社团是一个自治组织；自上而下运作时，学生社团是一个执行组织。在活动开展方面，自下而上运行时，是从学生兴趣爱好和成长需要出发开展活动；自上而下运行时，是以完成管理、教育、引导任务为中心开展活动。这两种方向和路径共同发生作用，甚至相互间产生逆向作用力，这就对双向的协调运行提出了很高的要求。在这个过程中，社团联合会需要扮演协调者的角色，除了履行审查、登记、指导、监管等职能外，还需要为学生社团的良性健康发展提供一系列服务，以为社团活动与应用型人才培养耦合机制的顺畅运行保驾护航。

（三）构建有利于学生社团参与的校园生态环境是关键突破口

构建有利于学生社团参与的校园生态环境，需要深入探讨如何推动普通本科院校树立符合应用型人才培养的新型课程观念，摒弃对社团活动的误解和偏见，积极思考社团发展对应用型人才培养的促进作用，建立健全相关制度保障，并构建第一课堂与第二课堂相互促进的多维度课程体系。作为人才培养的组织者，目前高校、院系对于学生社团的地位认知存在偏差，对于社团活动在人才培养中的价值和意义缺少思想认识。学生社团往往不被重视，甚至处于被边缘化的尴尬地位。例如，学生在社团中的活动成绩通常既不计算学分也不记入学籍档案，社团中的表现也并未与评优评奖、党员发展等方面有效结合；由于学生社团一般归口团委领导，院系容易惯性地将社团管理工作视为学生工作的职责，因此往往对学生社团建设情况不关心、不过问；由于社团类型的多样化，社团活动大多被评价为是一些"上不了台面"的、"专业含量低"的活动，与人才培养质量提升等院系核心工作关联性不大。正是在这种认知偏差的催动下，教育组织者自然地将社团活动与人才培养割裂开来，与其划清界限，主动放弃社团活动这一应用型人才培养的绝好阵地。社团也因被视为"异己"，成员很难获得归属感和荣誉感，社团建设也受到了极大的限制。可以考虑从以下三方面着手解决此问题。

第一，高校、院系给予学生社团参与人才培养的明确政策导向。在现有形势下，普通本科院校需要明确认识到第一课堂与第二课堂在人才培养中的不同作用，并充分挖掘第二课堂在应用型人才培养中的潜力。尽管在推动第一课堂改革方面已经取得了显著的成果，但也必须充分重视第二课堂在应用型人才培养中的作用。学生社团在精英教育中可能仅被视为课堂以外的调剂和补充，但在以培养基础扎实、适用面宽、实践能力强、素质高的应用型人才为目标的普通本科院校中，学生社团活动应当被赋予更重要的使命。为了充分发挥社团活动在应用型人才培养中的作用，高校应积极听取院系、社团管理部门、学生社团和广大学生的意见和建议，结合自身的办学定位和人才培养特点，制定出台相应的指导意见和激励措施。院系也应在学校的宏观政策框架下，通过行政手段引导学生社团实现结构合理化、运行科学化。特别是要通过指导教师资源、实验实训场地资源、经费扶持力度等资源的合理配置，明确学生社团参与人才培养的政策导向，切实保障社团活动与应用型人才培养耦合机制的顺畅运行。

第二，打造专业型学生社团，塑造学生知识框架和能力结构。在学校的办学思路、总体构想、指导意见等大框架下，院系在其管辖范围内拥有高度的自主权和灵活性。院系对于所属学生社团的规划意识与管理水平，会直接影响到专业社团的设置数量、社团活动质量、社团活动覆盖面、指导教师的投入程度等，这些因素对于最终的耦合机制效果至关重要。院系可以根据所辖专业群特点，总体规划本院系的社团设置、发展目标、素质能力培养指向。以所辖专业应用型人才的知识框架和能力结构为指向，重点打造专业性强的专业型学生社团。同时，利用已有的产学研合作项目和订单式培养等有利条件，院系可以积极为学生社团与地方知名企业牵线搭桥，建立院系、企业、学生社团多方组成的战略合作伙伴关系，邀请企业家担任相关社团的名誉顾问，聘请企业技术骨干担任社团的企业方指导教师，为社团参与人才培养提供更大动力和更多支持。

第三，社团以服务应用型人才培养为出发点，合理规划自身活动轨迹。尽管管理部门向社团下达行政命令式的活动任务在高校中普遍存在，但这并非是对社团自治的完全忽视，而是社团未能主动适应院系发展所体现的一种倒逼现象。学生社团可以主动了解专业发展情况，收集并分析具体专业的就业形势和社会需求，以相关专业今后发展的目标和方向为出发点，合理规划自身活动轨迹。社团可以因共同的兴趣、爱好、志向而组建，同时也可以成为培养专业兴趣、历练实践本领、升华职业理想的课外基地。

三、学生社团参与应用型人才培养体系构建的原则和思路

（一）转变思想观念，树立"以生为本"理念

对于学校管理者和教师而言，应树立以生为本的现代教育理念，并将学生的全面发展作为人才培养工作的核心目标。需要转变对学生在教育过程中的角色认识，尊重学生的主体地位，强调学校、教师和学生构成了一个紧密相关的共同体，甚至可视为同一的主体，即大学。在这个共同体中，学校、教师、学生只是显现在不同位格。只有在这样的理念指导下，学校、教师和学生才不会被视作简单的组合，而是一个休戚相关、荣辱与共的生存共同体、利益共同体、发展共同体。学校管理者和教师应明确大学生的主人翁地位，相信他们参与人才培养的能力，并认识到学生的参与对学校发展、学生健全人格和成长成才所起到的积极作用。同时，学生社团也应树立主人翁意识和民主参与意识，端正参与动机，提升参与应用型人才培养的责任意识和组织能力。改变被动接受和游离之外的认知，自觉关心人才培养各项事务，提升活动的专业性、针对性和有效性。

（二）完善制度框架，明确权利义务

高校应制定具体的规章制度，以规范学生社团参与人才培养的权利和义务。规章中应明确学生社团参与权的范围、形式、程序等，以确保学生社团在参与应用型人才培养过程中具有清晰的权利和责任认知。通过制定规章制度，以书面的方式明确学生社团在参与应用型人才培养过程中的权力责任范围限度，并对积极参与并做出卓越贡献的学生社团组织及相关个人给予一定的物质和精神奖励，以激发学生社团参与应用型人才培养的积极性。同时，应制定完善的学生社团参与应用型人才培养的保护政策，以消除社团及其主要干部的后顾之忧。

（三）拓宽参与范围，深化参与程度

根据现代大学权力结构中学生权力的覆盖范围，确保每个学生社团都

有机会深入参与应用型人才培养过程，并让每个学生都有机会参与学校的育人工作。在人才培养各环节的工作中，学校应尽量为学生社团提供参与机会，并适当拓宽参与范围和深化参与程度。在学校的全局管理、办学定位、发展规划等核心问题上，以及与教学科研、社会服务、学科建设等专业相关的问题上，都应尊重学生的知情权、话语权、监督权、建议权和选择权。在人才培养决策的不同阶段，如研究策划、比较择优、组织实施、试验反馈等阶段，都应适当让学生及学生社团参与其中。

第二节　参与专业教育实践平台体系

如前文所述，构建社团活动与应用型人才培养耦合机制，推动学生社团与应用型人才培养互为促进的双螺旋良性发展，是构建学生社团参与应用型人才培养实践平台体系的核心环节。故而本节通过分析社团活动与应用型人才培养之间的非耦合现象，构建了基于高校、社团、院系和社团联合会四维度的耦合机制，旨在为学生社团参与专业教育实践平台体系的构建提供有效思路。

一、社团活动与应用型人才培养的非耦合现象分析

（一）普通本科院校在耦合机制中存在的问题

没有为耦合机制提供良好的政策支持和制度保障。目前，普通本科院校总体制度环境不佳，现有的社团政策大多与学术型大学相近，没有突出应用型人才培养的特征，也不足以调动学生社团参与应用型人才培养的积极性。比如学生在社团中的活动成绩一般都是既不计算学分也不记入学籍档案，社团中的表现也并未与评优评奖、党员发展等方面有效结合。普通

本科院校必须树立适应应用型人才培养的崭新课程观，构建第一课堂、第二课堂良性互动的多维度课程体系。

没有为耦合机制给予足够的资源配置和资金扶持。形式多样、参与面广、活动频繁的社团活动本应成为人才培养的强大助力，却由于资金、场地、指导教师等方面的资源缺乏，而经常被评价为活动虽多、吸引人的却少；形式虽多、有收获的却少；社团虽多、获好评的却少。这其中虽然也有社团自身建设的问题，但学校在资源配置和资金扶持方面对社团支持力度的不足也是关键原因之一。学校需要强化对社团提供物质支持的职能，切实将第二课堂纳入应用型人才培养体系中，为学生社团特别是专业类社团的发展提供必要的经济支持和便利条件。

（二）社团活动与应用型人才培养相脱节

类型结构失衡。普通本科院校与其他类型的高校在学生社团设置上如出一辙，凭热情组建社团居多，具有一定的盲目性。组建前并没有深入思考社团的性质、地位和发展等问题，与应用型人才培养如同两条平行线，没有从根本上树立服务应用型人才培养的意识。如此随心所欲往往使社团类型失衡，结构设置不合理。致使现有文体类、公益类等社团较多，专业学习、专业实践类社团较少。活动内容多在低水平徘徊，开展文体类活动的社团较多，开展专业实践类活动的社团较少。

活动实效失本。社团活动丰富了大学生的课余生活，延伸了课程教学的触角，扩大了应用型人才培养的空间，增添了实践学习环节的形式。但相关调查显示，当前的社团活动质量普遍不高，花架子、走过场等形式主义令大学生痛心疾首，千篇一律、缺乏特色的社团活动让大学生厌倦疲惫。本应丰富多彩、形式多样、深受学生喜爱的社团活动丢弃了最为根本的初衷。高质量的专业社团活动好比一堂课又胜似一堂课，它不是第一课堂的补充和点缀，而是与课程学习遥相呼应、相得益彰的教育载体，两者之间会发生化学反应，学生从中获取的收益是无穷的。

内驱自治失责。实行自治是学生社团的一大特点，自治内驱力是社团发展的重要动力之一。有关调查结果显示社团干部缺少对社团性质、地位的正确认识，缺乏服务应用型人才培养的意识，因此对内没有做好组织目标、组织架构、干部素质等方面的自治，对外没有处理好与学校、相关管理部门、其他社团、广大学生之间的关系，对于自治这一自身权利没有充分地行使，从而影响了社团的持续健康发展。

（三）院系在耦合机制中的主体地位缺失

放弃社团阵地。学生社团在院系中往往不被重视，甚至被边缘化。由于学生社团一般归口团委领导，院系容易惯性地认为社团管理工作是学生工作的职责，对学生社团建设情况往往不关心、不过问。社团活动常常被评价为"上不了台面"的活动。正是在这种认知偏差的催动下，院系自然地将社团活动与人才培养割裂开来，与其划清界限，主动放弃社团活动这一应用型人才培养的绝好阵地。社团也因被视为"异己"，成员很难获得归属感和荣誉感，社团建设也受到了极大的限制。

资源划拨不足。在学校的办学思路、总体构想、指导意见等大框架下，院系具有高度的自治力和自主性。院系对于所属学生社团的政策导向会直接影响到专业社团的设置数量、社团活动质量、社团活动覆盖面、指导教师的投入程度等等，事关社团能否健康可持续发展的重要问题。目前，由于场地限制、经费不足等资源问题，很多学生社团举步维艰：为了筹集资金使原本策划好的社团活动"走样"；为了增加会费收入四处招募会员，只追求数量，有没有兴趣、是否可以定期参加活动根本不考虑；为了得到管理部门的支持，承办各种与社团定位相去甚远的活动。

监督指导缺失。在学生社团监管方面，院系大多做"甩手掌柜"，全权交由院系团委负责。受时间和精力的限制，加之对专业情况不熟悉，团委容易从自身工作内容出发规划建设学生社团，学生社团总体呈现无序混乱状态，服务应用型人才培养更加无从谈起。虽然院系也会给予社团建设一些指导性意见，但由于制度不健全、落实不到位，效果并不理想。比如院系大多明确要求专业类社团需有专业教师担任指导老师；大力倡导学生积极参与社团活动，但目前参与社团活动的学生和指导老师大多处于"三无"状态：参与学生无学分，无综合测评加分，无评优入党政策倾斜；指导教师无报酬、无工作量，职称评定、评奖评优中无政策倾斜。相关师生原本的一腔热情渐渐冷却，这也就不难理解为什么校园中转瞬沉寂的社团特别多。

（四）社团联合会参与应用型人才培养存在的障碍

角色地位不明。目前学生社团与社团管理部门之间的无序状态是阻碍学生社团参与应用型人才培养的重要矛盾之一。融入应用型人才培养后，学生社团的管理运行与活动开展将呈现其双向共存的独特性，两者都存在自下而上、自上而下两种路径方向和运作机制。管理运行中，自下而上运作时社团是一个自治组织，自上而下运作时社团是一个执行组织；活动开展中，自下而上运行时是从学生兴趣爱好和成长需要出发开展活动，自上而下运行时是以完成管理、教育、引导任务为中心开展活动。两个方向和路径共同发生作用，甚至相互间产生逆向作用力，这就对双向的协调运行提出了很高的要求，社团联合会需要扮演好这个协调者的角色。

信息沟通不畅。作为面向学生社团重要的服务协调部门，社团联合会不仅要做好学生社团与社团管理部门的桥梁和纽带，而且还应肩负起社团之间、社团成员之间、社团与学校院系之间、社团与社会之间的多方面沟通职能。现今由于团委分管社团工作，社团联合会不经意中成了团委的附属机构、"翻版"的学生会组织，社团联合会陷入了行政沟通模式的限定，没有充分发挥多向信息沟通和应有的桥梁纽带作用。

监管成效不佳。在社团机构设置、组织目标设立、社团管理科学化、活动开展规范化、社团评价考核等方面社团联合会应起到决定性的作用，以促进社团发展进入服务应用型人才培养的良性轨道。相关调查显示，25.6% 的社团没有制定过章程，8.5% 的社团从未做过年度工作计划，6.1%

的社团没有年度工作总结。可见，社团联合会在监管指导等方面做得还很不理想。监管不力、疏于指导的直接后果就是社团发展极不均衡：虽然存在着规模大、会员多、活动质量高、影响面广的优质社团；但更多的还是一些内部管理松散、自治力不足、发展不理想的劣质社团。

二、社团活动与应用型人才培养的耦合机制构建

普通本科院校及其学生社团亟待相互联系、相互协调，共谋转型升级之路，社团活动与应用型人才培养迫切需要构建高效的耦合机制，为了使耦合机制接近一个自适应系统，将从学校、院系、社团、社团联合会四个维度构建，注重各维度间的联系和协调运行（如图5-1）。

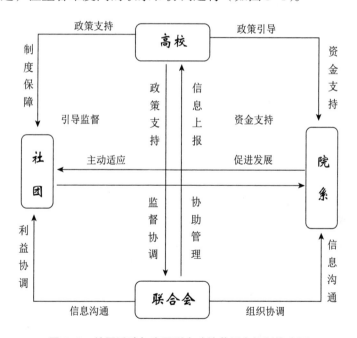

图5-1　社团活动与应用型人才培养耦合机制构建图

（一）高校在耦合机制中的角色和功能

关于高校在耦合机制中的角色需要从社团、院系、社团联合会三个视

角分别探讨。对社团来说，高校要引导督促学生社团认清自身功能定位，主动联系院系，积极投身所属专业的应用型人才培养中。对院系来说，高校要给予政策引导和资金支持，鼓励院系探索所辖专业的社团规划与发展建设，形成校院两级齐抓共管，学生社团与人才培养质量共同促进的良好局面。对于社团联合会来说，高校是它的授权者、培育者、指导者。将微观的管理协调内容授予联合会，不仅可以更好地从宏观层面制定相关保障制度，优化学生社团参与人才培养的环境，而且也更为充分地体现了学生的教育主体地位。

高校在耦合机制中的功能方面，高校没能提供成熟优化的参与环境是学生社团参与人才培养积极性不高的关键所在。也许在精英教育中社团活动只是调剂和补充，但在以基础扎实、适用面宽、实践能力强、素质高为目标的应用型人才培养中，社团活动确应有一席之地。高校应加强调研，吸收国内外应用型人才培养先进经验，充分听取各方意见建议，结合自身办学定位和人才培养特点，出台相关指导意见和激励措施。加强社团活动与应用型人才培养耦合关系的政策导向，对积极参与应用型人才培养的学生社团给予政策倾斜，在场地、经费、实验设备、指导教师队伍等资源配置方面制定明确的保障性制度。对于积极、主动、有效为应用型人才培养做出贡献的学生社团给予表彰奖励，形成学生社团争先恐后参与应用型人才培养的良好局面。

（二）社团在耦合机制中的角色和功能

关于社团在耦合机制中的角色需要从高校、院系、社团联合会三个视角分别探讨。对高校来说，社团虽有其自治的特点，但绝不是游离在学校范畴外完全自由的独立存在。社团应主动从应用型人才培养的需求出发，思索如何提升对会员学生成长成才的服务质量，从而向学校争取更好的政策支持。对院系来说，社团需要经常性地向其汇报社团发展的基本情况和主要面临的问题。毕竟校方的管理更多的是宏观上的审查、登记和监管，在参与人才培养过程中，社团面临更多的还是具体活动开展、实践场地申请、专业教师指导等微观上的与院系间的沟通协调。对社团联合会来说，社团是联合会的服务对象，社团联合会名义上是学校直接授权的社团管理者和协调者，但实际上更应该是一个服务机构。

社团在耦合机制中的功能方面，管理部门向社团以行政命令的方式布置活动任务在高校中广泛存在，这并不是完全意义上对社团自治的无视，而是社团不能主动适应院系发展的一种倒逼现象。耦合机制中社团需要主动了解专业发展情况，获取并分析社会需求，以相关专业今后发展的目标和方向为出发点，规划自身活动轨迹。社团可以因共同的兴趣、爱好、志向而组建，也可以成为培养专业兴趣、历练实践本领、升华职业理想的课外基地。在活动开展上，社团要在提高活动的参与性、影响性、创新性、积极性、实效性方面多下功夫。通过健全干部选拔、培养、考核机制，提升自治规范程度，提高社团管理水平。建立面向多方的信息沟通渠道，积极主动与学校、院系、社团联合会及其他社团和企业取得联系，以争取有力的指导和帮助。

（三）院系在耦合机制中的角色和功能

关于院系在耦合机制中的角色需要从高校、社团、社团联合会三个视角分别探讨。对于高校来说，院系是辅助高校推进社团活动与应用型人才培养耦合机制顺畅运行的重要力量，高校通过政策和资金支持引导院系落实好耦合机制的终端保障工作。对于社团来说，院系虽不是直接管理部门，但其政策导向和资源分配的理念与原则却关系到社团能否健康可持续发展。社团必须主动适应院系发展方向，促进其专业建设、人才培养质量提升等工作的推进，最终实现共同发展。对于社团联合会来说，院系是被服务的对象。社团联合会掌握着全校范围内所有学生社团的信息，除做好社团层面的沟通协调工作之外，社团联合会还需要做好各院系之间的桥梁和纽带。

院系在耦合机制中的功能方面，在高校宏观政策的框架下，通过行政手段引导社团结构合理化、社团运行科学化，特别是通过指导教师资源、实验实训场地资源、经费扶持力度等资源的合理配置，给予学生社团参与人才培养的明确政策导向，切实保障社团活动与应用型人才培养耦合机制的顺畅运行。根据所辖专业群特点，总体规划本院系的社团设置、发展目标、素质能力培养指向。塑造应用型人才知识框架和能力结构，重点打造专业性强的学生社团。利用已有的产学研共建、订单式培养等合作项目的便利条件，为社团与地方知名企业牵线搭桥，建立院系、企业、学生社团多方组成的战略合作伙伴关系，邀请企业家担任相关社团的名誉顾问，聘请企业技术骨干担任社团的企业方指导教师，为社团参与人才培养提供更大动力。依托专业建设的优势平台，培育社团科技创新成果并促成其收获经济效益与社会影响力。确保较为稳定的社团指导教师队伍，为每个专业社团配备企业指导教师和专业指导教师，做好工作量、经济报酬等政策保障，调动教师积极性。对于参与社团活动的学生做好学分核定等制度保障，如根据专业人才培养方案，确定不同类别的社团学分数额；将学生的社团活动表现记入学籍档案等等。

（四）社团联合会在耦合机制中的角色和功能

关于社团联合会在耦合机制中的角色需要从院系、社团、高校三个视角分别探讨。对于院系来说，社团联合会需要建立有效畅通的信息沟通机制，向院系及时反馈全校范围内学生社团的有关信息，公开社团间利益协调的实施办法和具体结果。对于社团来说，社团联合会要充分发挥社团活动与应用型人才培养间的沟通桥梁作用，经常性地向社团宣传学校的有关政策，组织、协调、规划校内社团服务应用型人才培养的相关工作，促进社团间交流与合作。对于高校来说，社团联合会要增强服务校方的能力，协助学校开展社团发展规划与结构调整，推进社团干部培训、社团考核奖励等相关工作。及时收集反馈社团有关信息，为学校的相关决策提供准确的一手资料。

社团联合会在耦合机制中的功能方面，社团联合会除了履行审查、登记、指导、监管等职能外，更重要的是为社团的良性健康发展服务，为社团活动与应用型人才培养耦合机制的顺畅运行保驾护航。因此需要健全自身结构，完善内部治理，提高服务能力。根据高校人才培养和社团发展的需求，开发多元化服务，实现消息互通、资源共享。

第三节　参与专业教育平台运行模式

本节将重点阐述参与专业教育特色平台"网络学习共同体"的模型构建与运行模式设计。随着计算机技术、网络通信技术和数字多媒体技术的迅猛发展，网络学习日益被广泛关注，并受到大学生的欢迎。这种新型学习平台逐渐成为大学生课余时间学习的首选途径。在此背景下，网络学习共同体（虚拟学生社团）这一新型学生社团呈现出蓬勃发展的态势。作为专业教育第一课堂的重要延伸，探讨网络学习共同体运行模式以促进其良性发展具有重要的现实意义。

一、网络学习共同体（虚拟学生社团）概念界定

（一）"学习共同体"思想的起源与发展

"共同体"这一概念最初由社会学家斐迪南·腾尼斯提出，其内涵随着时间的推移和社会的演进得到了不断丰富和发展。在当代信息社会的大背景下，"共同体"这一概念更加强调个体独立与归属等精神意识的探索和追求。"学习共同体"的理念源于杜威的学校概念，尽管杜威并未明确提出"学习共同体"这一概念，但他的观点中蕴含了许多与"学习共同

体"相近的思想。学习共同体注重建立互助型学习文化，参与其中的主体相互尊重、地位平等、各尽其能、相互学习、资源共享。

（二）网络学习共同体的概念

除"网络学习共同体"之外，其他相近的中文表述还包括"虚拟学习共同体""虚拟学习社区""在线学习共同体""在线学习社区"等。在台湾地区，这一概念被称为"网络学习社群"。网络学习共同体是由学习者与助学者（包括教师、专家、学者等）共同组成的，基于互联网建立的一个拥有共同目标和兴趣的在线学习共同体。在这个共同体中，参与主体经常进行沟通交流、互助互爱、资源共享，成员之间互相影响、互相促进。

（三）网络学习共同体的概念界定

我国教育技术领域中，对"网络学习共同体"的参与主体构成有着明确的界定，普遍认为应包括学习者及助学者（如教师、专家、辅导者等）。现在，许多专家学者推崇加德纳（H. Gardner）等人的多元智能理论，其观点认为："每个人都有他自己的能力倾向，每个人都可能成为专家。"在这种理论指导下，网络学习共同体的建立更加重视每个参与者的专家身份，信任并鼓励他们通过积极主动的交流互动与协同合作，以促进个体和共同体知识与专长的获得。

综上，将网络学习共同体的概念界定为以完成一定的学习任务为目的，以拥有共同的学习目标和学习兴趣的学生作为组成主体，以互动、共享为主要学习特征，具有和谐融洽、互敬互爱的学习环境，基于互联网而建立的突破时空限制的学习团体。显然，网络学习共同体这一虚拟社团是学生"表达自我、展示自我、发展自我"的重要支持平台，对学生社团参与专业教育的探索与实践具有重要意义。

表 5-1 网络学习共同体的内涵

属性	主要内容	具体描述
组成主体	学生	各年级在校学生，通过参与实现共同学习，共同成长，共同发展
主体特征	共同目标和兴趣爱好	具有共同学习目标和共同的兴趣爱好，对集体充满认同感和归属感
学习形式	交互协作	成员通过经常性的交流互动解决问题、促进学习；通过资源共享、协同合作完成学习任务，实现共同进步4
学习环境	和谐融洽	成员间彼此尊重信任、互相鼓励促进，集体中充满着"和谐关系与依赖情感"的情境，这一人脉关系有助于成员完成各自角色所承担的职责
性质	一种学生为主体的学习环境，一个挖掘学生潜能的支持平台	有利于学习资的共享，有利于消除学习过程的孤独无助感、有利于促进学生间的良性互动和人际交往、有利于学生"表达自我、展示自我、发展自我"

二、基于生态学习观的网络学习共同体分析

（一）生态学习观内涵

继行为主义、认知主义、建构主义和社会文化理论等学习理论之后，专家们近年来又提出了一个观察人类学习活动的新视角——生态学习观，这是一种追求整合的、适应的、多元的全新视角，它必然会为网络学习共同体的建设提供有力的理论指导。生态学习观从整体性、适应性和多元性的角度来审视学习过程，强调学习者的主观能动性的充分发挥，即在没有教师指导下的自主学习。学习者通过与系统环境进行有意义的交互，完成个体的知识构建，同时学习者会对集体产生强烈的归属感、认同感，进一步增强对集体的参与程度和参与效度。

（二）网络学习共同体（虚拟社团）参与主体的生态属性

虚拟社团——网络学习共同体构成了一个学习生态系统，其中所有参与主体均为系统内的生态因子。网络学习共同体的环境则是参与主体赖以

生存发展的生态圈，他们相互依存、相互影响。所有的参与主体在学习活动中都扮演着不同的角色。与自然生态系统不同的是，虚拟社团——网络学习共同体中的生产者、消费者和分解者之间可以相互转化，这一特性推动了网络学习共同体系统的持续发展。

助学者—生产者。在自然生态系统中，生产者通过将无机物转化为有机物，既为自己提供了生存所需，也为其他生物体提供了必要的物质和能量来源。在网络学习共同体中，生产者即助学者可以由参与主体中的任何人担任。例如，他们可以提出能够激发成员学习兴趣的讨论主题，鼓励并激励学习者积极参与讨论，注意把握讨论方向并及时澄清不准确之处，以及提供个人学习新知识的反馈和观点等。只要他们能够丰富共同体的学习资源，促进成员们的学习和发展，即可被视为助学者。

求学者—消费者。在自然生态系统中，消费者通常依赖其他生物来获取食物。同样地，在网络学习共同体中，消费者即求学者是利用信息资源的个体。他们通过共同体提供的各种网络渠道获取所需的学习信息，并对其进行搜索、收集和利用。这些有价值的学习信息资源是他们参与共同体的核心内容。因此，可以说网络学习共同体为求学者提供了一个便捷、高效的学习平台。

维护者—分解者。在自然生态系统中，分解者负责将残缺的有机体分解为无机物，并利用分解过程中产生的某些物质来维持生命，从而实现生态系统的循环。同样，在网络学习共同体这个虚拟社团中，分解者即维护者扮演着至关重要的角色，他们的职责是"保障系统环境和谐，促进交流平等友好"。作为舆论的引导者、人际关系的协调者以及不良信息的隔离者，维护者在共同体中发挥着举足轻重的作用。他们不仅具有相当的影响力和话语权，而且是整个系统的核心。总之，在网络学习共同体中，维护者的作用不仅体现在促进成员之间的平等友好交流，同时还要保障整个系统的环境和谐稳定。

（三）网络学习共同体（虚拟社团）环境的生态学属性

资源共建性。在自然生态系统中，无论是生产者、消费者还是分解者，都会尽其所能为生态系统的资源生产和消耗做出贡献。资源是网络学习共同体开展学习活动的重要基础性保障，没有丰富的资源，个体的知识建构和共同体的良性发展将无法实现。随着相关技术的快速发展，网络学习环境为共同体成员提供了广泛的资源建设平台，例如 Wiki、RSS、Tag技术等。这些平台为资源的共同开发、共同管理、共同利用和共同处理提供了重要的技术支撑，从而实现了资源的共建。

交互协作性。在自然生态系统中，生物之间的竞争与依赖是共存的，它们通过协调共生来实现生态平衡。同样，在网络学习共同体这种虚拟社团中，虽然缺乏师长专家的直接点拨和帮助，但成员们并不是孤独的学习者。相反，他们彼此相互依赖，互利共生，这种特殊的环境激发了他们的斗志，挖掘了他们的潜能。通过互动交流和协同合作，学习者更容易达成共同的学习目标，同时也能巩固和增进成员间的情感联系。因此，网络学习共同体提供了一个有利于学习者发展的平台，促进了个人和群体的共同成长。

互惠共赢性。在自然生态系统中，生物种群的繁衍和良性循环往往依赖于反馈机制。在网络学习共同体中，学习者、学习活动和学习情境紧密相连，相互依存。共同体成员共同参与学习活动，协同构建具有"和谐关系与依赖情感"的学习环境。在追求共同学习目标的过程中，成员之间互相激励，相互尊重信任，彼此教授指导。他们从学习环境中汲取养分，同时也为学习环境的建设做出贡献。

三、网络学习生态共同体的构建模型和构建过程

网络学习共同体并不是短期临时结成的松散结构，参与者将在较长的时间内共同学习、共享资源、共谋发展，因此其构建应包含准备、运行、

调整三个阶段。

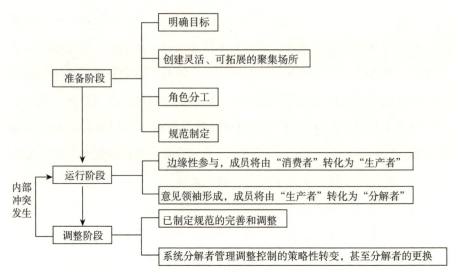

图 5-2　虚拟社团——网络学习共同体构建模型

（一）准备阶段

首先，明确目标。自然生态环境中比较显著的一个特征就是物种的丰富性与多样性。构建虚拟社团——网络学习共同体时，参与主体的多样性和差异性是不可避免的，促成他们结为共同体，并在之后的学习过程中平等融洽相处，其重要前提就是确保他们拥有共同的目标和兴趣爱好，因此该阶段的首要任务就是明确学习目标。

其次，创建灵活、可拓展的聚集场所。很多学者习惯将学习共同体比喻为充满"人情味"的大家庭，成员间如同家人般相互关心、相互帮助。故而准备阶段第二项重要的任务就是"盖一座温馨的房子"。借助现在发达的网络技术和多媒体技术，利用合适的软件创建灵活、可扩展的虚拟活动聚集场所，为下阶段可能存在的调整做好场地准备。

再次，角色分工。所有的参与主体都是系统中的生态因子，他们即依赖于学习环境的生态圈，也会反作用于环境，促进学习情境的建立和发展。因此准备阶段的第三项任务是充分了解分析参与主体，人尽其才的进行恰当的角色分工，确保参与者能力的最大限度发挥。当然，在学习过程中，角色是可以相互转换的，终极目标是"人人都是专家，人人都是生产者"。

最后，规范制定。规范是网络学习共同体中个体的基本行为准则，是共同体创建和维持的必要条件，共同体创建之初，首先要制定相应的规范。虚拟社团——网络学习共同体由于参与主体的特殊性，其规范制定应着眼于学习资源共享规范、成员间的交互规范、参与质量的评价规范等方面进行，从而更好地激发成员的参与兴趣，提供成员间的交互质量。如要求所有成员以真名出现，任何情况下不得发表侮辱性言论，能力范围之内应尽量对其他成员提出的疑问做出回复等等。

（二）运行阶段

边缘性参与阶段。准备阶段结束后将进入正常的学习活动过程，起初由于学习者间还缺少了解，因此很容易出现边缘性参与的情况。此类学习者往往只关注个人的学习进度和效果，在共同体的学习过程中，仅是收集和利用其他成员提供的学习信息和资源，对共同体的进步和发展毫不关心，在生态学习环境中是实实在在的"消费者"。但随着学习的不断深入，他们将不可避免地遇到自己无法解决的困难，无奈之下他们一般都会选择在共同体中寻求帮助，经过与其他成员的交流互动，他们对共同体逐渐形成了归属感和认同感，不知不觉中转化成了共同体的"生产者"。

意见领袖形成阶段。随着学习活动的开展，共同体中将会涌现出部分"信息资源丰富、人际关系良好、活动能力突出"的成员，我们将其称之为意见领袖。此类成员在集体中具有相当的影响力和话语权，该阶段他们通过引导舆论走向、协调人际关系、隔离不良信息，逐渐确立自己在共同体中的核心地位，自此他们将成为学习环境的维护者、学习规范的倡导者和积极互动的促进者，为成员的个体进步和共同体的不断发展起到极大的推动作用。

（三）调整阶段

即便平稳地度过运行阶段，也并不代表共同体构建的结束。在学习活动正常进行了一段时间后，有时会出现各种意外情况，如生产者的引导力不够、成员之间的欠友好互动，共同体凝聚力的减弱等等内部冲突情况。及时有效的做出调整就显得尤为重要。

一个良好的生态学习环境，应该可以根据学习者的特征和共同体的发展需要，做出适时的富有弹性的调整。此时应重点思考共同体规范制定的不完善之处，本着适应成员的认知风格和个性特征的原则逐步完备共同体的行为准则。与此同时，系统的分解者应总结反思自己在调控管理方面的经验教训，积极营造虚拟学习环境中的和谐氛围，及时引导和反馈共同体内部的交流互动，发现闪光点不吝赞美，觉察阴暗面明确批评，有效排除不利于共同体凝聚力的负面情绪，为温馨友好的学习情境创设发挥应有的作用。当然如果分解者"江郎才尽"，系统也将另选贤能，通过成员间的角色互换，保持共同体内部的积极互动和整体生命力。

第四节　参与专业教育实践平台运行实证分析

讲座是专业教育的重要载体，也是培养应用型人才的关键途径。它不仅能为学生提供更深入、全面的专业知识，同时也能引导学生拓宽视野，启发思维。组织讲座活动是学生社团服务学生拓展学术视野、了解最新研究成果、掌握专业发展动向的重要方式，也是学生社团参与专业教育的重要途径。本节聚焦高校讲座管理现存的突出问题，通过引入学生社团参与，破解高校讲座管理难题，从"参与式管理"的角度深入剖析了该理念对革新高校讲座管理模式的重要意义。在利益相关者视角下，探究了学生社团参与讲座管理的必要性、可行性及实现途径。同时，致力于突破传统讲座管理模式的不足，探索吸引学生参加讲座活动的新途径和新思路。

一、学生社团参与讲座管理的理论基础及角色分析

利益相关者理论为高校学生社团参与讲座管理提供了新视角。高等院校是一种典型的多元利益主体并存的利益相关者组织，随着高等教育的快速发展与高校间竞争的日趋激烈，利益相关者对高校生存发展的影响越来越显著，其中大学生无疑是极其重要的利益主体之一。诸多学者与实践者进行了相关探索，利益相关者理论必然会给予相关研究以有益的启迪和有力的理论支持。高校学生社团参与讲座管理倡导学生深度参与至事关自身成长成才的教育管理活动中，这将有效彰显大学生作为利益主体的应有地位，并有力推动高等教育事业的高速发展。

世界著名的高等教育专家认为，大学不是一个统一的机构，而是一个由不同自主自治的群体组成的社会。随着利益相关者理论在企业管理领域的广泛应用和逐渐成熟，罗索夫斯基等人将该理论应用于高等教育研究，视高校为由不同利益相关者组成的组织。亨利·罗索夫斯基将利益相关者分为三个层次：学校管理人员、教师和学生；学校董事、校友和捐赠者；在特定时期影响学校的利益相关者，如政府、周围市民、社区、媒体等群体。学生是最重要的利益攸关方，是高校利益相关组织中第一层次的重要利益相关者，是高等院校存在的先决条件，是推动高校发展的重要动力。这些研究成果进一步凸显了学生在推动高校发展方面的核心地位，也进一步验证了作为大学生"心灵家园"的学生社团在高校教育管理中不容忽视的作用。利益相关者理论为学生社团参与讲座管理的教育模式提供了理论基础和新的视角。

在大学与学生之间的互动过程中，二者之间的关系如同鱼与水、植物与土壤，彼此相互依存，不可或缺。全球众多国家的高等院校中，学生通

常需要支付学费，这让他们在某种程度上成了教育服务的消费者。消费者有对支出和产品价值进行权衡的习惯，学生消费者对教育服务的性价比也同样关注。因此，高等院校应当重新关注到学生消费群体及其利益需求，始终以学生利益为中心，致力于提供优质的教育教学服务，确保学生感受到他们的需求得到重视并获得高回报的教育经历。高校学生作为教育过程的中心，他们的利益并非孤立存在，而是与家庭、所在学生组织、社会和未来的用人单位紧密相连，他们处于链接多方利益的关键位置，并发挥着不可替代的桥梁作用。当学生利益得到响应和满足时，与他们紧密相连的家庭、所在学生组织、社会和未来用人单位等多个利益相关方的需求也同样得到了满足。在高校的利益相关者体系中，学生因与多个利益群体的密切关系而成了携带并传递这些群体利益诉求的代言人。

学生社团作为第一层次核心利益相关者——学生所组成的特殊组织，无疑是重要的利益相关方，也是高校民主治理的生力军。学生社团为学生提供丰富多彩的课外活动，它是核心利益相关者——大学生校园生活的重要空间，学生社团特别关注成员的个人成长和职业发展，并将其视为组织的重要目标。作为学校特殊的利益相关者，学生社团与成员具有相近的利益诉求，致力于实现社团组织与成员个人价值最大化、成长最大化、利益最大化。实现高校的民主治理，需要吸引更多的利益相关者参与其中。高校应依据学生社团及其成员与学校的利益相关程度，遵循非均衡分散分布的原则，根据学生社团参与高校教育管理服务的意愿和能力，配置剩余的控制权和资源。

二、探究学生社团参与高校讲座管理的必要性和可行性

（一）高校传统讲座管理模式面临的突出问题

缺乏统筹管理，计划性不强。分布于不同层面的讲座组织方繁多且缺

乏沟通与统筹，致使校园讲座普遍缺乏阶段性规划，对于讲座开设的数量、涉及的领域、邀请的主讲人、听众对象等没有做出科学的设计和估量。因此学生反映对讲座中获取的知识量体会不深刻，讲座的教育性、针对性和计划性不强。

质量良莠不齐，上座率不均。著者曾开展有关调查，结果显示：学生对于自身关注的热点、焦点问题、专业领域的知名专家学者主讲的讲座上座率较高。而对不知名且完成任务型的讲座兴趣寥寥，进而造成主讲者没激情、主办方没热情的尴尬局面。访谈中，各教学单位均表示最为苦恼的莫过于"出人头"的讲座任务，哪怕是在校外一票难求的讲座，这样的形式也使学生心生反感，效果大打折扣。

忽视个性需求，吸引力不足。讲座的听众来自高校不同的专业、不同的院系，面对同一个主讲者所阐述的某个领域的问题，大家所持观点不同，无法进行深入的探讨，使得讲座缺少思想的碰撞：对于外请的专家，由于缺乏对讲座听众的了解，容易出现重复课堂上的教学内容的现象，讲座缺乏闪光点，主讲者与学生之间很难引起共鸣，特别是学生信息渠道的日益多元化，使得讲座内容往往缺少新颖性和前沿性。

（二）学生社团参与讲座管理探索的重要意义

"学生参与"这一理念最初由美国等西方国家提出，我国在这方面的研究起步较晚，且大体上是借鉴国外研究，没有很好地结合国内高等教育的具体情况，导致研究内容和视角略显单一。在教育实践中，行政命令等强制性管理措施仍然比较普遍，学生参与常常只是理念上的提法，缺乏实际的应用基础。《哈佛商业评论》在1998年提出了体验经济时代的概念，其中强调学生是高等教育消费者。基于此，高校应当以提供高质量的教育服务为核心，营造更加优质的学生"消费体验"。学生社团参与讲座管理的探索就是以学生的实际体验为视角，重新审视日常的教育活动，挖掘学生的内心需求。从学生真实感受出发，以体验为导向，设计学生社团能够参与其中的教育环境。不论是参与讲座管理的"学生教育者"还是接受教育服务的"学生消费者",均能从这些经历中获得有价值的亲身体验。此外,这样的互动使得教育者与学生和学生社团之间更易建立和谐的关系,同时进一步突出了学生在教育过程中的主体地位。

第一,学生社团参与讲座管理适应高校内涵发展的现实需要。高等院校是人才培养的重要机构。随着高等教育从精英化向大众化转型的不断推进,接受高等教育的人数剧增,高校教育质量问题日益突出,各级各类高校纷纷感受到了巨大的压力。新形势下高等院校面临着前所未有的机遇和挑战,如何充分认识加强高等教育内涵建设的重要性和紧迫性,如何找出阻碍人才培养质量提升的症结所在,如何改变讲座在学生心目中的"刻板印象",提升学生的主人翁意识,已成为高校教育工作者亟待解决的问题。借助学生社团的参与改善讲座管理,将有力推动高校的内涵建设和事业发展,进一步优化学校与学生之间的关系,推动学校朝着提升学生满意度、社会认可度和教育质量的目标迈进。

第二,学生社团参与讲座管理能够提升高校民主管理的水平。卡尔.科恩在其著作《论民主》中指出:"民主决定于参与——即受政策影响的社会成员参与决策",他认为"弄清参与的具体内容就可以对任何实际社会所实现的民主的程度做出理性的估价"。学生社团参与学校教育管理工作,不仅是高校实现民主办学的重要途径,也是学校尊重学生主体性、提高教育教学质量、培养优秀人才的重要渠道。这种参与是高校求生存促发展的必由之路。学生社团的深度参与不仅体现了高校治理的民主化,更为学生的成长成才提供了实战的锻炼平台。融入"参与式"元素的讲座管理模式,是实现高校管理民主化的可靠路径,是推进高校民主化管理进程的有效推动力。

第三,学生社团参与讲座管理能够促进高校教育管理制度升级。中华人民共和国教育部关于《国家中长期教育改革和发展规划纲要(2010—

2020）》中明确规定，要完善中国特色现代大学制度，优化治理结构，加强学生代表大会建设，发挥群众团体的作用。《纲要》对高校的民主管理对行政职能部门、教师和学生之间关系的处理提出了更高的要求。引入"参与式管理"理念于高校而言是明智的选择，学生社团参与讲座管理的方式能够拉进学生与教育者及学生社团与教育者之间的距离，消除彼此之间的隔阂，增进彼此之间的信任，激发改革和创新的动力，从而有效推动教育管理体制的发展和升级。

（三）学生社团参与讲座管理推行之历史演进基础

梳理学生参与学校教育管理的历史渊源，不难发现，东西方国家均拥有推行学生参与讲座管理之丰厚土壤。中国古代教育史上，虽有官学中的"斋长制"与书院中的"高足弟子代管制"等体制，但总体而言教育机构主要作为维护封建统治长久不变的工具，给予学生参与管理的机会少、范围小；学生一心只求功名仕途，不敢奢求参与到学校的教育管理之中。随着近代新式教育的西学东渐，学生参与管理意识开始萌芽，新民主主义革命时期学生自治组织得到了快速成长，新中国成立后虽有起伏，但伴随着改革开放高等教育的快速发展，终实现了"峰回路转"。国外学生参与之源头可追溯至中世纪大学，红极一时的博洛尼亚模式使大学生的参与权达到了历史的最高峰。15世纪后期，学生的参与权逐步被削弱，而后相当长一段时期内欧洲多数大学实行"家长制"管理模式。直至"洪堡改革"开启现代大学的新时代，学生的参与权才再次得到认定。20世纪80年代以后，被越来越多的高校所重视。

回溯学生社团的发展历程，其在各个历史阶段扮演了不同角色。在推动讲座民主化管理改革的过程中，学生社团是可堪大任的学生组织。在我国高校中，学生社团始终发挥着关键作用，其起源可追溯至早期个体自发或政治运动引发的广泛学生聚集。五四时期，学生社团迅速发展，传播马克思主义及民主科学思想，一些负责人成为革命骨干。1949年，学生会更名为全国学生联合会，成为党的学生组织。建国至改革开放，学生社团经历迅速壮大与政治动荡，至 1965 年，全国性社团近 100 个，地方性社团 6000 个以上。然而，1966—1976 年，高校学生社团受到冲击。1979 年起，高校学生社团逐渐恢复，多元化发展，如复旦大学的书画协会。20 世纪 90 年代，政策文件指导学生社团发展，强调其思想政治教育与文化建设功能。改革开放后，高校学生社团取得显著成果，领导体制逐步完善。

（四）"参与式管理"四维结构模型破解传统讲座管理模式难题

参与式管理是一种以"民主领导及激励法则"为核心内容的管理制度，其主旨在于培养组织成员的自尊心、责任心和主人翁意识，以促进他们积极努力地实现组织目标。该制度的本质在于"平等参与""共同决策""有效监督"。该理论自 20 世纪 30 年代初开始崭露头角，50 年代后在美国和日本企业界被广泛采用，成为企业管理实践的重要方向之一。而后又逐渐被学者们广泛关注，成为管理研究领域的重要课题之一。

参与式管理理论的杰出代表 Lawler 提出了一个四维结构模型，该模型包括信息分享、知识发展与培训、报酬与认同系统以及权力分享四个核心要素。在信息分享维度中，关键在于实现信息的透明化和开放性交流。知识发展与培训维度着重关注提升参与者决策和解决问题的能力，使参与群体充分理解组织及其在工作中的角色，进而做出贡献。报酬与认同系统维度的主要内容在于激励参与者获取信息、掌握技能，从而更大程度地承担参与管理的责任，提高参与效果。权力分享维度则旨在确保管理过程中各群体的平行结构关系，使参与群体能够有效地运用相关信息和知识参与决策与管理，以实现自我价值。

其一，精确把握学生需求，增强讲座吸引力。由于组织者难以精确掌握学生对讲座数量和主题的需求，导致讲座往往缺乏针对性和吸引力，给学生留下"不接地气"的印象。四维结构模型中的信息分享维度强调信息的公开和开放交流。通过学生的参与式管理，学院充分公开阶段性工作目标和相关策划方略，以开放的方式听取学生的意见和建议。这将有助于明确学生的需求，从而增强讲座活动的吸引力。

其二，激励与约束并举，提升讲座上座率。参与式管理通过有效激发参与学生的工作动机和服务精神，提高讲座管理的工作效能。传统讲座管理模式由于管理人员有限，难以实现精细化操作。然而，引入参与式管理理念后，学生社团为讲座管理工作注入了无限生机与活力。在传统模式中难以想象和完成的纪律管理和后期考核工作，通过学生社团的广泛参与可轻松完成。通过学生社团细致入微地做好讲座的前期宣传、场地布置、纪律管理及相关的考核工作，将有助于解决讲座上座率不均的问题，通过学生社团参与管理，高校讲座的上座率将明显提升。

其三，提供历练平台，促进参与者成长。通过学生社团参与讲座管理，可以为各类参与者提供个人成长的历练平台，增强他们的主人翁意识，帮助他们充分挖掘个人潜能。学校会高度重视所有参与者决策能力和解决问题能力的提升，使他们能够深入理解社团及个人在讲座管理中扮演的角色，并为校园讲座工作做出贡献。从而使得参与者获得了被尊重和自我实现的需求，激发他们在后续的学习生活中奋发向前、立志成才。

其四，构建平等关系，优化学校与学生间的关系。在学生社团参与高校讲座管理中，改变学生心目中原有的"刻板印象"，尊重学生的自主权和发言权，确保管理过程中指导教师、学生社团、社团干部、普通学生等群体的平等结构关系，赋予参与管理的社团及其成员，以及所有参与讲座的普通学生共同管理权。这进一步优化学校与学生之间的关系，推动学校朝着学生高满意度、社会高认可度、人才培养高教育质量的目标不断迈进。

三、基于数据分析的学生社团参与讲座管理的管理模式

如果有 n 个样本，则每个样本有 p 个变量形成 n×p 顺序的数据矩阵。

$$X = \begin{bmatrix} x_{11} & x_{12} & \cdots & x_{1p} \\ x_{21} & x_{22} & \cdots & x_{2p} \\ \vdots & \vdots & \vdots & \vdots \\ x_{n1} & x_{n2} & \cdots & x_{np} \end{bmatrix} \qquad （式5-1）$$

X1、X2、…、Xp 为原始变量索引，Z1、Z2、…、Zm 为新变量（主成分），则线性组合为

$$\begin{cases} z_1 = l_{11}x_1 + l_{12}x_2 + \cdots + l_{1p}x_p \\ z_2 = l_{21}x_1 + l_{22}x_2 + \cdots + l_{2p}x_p \\ \qquad\qquad \vdots \\ z_m = l_{m1}x_1 + l_{m2}x_2 + \cdots + l_{mp}x_p \end{cases} \qquad （式5-2）$$

因子分析是从许多原始变量中重构少量的代表性因子变量的过程。潜在的要求是原始变量之间存在很强的相关性。因此，有必要进行相关分析来计算原始变量之间的相关系数矩阵。如果使用相关系数矩阵进行统计检验，则大多数相关系数都小于 0.3，且未通过检验，那么这些原始变量不适合进行因子分析。

$$R = \begin{bmatrix} r_{11} & r_{12} & \cdots & r_{1p} \\ r_{21} & r_{22} & \cdots & r_{2p} \\ \vdots & \vdots & \vdots & \vdots \\ r_{p1} & r_{p2} & \cdots & r_{pp} \end{bmatrix} \qquad （式5-3）$$

$$r_{ij} = \frac{\sum_{k=1}^{n}(x_{ki} - \bar{x}_i)(x_{kj} - \bar{x}_j)}{\sqrt{\sum_{k=1}^{n}(x_{ki} - \bar{x}_i)^2 \sum_{k=1}^{n}(x_{kj} - \bar{x}_j)^2}} \qquad （式5-4）$$

根据相关系数矩阵的特征根计算主因子 Zj 的方差贡献率和累积贡献率。

$$\frac{\lambda_i}{\sum_{k=1}^{p}\lambda_k} \quad (i=1,2,\cdots,p) \qquad （式5-5）$$

$$\frac{\sum_{k=1}^{i}\lambda_k}{\sum_{k=1}^{p}\lambda_k} \quad (i=1,2,\cdots,p) \qquad （式5-6）$$

计算主成分载荷，构成载荷矩阵 A。

$$a_{ij}=\sqrt{\lambda_i}l_{ij}(i,j=1,2,\cdots,p)$$

$$a_{ij}=\sqrt{\lambda_i}l_{ij}(i,j=1,2,\cdots,p) \qquad （式5-7）$$

$$A=\begin{bmatrix} a_{11} & a_{12} & \dots & a_{1m} \\ a_{21} & a_{21} & \dots & a_{2m} \\ \dots & \dots & \dots & \dots \\ a_{p1} & a_{p1} & \dots & a_{pm} \end{bmatrix}=\begin{bmatrix} l_{11}\sqrt{\lambda_1} & l_{12}\sqrt{\lambda_2} & \dots & l_{1m}\sqrt{\lambda_m} \\ l_{21}\sqrt{\lambda_1} & l_{21}\sqrt{\lambda_2} & \dots & l_{2m}\sqrt{\lambda_m} \\ \dots & \dots & \dots & \dots \\ l_{p1}\sqrt{\lambda_1} & l_{p1}\sqrt{\lambda_2} & \dots & l_{pm}\sqrt{\lambda_m} \end{bmatrix} \qquad （式5-8）$$

采用 DPS13.0 数据处理系统软件对原始数据进行标准化处理，以消除变量之间的量级和量级差异。然后得到了归一化数据的相关矩阵及其特征值和特征向量。决定信息总量的主要因素为 80%，得到特征值、贡献率和累计贡献率，如表5-2所示。

表5-2 主因子载荷矩阵

	Factor 1	Factor 2	Common degree	Special variance
X1	0.19165587	0.965171064	0.968287155	0.0317122845
X2	0.798648078	0.290388095	0.722163998	0.277836002
X3	0.904435978	0.025504929	0.818654939	0.181345061
X4	0.75425846	0.368842804	0.704950838	0.295049162
X5	0.19165587	0.965171064	0.968287155	0.031712845
X6	0.798648078	0.290388095	0.722163998	0.277836002
X7	0.904435978	0.025504929	0.818654939	0.181345061
X8	0.75425846	0.368842804	0.704950838	0.295049162

	Factor 1	Factor 2	Common degree	Special variance
Variance contribution	4.122961974	2.305151887		
Cumulative contribution%	51.53702468	80.35142326		

在表 5-1 中，X1 表示统一的供求关系，X2 表示社团参与干部的收益感和归属感指数，X3 表示社团参与干部的认可程度，X4 表示社团参与干部的能力提升程度，X5 表示操作机制的有效性，X6 表示信息公开程度，X7 表示社团参与干部的主动性级别，X8 是绩效管理组织。

表 5-3　简化后的主因子载荷矩阵

	Factor 1	Factor 2
X1		0.9651711
X2	0.7986431	
X3	0.904436	
X4	0.7542585	
X5		0.9651711
X6	0.7986481	
X7	0.904436	
X8	0.7542585	

表 5-3 是简化载荷矩阵的主要因素，可以清楚地发现，因子 1 和 X2、X3、X4、X6、X7、X8 具有较高的相关性，主要反映了学生对管理、主观体验和客观教育的参与程度。因子 2 与 X1、X5 具有较高的相关性，主要体现了学生社团参与讲座管理管理体系的科学性和标准化程度。由于这两个因素占总信息的 80.35%，因此每个因素的属性都有较大的相关性。因此，使用两个主要因素来描述学生社团参与讲座管理的内部影响因素是合理的。

四、学生社团参与高校讲座管理的实现途径

（一）尊重学生发言权，推行"菜单式"主题选择模式

为了持续提升校园讲座的品质和实效，每学期伊始，各学院根据专业学习需求，各社团依据自身特色需求，有针对性地设定讲座主题并上报，在此基础上，校级层面初步构建一学期内的讲座目录并公告周知。学生可根据个人兴趣，有针对性地自主报名选择公告中的讲座，若报名人数未达规定标准，则取消该讲座。相较于传统的讲座管理方式，菜单式选择讲座主题的运作模式独具特色，将原本以主办方为主的单一主体转变为学生、学生社团和主办方共同参与决策的三方主体。这不仅激发了学生社团参与校园讲座的积极性和热情，在一定程度上解决了讲座上座率不均衡的问题，还促使主讲者从"学生消费者"的角度深入思考讲座主题，发掘学生感兴趣的亮点，提升讲座的前沿性、创新性和时代感。

（二）激发参与热情，全方位为学生社团及其成员提供讲座管理平台

大学是学生实现自我提升、学生社团实现组织发展的平台。与此同时，大学的生存与发展也离不开学生及学生社团的积极参与。在履行教学、科研、服务社会等职能过程中，大学始终需要学生和社团组织的踊跃参与。这些活动的最终目标皆旨在推动学生个人成长和社团组织的发展。

第一，参与讲座前期宣传。相关调查表明，大部分高校学生是通过传统海报宣传、线上交流群以及公众号推送等途径了解到各类讲座信息。然而，这些信息发布渠道存在一定的缺陷，值得我们重视。例如，有时海报展示或消息传播不够及时，传播范围有限，且宣传缺乏针对性。这些问题导致许多学生在讲座结束后才遗憾地发现自己错过了某场亟须的讲座。此外，宣传在形象展示方面存在不足，对学生吸引力有限。吸纳特殊的利益相关方——学生社团参与讲座前期宣传工作，有助于提高宣传的精确性和

实效性。学生社团的参与能够较大程度地明确如何将讲座信息以生动、形象、具体的方式传达给广大同学，特别是关键学生群体。怎样将核心内容做得更为醒目，怎样的形式更能吸引学生的眼球。总之，学生社团可结合学生获取信息的习惯，力求使宣传内容深入人心，全力实现讲座信息发布渠道的多元化、及时性和有效性。

第二，参与讲座的组织协调与纪律管理。为了推动大学生文化素质和理论水平的提升，高校通常鼓励学生积极参与学术讲座。讲座活动的组织协调与纪律管理是影响讲座成效的关键因素，而学生社团的参与使得高效的组织协调和严格的纪律管理成为可能。各类学生社团通过明确分工、协同合作，发挥各自优势，在推动讲座规范管理方面发挥着至关重要的作用。在纪律管理方面，学生社团所采取的方式方法各具特色。著者曾接触到一种做法：根据学期初菜单式讲座自主选择的汇总情况，学生社团向全体学生分发"讲座信息记录卡片"。学生需持卡进入讲座现场，讲座开始二十分钟后禁止入场。负责纪律检查的社团安排讲座值班人员，在讲座结束退场时在"讲座信息记录卡片"上敲章认证，以核实讲座的出勤率。每人一张卡片，信息填写不完整或字迹不工整的不予认证。

第三，参与讲座的后期考核。建立完善的监督约束机制，以确保讲座考核工作的公平、公开和公正。注重日常纪律管理的记录，包括出勤情况、参加讲座活动积极性、笔记记录情况、现场提问交流情况等方面，使得考核工作能够进行得更为细致和全面，为学生社团的后期考核提供翔实的数据和依据。学生社团协助有关部门，对学生参与讲座的表现在一定程度上进行量化评估，通过这些数据的分析，可以更好地了解相关学生的成长和进步，为后期开展讲座工作提供参考。著者曾接触到一种做法：学期结束时，各班级收齐"讲座信息记录卡片"并提交至负责考核的社团管理中心，学生的讲座参与情况纳入拓展学分的评定范畴，参与讲座的考核结果可转换为相应的拓展学分。

　　综上，学生社团参与讲座管理契合了我国高校内涵发展的实际需求。高校作为人才培养的核心场所，在高等教育由精英向大众化转变的迅猛进程中，高校面临前所未有的机遇与挑战。如何充分理解加强高等教育内涵建设的重要性和必要性，如何发现提高人才培养素质的障碍所在，如何改变学生心目中的"刻板印象"，如何提高学生的合作意识。所有这些都已经成了大学教育工作者必须面对和解决的问题。学生社团参与讲座管理将有力推动高校内涵建设与发展，优化学校与学生的关系，持续促进学校提升学生满意度、社会知名度以及人才培养质量。

第六章　高校学生社团参与组织服务体系构建

作为人才培养的核心场所，高校承担着培育全面成长、身心健康、具备社会责任感的未来公民的重任。在瞬息万变且竞争激烈的社会环境下，大学教育将学生的全面健康成长视为核心关注焦点。只有关注学生的全面发展，才能为我国培养出一代代优秀人才，为实现中华民族伟大复兴的中国梦贡献力量。因此，高校持续努力，构建和谐校园环境，为学生全面发展提供坚实支持。这种支持不仅包括知识的传授，还涵盖对学生身体健康的管理、心理健康的教育以及公民责任意识的培养。通过提供丰富多样的体育活动、设立心理辅导中心、开设公民教育课程，以及倡导学生参与志愿服务活动，都是实现上述目标的有力手段。

然而，在面临诸多挑战和问题的背景下，高校的发展亟须学生组织的广泛参与和积极贡献。在推动学生全面发展的过程中，大学生组织发挥着关键作用。高校需及时识别并解决影响学生健康成长的问题，发挥学生组织的力量，共同营造一个积极、健康、有益于个人、他人和社会发展的大学环境。鉴于学生社团及其活动具有显著的教育功能，对于提高学生的身心健康、全面素质以及促进大学生自主学习和自我教育具有积极作用。因此，在实现学生组织对人才培养的服务使命上，学生社团肩负重任。

第一节　参与组织服务体系构建的原则与思路

一、高校学生社团参与组织服务中所遇挑战及破解之法

（一）高校学生社团参与组织服务中面临的难题

首先，创新能力不足，服务质量不高。在我国高校的学生社团领域，创新能力不足和服务质量不高的问题已经日益突出。这主要是因为许多社团在策划和组织活动的过程中，往往表现出活动内容和形式上的单一，缺乏新颖性和吸引力。这种情况使得社团难以满足其成员以及目标群体的需求，从而导致服务质量整体不高。进一步来看，社团成员在策划活动过程中创新思维的匮乏，不仅是活动内容和形式单一的直接原因，也是社团整体竞争力逐渐削弱、影响力相应减弱的根本所在。在竞争激烈的社会环境与校园环境中，缺乏创新能力的社团是无法脱颖而出，更好发挥组织服务功能的。

其次，资源分配不均，影响参与实效。在高等教育组织服务体系中，学生社团作为一个重要的组成部分，普遍面临资源分配失衡的挑战。一方面，校方对社团的经费资助相对有限，使得许多社团在策划活动时面临资金短缺的困境。这无疑给社团的正常运作带来了压力，限制了它们的发展空间。资金的缺乏可能导致社团无法开展更大规模、更高质量的活动，从而影响到成员的参与热情和社团的凝聚力。另一方面，优质资源大多集中在部分大型社团，小型社团难以获得同等资源，从而加剧了各社团之间的差距。这种现象容易导致"强者愈强、弱者愈弱"的马太效应，使得部分

有潜力的社团无法得到充分发展，其组织服务也受到了严重限制。无论是致力于促进学生健康体魄的体育类社团，还是专注于心理健康、培养积极心态的心理类社团，或是旨在培养自主学习习惯以助力终身学习的读书类社团，以及积极投身校内外服务活动的公益实践类社团，它们在服务学生成长、维护学生健康、促进和谐校园及和谐社会建设方面均发挥着积极作用。这些社团不仅丰富了学生的校园生活，提升了学生的综合素质，还在一定程度上缓解了学业压力，帮助学生建立健康的人际关系。当前资源分配的不均衡性导致绝大多数社团无法得到充足支持，严重影响了社团活动的实际效果及社团自身的健康发展。

再次，激励约束不足，参与机制存在缺陷。虽然我国高校对学生社团的管理逐渐完善，但在引导学生社团参与组织服务的激励约束方面仍存在一定的制度缺失。这主要表现在以下几个方面：首先，部分社团在组织活动时，可能偏离教育基本原则，违反相关规定，如未经批准擅自举办对学生身心健康全面发展无益的活动。这不仅干扰了校园的良好环境，还损害了学生社团的声誉。其次，部分社团内部管理不规范，导致成员间的矛盾和纷争频发，影响社团的稳定和发展。原本应为学生成长提供助力的社团，却沦为负面情绪的滋生之地，所汇聚的负能量对学生的全面发展产生了负面影响。再次，人才流失问题亦较为严重。社团的组织服务功能关键在于人才。然而，由于多种原因，学生社团中的人才流失现象较为严重。一方面，部分优秀社团成员在进入高年级后选择离开，导致社团实力减弱。这些成员往往是社团的骨干，他们的离去使社团在组织和服务方面出现空缺，影响了社团的整体实力。另一方面，一些有潜力的成员在面临就业、考研等现实压力时，不得不放弃在社团的发展，从而使社团难以保持稳定的人才队伍。随着高校社团数量的增加，内外部竞争日益加剧。社团需要在众多竞争对手中脱颖而出，吸引更多成员和资源。这对高校的社团管理提出了更高的要求。

（二）高校学生社团参与组织服务遇难题挑战的原因分析

第一，校方民主理念尚待深化。部分高校管理者在传统教育文化和体制的影响下，尚未真正树立起民主思想，全面接纳"以生为本"的教育理念。在他们看来，学生往往是被控制、管理和教育的对象，而非平等对话的主体。这些管理者主要依据法规、政策或上级部门的文件精神，对学生进行教育和规范，引导学生的思想行为，较少关注学生的主体性发挥以及参与学校教育活动的机会。在他们眼中，学生无法与他们形成平等的对话地位，更不用说合作和参与。他们未能领悟到，民主理念的精髓在于制度框架内人人有发言权，学生应被视为与校方平等的主体，有权对涉及自身成长成才权益的事务发表意见并参与其中。

在当今教育领域，一些高校管理者和教师对"以生为本"教育理念的重要性持有忽视态度，此现象值得我们深思。在他们眼中，学生往往被视为在各个方面都过于稚嫩、缺乏能力经验的群体，他们认为学生的成长成才权益应由学校全权负责。这种教育思维的本质是"以师为本"，而非真正意义上的"以生为本"。在这种思维模式下，学生的全面发展利益完全由学校管理者掌控，学生的主体性权利轻易地被置于被忽视的弱势地位。由于缺乏发言权和参与权，学生无法自主选择实现成长发展的模式和路径。这种现象令人担忧，因为它使学生在教育过程中处于边缘地位，无法真正有效地参与到服务自身成长的各项活动中。值得关注的是，"以师为本"的管理思维不仅限制了学生的自主发展，还可能削弱学生的创新能力和独立思考能力。当学生的各项事务都被学校严格安排时，他们失去了在实践中锻炼自己、在探索中成长的机会。而这种机会对于他们的未来发展，尤其是适应社会能力和竞争力都是至关重要的。

第二，学生权利意识不足。大学生，作为一个知识丰富、独立思考能力突出的群体，本应积极投身于自身成长与发展的事务之中。然而，实际情况却未能如预期那样，其主要原因在于他们的权利意识较为淡薄，从而限制了他们在高校各项事务中的参与程度及作用发挥。这一现象的产生，主要受到两方面因素的影响：一是传统文化，二是现实体制。

我国传统文化强调尊师重道，要求学生无条件地服从管理者和教师的权威。在现实体制下，这种观念演变成了学生与高校之间的权利秩序，形成了顺从与权威的关系。这种关系深入人心，固化为学生的思想和行为惯性，导致他们在面对自身权利时，缺乏主张的自主性和自觉性。另一方面，部分学生虽深知自身拥有一定参与权利，但在面临多元利益权衡时，基于种种原因，自愿放弃部分或全部参与权利。这种情况不仅影响学生个体参与高校教育活动的热情，还波及周围学生群体，使整个学生群体对参与的积极性大打折扣。更为重要的是，这种情况还阻碍了学生参与高校教育活动的环境形成，进一步削弱了学生的权利意识。

第三，学生参与意识有待提高。学生社团的组织和服务离不开学生的积极参与和推动。若学生参与意识不足，其主动性、积极性、创造性便无法得到充分发挥。部分学生受依赖心理制约，过分依赖父母、老师乃至学生干部，缺乏自立观念及自我教育、自我管理、自我服务的意识。在这种心理状态下，他们并未认识到参与大学生全面发展的各项事务是自身主体身份的重要体现。对于与自己成长成才息息相关的教育活动，他们表现出冷漠的态度，认为"事不关己"。这种冷漠直接影响了他们参与组织服务的积极性。此外，一些学生担心参与组织服务会占用太多时间和精力，影响学业和就业。他们在参与过程中，易受从众和中庸心理影响，导致意见分散、顾虑重重，不愿表达个人观点。这些因素使得他们在参与组织服务时效果不佳。

（三）高校学生社团参与组织服务所遇难题挑战的破解之法

提升管理水平。高校学生社团创新能力不足和服务质量不高的问题，需要从社团内部、成员个人以及学校层面共同努力，才能得到有效改善。通过完善管理制度、提供资源支持、培养创新能力、优化活动策划等方式，推动学生社团实现可持续发展，为校园环境建设和学生成长成才贡献力量。首先，高校应加强对学生社团的指导和支持，完善社团管理制度，鼓励社团在实现组织服务功能的过程中不断探索创新路径，为社团创造一个宽松、有利的成长环境。高校应关注学生社团的创新能力培养，加大扶持力度，提供必要的资源和支持，以助力社团的持续发展。例如，设立专项创新基金，支持具有创新潜质的社团开展活动；组织社团间的交流与合作，促进经验分享和共同进步；开展有针对性的培训和指导。其次，社团本身也应不断优化组织结构，提升管理水平，为创新提供土壤。社团领导人应鼓励成员积极提出新的活动想法，充分挖掘潜在的需求，以新颖独特的活动内容和形式吸引更多的人参与。同时，社团成员也应紧跟时代发展趋势，关注新兴领域，不断充实自己的知识储备，为创新活动策划提供有力支持。每个社团成员都要发挥自己的优势和特长，为社团的创新和发展贡献智慧。只有这样，高校学生社团才能在日益激烈的竞争中脱颖而出，为广大成员和目标群体提供更优质的服务，为实现自身价值和学校事业的繁荣做出贡献。

优化资源分配。解决高校组织服务体系中学生社团资源分配不均衡的问题，同样也需要校方、社团自身以及学生的共同努力。只有通过完善制度设计、优化资源配置，才能确保各个社团在教育过程中享有平等地位，为学生提供更好的成长环境。首先，高校应充分发挥主导作用，通过设立专项基金、优化资助政策等方式，合理分配学生社团资源，确保各个社团都能获得一定的资金和物资支持，以保障其基本运作需求。校方应真正落实"以生为本"的教育理念，建立健全学生权益保障机制，从而推动社团的健康发展。其次，鼓励大型社团与小型社团共享资源，促进社团间的交流与合作。注重引导大型社团分享资源，促进小型社团的发展。例如，可以鼓励大型社团向小型社团传授经验、提供技术支持等。再次，提高学生对社团活动的参与度，增强社团活力。校方可以通过举办各类活动，提升学生的参与度，使社团成为学生成长的重要平台。此外，增进校际互动与协作，推动社团资源共享，以场地、设施及优质师资等资源共享，实现优化配置。

完善管理体制。优化社团管理体制，需从完善激励约束机制、唤醒学生自主意识、增强社团吸引力和竞争力等多角度全面展开。从而引导社团积极参与组织服务，为广大学生提供更为完善且充满活力的成长发展平台。首先，完善激励约束机制。高校管理者和教师需要更新教育观念，转变思维，充分尊重和保障学生的合法权益，发挥学生在教育过程中的主体作用，让他们在成长过程中拥有更多的发言权和参与权。基于这一理念，高校应制定相应的激励约束机制，鼓励社团积极参与组织服务，同时引导社团在健康发展中实现自我提升。其次，唤醒学生自主意识。要提高学生社团参与组织服务的效果，一方面要培养广大学生的参与意识，激发他们的积极性和创造性。为此，要帮助他们树立自立观念，增强自我教育、自我管理、自我服务的意识。另一方面，针对目前部分学生权利意识的不足问题，引导学生正确看待和处理个体利益与集体利益的关系，使他们能在参与社团教育活动时，既能维护自身权益，也能为整个学生群体的利益贡献力量。只有这样，才能真正构建起一个积极参与、充满活力的参与环境。再次，增强社团吸引力和竞争力。社团层面，要加强内部管理，提高成员的满意度，减少矛盾和纷争。同时，更多关注学生的需求，关注人才流失问题，通过设立特别奖学金、提供实习机会等方式，激励优秀成员留在社团。通过提高社团的吸引力，留住优秀成员。社团运作应当注重深化内外部协作，创新活动模式及内容，以满足服务对象的需求，提升自身竞争力，并扩大社团影响力。重视对社团成员的培训与选拔，全面提升整体实力，使社团在激烈的竞争环境中保持领先地位，为广大在校学生带来更高品质的服务。

二、参与组织服务体系构建的原则与思路

（一）以人为本，服务至上

以人为本，服务至上，是学生社团建设的基本原则。只有紧紧围绕这一原则，社团才能真正发挥应有的作用，为学生提供有益的学习和实践机会，服务学生全面发展。学生社团的建设应以满足学生需求为出发点，以提供优质服务为目标，关注学生个体差异，尊重学生意愿，确保服务育人工作的实效性。其一，学生社团参与组织服务中需关注学生个体差异。每个学生都有自己独特的能力和兴趣，社团建设要充分考虑到这一点，提供多样化的活动和项目，让每个学生都能找到适合自己的发展空间。其二，尊重学生意愿。学生社团的建设要充分听取学生的意见和建议，让学生真正成为社团的主人。要鼓励学生发挥自己的主观能动性，积极参与社团的策划、组织和实施，让他们在实践中锻炼能力、提升素质。要尊重学生的意愿，不能强迫或诱导他们参与不感兴趣的活动，以确保学生的积极参与和真实投入。其三，确保服务育人工作的实效性。学生社团不仅是学生休闲娱乐的平台，更是培养学生综合素质的重要载体。要紧紧围绕教育目标，开展有益于学生身心健康发展的活动，真正实现服务育人。

（二）协同合作，共建共享

协同合作，共建共享是学生社团发展的核心要素。唯有通过与校内其他组织、社会团体及企事业单位构建紧密的合作关系，共享资源，方能为学生提供更为多元化和高品质的服务，促进学生社团的繁荣进步。在此过程中，学生社团需持续探索合作模式，优化合作机制，提高合作效益，以实现共建共享，共创美好未来。实现上述目标的路径包括：第一，明确合作目标，提升协同效应。在寻求合作时，学生社团应明确自身的组织服务目标，以校内资源为基础，积极拓展校外合作渠道。通过与兄弟院校、企事业单位和社会团体建立合作关系，实现资源共享，提高社团活动的品质

和影响力。同时，关注与合作单位在人才培养、文化活动等方面的同步发展，通过共同举办活动、培训课程等，实现相互促进、共同成长的协同效应。第二，构建多元化合作模式，提升合作实效。学生社团可以与其他合作单位共同开展具体项目，如学术研讨、志愿服务、文体活动等。通过项目合作，实现资源共享、优势互补，提升项目实施的效果。学生社团应秉持与其他合作单位共同培养人才的理念，如开展实习实训、导师制等，为社团成员提供更多实践锻炼和成长机会。此外，学生社团还可以与其他合作单位共同举办各类活动，如文化节、运动会等。通过活动共建，丰富校园文化生活，提升社团的活力和凝聚力。第三，完善协同共建体系，确保资源共享。学生社团可与其他合作单位签订协议，明确合作内容、时限、责任分配等相关事项。定期与合作单位展开交流与沟通，分享协同成果，解决合作过程中遇到的难题，以推动合作向纵深发展。构建合作成效评估与反馈机制，对协同成果实施量化评价，旨在提升合作品质及效益。

（三）弘扬志愿精神，传递正能量

志愿者服务精神是我国社会主义核心价值观的重要组成部分，彰显着无私奉献、乐于助人的精神品质。学生社团作为校园中的主要学生组织，始终关注学生的精神成长，在组织服务体系中肩负着引领青年学生树立正确的世界观、人生观和价值观的使命，在弘扬志愿精神、传递正能量方面发挥着重要作用。首先，学生社团应通过开展丰富多样的活动，为学生创造积极向上的成长环境，引导学生树立正确的三观。在现代社会，正确的价值观是人们行为的指引，对于青年学生而言，更是如此。因此，学生社团需重视社团价值观的建设，传播正能量，使学生在积极向上的氛围中茁壮成长。其次，学生社团应当致力于培养学生的社会责任感和公民意识。我国正处于社会转型期，对公民的社会责任感和公民意识有着更高的要求。通过参与社会调研、公益宣传、志愿服务等社会实践，让学生直观感受社会现象，深化对社会的认识和理解，在潜移默化中增强他们的社会责任感和公民意识。再次，学生社团需关注学生的内心世界和精神成长，通过举办各类实践性社团活动，在他们心中播下一颗真善美的种子，使他们成为有道德、有品质、有修养的人。

（四）注重评价，持续改进

学生社团要注重评价，持续改进，将学生满意度作为衡量参与组织服务质量的重要标准。通过关注学生需求、定期评价和总结、优化工作措施等途径，不断提升服务质量，为广大学生提供更加优质的活动和服务。其一，学生社团需定期开展学生满意度调查，深入了解学生在社团活动中的需求和期望。通过调查问卷、座谈会等形式，收集学生对社团工作的意见和建议，为改进工作提供依据。同时，社团应构建健全的反馈机制，确保学生可以随时对社团工作提出意见和建议。此外，社团干部需主动与成员沟通，了解他们的需求和建议。其二，学生社团应制定科学、合理的评价指标，涵盖活动质量、服务水平、创新能力等各个方面。通过量化评价，全面了解社团工作的优点与不足。定期组织社团内外学生参与评议活动，对社团工作进行评估。在评议过程中，要充分听取各方意见，全面了解社团工作的实际情况。根据评价结果，深入总结工作经验和教训，找出存在的问题，为持续改进提供依据。其三，针对评价过程中发现的问题，学生社团需调整活动策划，提高活动质量。例如：优化活动流程、丰富活动内容、创新活动形式等。同时，关注学生的需求，提升服务水平。例如：加强与其他社团的合作、提高活动组织能力、提升干部综合素质等。此外，学生社团需健全内部管理制度，提高工作效率。例如：完善人员配置、规范工作流程、建立健全激励机制等。

第二节　参与组织服务实践平台体系

　　学生社团是一个特殊的学生组织，以其独特的魅力和职能，成了校园中一道亮丽的风景线。所谓参与组织服务，即学校充分发挥学生社团的教育服务功能，聚焦学生的多维发展目标，构建一个全面、多元、立体化的平台体系。这个体系以培养学生的强健体魄、健全心理、终身学习潜力及社会责任意识等多维目标为焦点，旨在为学生提供全方位、多层次的教育与服务。

一、强健体魄实践平台

（一）体育类实践平台的社团活动特征

　　强健的体魄是学生成长的基石。健康的身体是实现人生价值的重要前提。学生社团作为推动学生健康发展的平台，旨在为学生提供丰富多样的锻炼方式和选择。在当前教育体系中，社团活动已经成为培养学生全面发展的重要环节。此类实践平台中的学生社团不仅能激发学生的兴趣爱好，提高他们的综合素质，还能帮助学生在体育锻炼中收获乐趣，培养他们积极向上的生活态度。与其他体育锻炼的平台相比，社团具有一些显著的特征：其一，社团活动的多样化选择，能满足不同学生的个性化需求。每个学生都有自己的体育特长和运动兴趣，社团活动的多样性为学生提供了广阔的发展空间，使他们能在自己喜欢的运动领域尽情发挥。在这个过程中，学生们不仅能够锻炼身体，提高身体素质，还能在精神层面上获得成就感和满足感。其二，形式多样的锻炼方式有助于引发学生的兴趣。社团活动中，学生们可以选择自己喜欢的运动项目，如篮球、足球、乒乓球等。这些运动项目既能让学生们在体育锻炼中增强体魄，又能让他们在团队合作中培养集体荣誉感，从而更好地激发他们的参与热情。其三，浓厚的运动氛围也是学生社团活动的一大特点。在社团活动中，学生们会发现自己身边有许多志同道合的朋友，大家共同追求健康的生活方式，相互鼓励、共同进步。这种氛围会使学生在潜移默化中养成良好的锻炼习惯，从而受益终身。

（二）强健体魄实践平台社团介绍

学生社团是促进学生强健体魄的重要载体。此类平台通过举办各种体育类社团活动，激发学生的运动热情，让他们在体育锻炼中增进友谊、培养团队精神，从而促进学生健康成长。限于篇幅，本部分仅对著者所在学校的部分体育类实践平台做简要介绍。

足球协会。足球协会以增强学生体质，培养学生拼搏进取、团结协作的体育精神为宗旨，通过开展校园足球活动，在学生中普及足球知识和技能，形成校园足球文化，从而培养全面发展、特长突出的青少年足球后备人才。提高学生的身体素质和技术技能水平，全面发展学生的素质教育。

网球社。网球社是一个丰富学生课余生活，推广网球运动，促进校园文化建设的社团。社团活动不仅可以提升社员们的网球水平与身体素质，还可以增进社员之间的友情。网球社每个月会带领社员到慈溪附近的公园、海滩散步，看风景，玩桌游，以此来促进社员之间的交流，增进社员们之间的感情。经过网球社的训练，大部分的社员一开始都是0基础的初学者，通过坚持参加网球社活动和自己平时勤奋训练，最后都掌握了成熟的网球技术并且对网球这项运动产生了极大的热爱。

篮球协会。篮球协会为全校性体育团体，主责在于组织篮球竞技活动，培育篮球人才，以提升全体同学的篮球技能。通过举办专业性与非专业性比赛，为校篮球队选拔输送队员，同时举办会员活动督促同学们加强体育锻炼。此外，篮球协会还开展裁判与记录员培训，为协助学校举办篮球联赛做好准备。在遵循校团委领导的原则下，篮球协会以"增强体质，提升篮球竞技水平"为宗旨，有组织、有纪律地开展各项活动。篮球协会的社团活动丰富了课余生活，为热衷篮球的同学提供展示自我的机会，增进不同专业、年级间学生的交流与理解。

跆拳道社。跆拳道社团以传授跆拳道技术以及跆拳道精神为主。由学习跆拳道精神为起点，逐步从脚步、腿法以及手部动作等开始进阶热身开始，并使其能够顺利地运用到实战中，达到强身健体以及防身作用。社员在上课过程中，不仅吸收了跆拳道文化的精髓，还在技术上提高了自己，更在训练中形成了勤奋坚忍的性格，提升了精神境界。

健美协会。这是一支热衷于健美运动的社团，致力于传播健康生活理念。通过定期举办训练营、比赛等活动，帮助会员塑造健美体魄，提升自信与活力。我们相信，健身不仅仅是身体的锻炼，更是一种积极的生活态度。

阳光户外协会。阳光户外协会已与慈溪市户外运动协会签署基地协议，达成合作关系。协会的宗旨是"拾荒慢跑，绿动校园"。阳光户外协会的特色是通过运动＋公益的方式，一边慢跑一边捡垃圾，践行低碳生活理念，让脚步遍布校园，走遍慈溪。

啦啦队。这是一群热衷于舞蹈和啦啦操的学生，通过学习舞蹈、啦啦操、举办各种交流活动和参加各种比赛等途径，给众多有志有兴趣练习舞蹈、啦啦操的学生提供一个体现自我价值挖掘自我潜力、提升自我综合素质，增长社会经验的平台。啦啦队为校级的各种体育活动和社会活动提供支持，比如为学校组织的体育比赛提供表演志愿者。

二、健全心理的实践平台

（一）心理健康类实践平台的社团活动特征

大学生正处于人生的黄金时期，面临着学业、就业、人际关系和情感等多方面的挑战。心理健康对于大学生来说，不仅是应对这些挑战的基础，更是个人成长和发展的基石。为了提高大学生的心理素质，预防和解决心理问题，高校纷纷成立了心理健康类社团，此类实践平台中的学生社团旨在提高大学生的心理素质，促进心理健康，使学生在面对压力和困难时有更多的心理应对能力。心理协会和学校心理健康机构作为提供大学生心理健康服务的两大主要载体，在服务内容、服务方式和目标人群等方面存在一定的差异。相较于学校心理健康机构，心理协会具有显著的特征：其一，服务内容更为多样。心理协会的服务内容更为丰富。学校心理健康机构主要针对在校学生，服务内容较为单一，主要以心理咨询、心理治疗和心理健康教育为主。而心理协会的服务对象涵盖了广泛的群体，包括学生、教师、家长以及校友等各类群体。因此，心理协会在服务内容上也更具多样性，以满足不同人群的需求。其二，服务方式更为灵活。与学校心理健康机构相比，心理协会在服务方式上更具灵活性。学校心理健康机构通常需要在校园内设立固定的心理咨询室，咨询时间和服务次数受到限制。而心理协会可以通过线上线下的多种形式，如讲座、沙龙、一对一咨询等方式，为有需要的人群提供便捷、个性化的服务。这种灵活性有助于扩大心理服务的覆盖范围，让更多学生受益。其三，目标人群更为广泛。与学校心理健康机构相比，心理协会的目标人群更为广泛。学校心理健康机构除对全体新生进行入学后的心理普查之外，主要关注存在一定心理问题的在校学生，而心理协会的服务对象涵盖了不同年级、专业和心理健康程度的学生群体。其服务过程具备更强的针对性和适应性，为帮助大学生树立正确的心理健康观念、增强心理适应能力、更好地应对各种挑战提供专业的心理服务。

（二）心理健康类实践平台社团介绍

学生社团是促进学生心理素质全面提升的重要载体。此类平台致力于为学生提供全方位、多层次、立体化的心理支持，通过开展丰富多样的活动，促进学生心理健康，助力学生提升心理素养，为他们的健康成长保驾护航。限于篇幅，本部分仅对著者所在学校的部分心理健康类实践平台做简要介绍。

KY心理协会成立于2010年，是心理健康指导中心指导下的校级学生社团。协会旨在协助心理健康指导中心日常工作，帮助大学生了解自我，认识自我，提升自我，促使其提高心理素质，增强承受挫折和适应环境的能力，减少心理危机事件的出现。协会愿景目标包括三个方面：第一，提升大学生心理素质。通过开展各类社团活动，帮助大学生树立正确的心理健康观念，增强心理适应能力，提升心理素质。第二，预防和解决心理问题。发挥会员广泛分布于各院系、各专业、各班级的优势，及时发现学生的心理问题，主动为他们提供心理支持和帮助，防止心理问题的恶化。第三，促进人际交往。心理协会社团活动应有助于提高学生的沟通能力、团队协作能力，促进人际交往，使他们在人际交往中更加自信。

心理协会的核心职责涵盖以下几个关键领域：其一，致力于心理健康教育的推广，提升学生的心理认知水平。例如，通过举办心理健康讲座、心理沙龙等活动，强化学生对心理健康的认识和关注，使他们掌握基本的心理健康知识及心理调适技巧。其二，加强心理素质训练，塑造学生健全的心理人格。开展各类团体辅导、户外拓展训练、团队合作、沟通能力、抗压能力等心理素质拓展活动，以实践方式协助学生解决心理问题，提升心理素质，培养健全心理人格，从而提高大学生的心理素质及团队协作能力。其三，搭建交流平台，推动学生心理互助。心理协会注重营造有益于心理健康的环境，通过举办多样化的活动，如心理情景剧、心理电影观影等，为学生提供一个宽松、自由的交流空间，营造互相关爱的校园氛围。鼓励学生分享心理感悟，互相倾听、理解和支持，使他们在过程中学会关爱他人，培养良好的人际沟通能力，实现心理互助。其四，强化心理辅导，关注学生个体差异。协会成员经过专业培训，具备一定的心理辅导能力，可为有需要的学生提供心理辅导和咨询，帮助他们解决常见的心理问题。针对不同学生的心理需求，提供个性化的心理辅导。通过与专业心理教师或朋辈心理联络员的沟通和交流，学生可找到适合自己的心理调适方法，实现个性化发展。在遇到突发事件或重大危机时，心理协会能迅速启动应急预案，为需要心理危机干预的学生提供援助。

KY心理协会品牌活动是"525心理健康月"。每年的5月25日是中国心理健康日，同时也是"5·25心理健康月"。5月25日在中文里谐音为"我爱我"，寓意着个人健康、幸福和全面发展的重要性。因此，KY心理协会在每年的5月都会举办"525心理健康月"活动，旨在倡导全社会关注心理健康，促进全社会的心理健康水平。以2023年为例，协会举办了春暖"话"开——情绪收藏馆，风车寄心，随风曳情系列活动，希望通过这些活动，营造一个温馨、和谐且充满关爱的氛围，助力大学生深入理解自身情感、应对生活挑战，并培养他们积极向上的人生态度。活动的根本目的在于协助同学们摆脱精神内耗，走出情绪困境，正确理解努力的价值，远离情绪焦虑，坦然面对负面情绪，更加自如地把握生活节奏，认真享受当下生活，从而促进心理健康的发展。活动倡导诚实、积极的情绪表达，促使同学们更加真实地表达自己的情感，减少心理压力。通过举办这些活动，提升同学们的心理健康水平，帮助他们学会正确的情绪处理方式，培养积极的心态。同时，提升同学们的心理素质和情商，增强他们的自我调节和情感管理能力。此外，活动还致力于增进同学之间的沟通和交流，建立良好的人际关系，营造和谐的班级氛围。

三、培养终身学习潜力和社会责任意识的实践平台

（一）社会实践类实践平台的社团活动特征

社会实践类社团作为关注学生全面可持续发展的学生社团，以社会调查、志愿者服务、公益活动等为主要活动形式，致力于培养学生的终身学习潜力和社会责任意识。这些社团通过丰富多样的活动，旨在充实学生的精神世界，引导他们关注国家大事、民生问题，使他们自觉地为社会发展和人民幸福贡献力量。社会实践类社团的社团活动具有以下特点：其一，活动的公益性。社会实践类社团活动秉持服务社会、造福人民的理念。其活动形式丰富多样，涵盖了志愿服务、公益捐赠、环保行动、支教活动等。这些活动涉及教育、环保、医疗、扶贫等多个领域，旨在让学生在参与过程中深入了解社会现实，亲身体验到帮助他人的喜悦，感受到人与人之间的真挚情感。通过参与，学生们培养了自己的爱心和奉献精神，提升了综合素质。在服务他人的过程中，他们学会了关爱、互助、奉献，培养了良好的道德品质和人际关系，为社会主义精神文明建设贡献力量，为未来投身社会主义建设做好充分准备。其二，活动的创新性。社会实践类社团高度重视活动创新。此类社团紧密结合学生专业背景及兴趣爱好，通过校外实践、参与实际项目，激发学生创新精神，鼓励他们勇于探索、敢于突破，运用新技术、新理念解决实际问题。此举旨在提升学生将理论知识与实践操作相结合的实践能力，培养他们的创新意识，激发他们的创业潜能，为我国的科技创新和产业发展贡献力量。其三，活动的传播性。社会实践类社团以传播正能量、弘扬传统美德为己任，通过举办各类社团活动，使学生们深刻理解社会主义核心价值观，并将文明礼仪、诚信友善等美德内化于心、外化于行。社团成员用自己的实际行动，激发更多的人投身于社会主义事业。他们展现出的无私奉献和积极向上的精神风貌，具有极大的榜样力量，传递正能量，引领社会风尚，推动社会主义精神文明建

设不断发展。

（二）培养终身学习潜力和社会责任意识的实践平台社团介绍

学生社团是促进学生全面发展的关键平台。理论与实践相结合是培养终身学习潜力的重要途径。此类平台通过开展形式多样的社会实践活动，激发学生了解社会、关爱他人、实现知行合一，并积极参与公益事业，从而在培养个体终身学习能力与履行社会责任方面发挥关键作用。限于篇幅，本部分仅对著者所在学校的部分体育类实践平台做简要介绍。

爱心社。爱心社成立于2007年9月，作为大型社会公益服务类社团，成立至今深受广大师生的支持与热爱。爱心社的宗旨是"用手传递温暖，用心关爱他人，用爱点亮生活"。爱心社积极参与校内外的各种爱心公益活动，与庄市街道，文竹社区，海曙城隍庙志愿者驿站、宁波市残联、希望之光公益发展中心、江北区红十字会、文竹社区、夏金生养老院、绿眉社区、江北甬城学校、桃源社区、镇海慈善总会、江北区白沙街道、宁波市康复中心、宁波市残联及各区残联、宁波市聋哑学校、红梅社区、孔浦社区、宁波达敏学校、鄞州特教中心、仇毕小学、庄市敬老院、庄市街道办事处、江北献血办、鄞州银行等单位建立了良好的合作关系，同时也参与到宁波市各公益单位的诸多活动当中。爱心社成员以志愿者的身份积极参与校内外的各种爱心公益活动，聚集爱心、传递爱心、努力做好各种社会服务工作。爱心社长久以来一直以自始至终的热情和全心全意的付出致力于志愿者活动，用爱心感染他人，用行动温暖他人。社团最大的希望就是越来越多的大学生能把公益融入平常的点滴生活当中。爱心社品牌活动包括"陪你到老""手语课堂""衣暖人心爱心捐衣""爱心家教"等等。比如与敬老院展开合作的"陪你到老"，志愿者积极参与敬老院的日常工作，陪老人们秋游出行，为生活在敬老院的老人们提供一份日常生活中难以体会到的"天伦之乐"等等。"手语课堂"是爱心社的特色活动之一，也是爱心社的社团文化之一。课堂分校内与校外，校内手语课堂丰富在校学生的课余生活，校外手语课堂在带给孩子快乐的同时，也为公益事业做出一份力所能及的贡献。每年社团还会举办手语日晚会，不仅对外展示了爱心社的社团活力，同时也让更多社外人员了解爱心社，增强了社团影响力。而"衣暖人心爱心捐衣"也是社团坚持多年的活动。每个学期爱心社都会举办捐衣活动，每当换季之时社团会收集同学们的旧衣服，进行仔细地整理与打包，把它们送到贫困山区。爱心社希望通过这样的活动，呼吁身边的人热心参与到慈善事业中，缩短人与人之间的距离，让他人感受到爱就在身边。"爱心家教"是爱心社创办至今从未间断的品牌活动，秉着"用手传递温暖，用心关爱他人，用爱点亮生活"的社团宗旨，开展爱心家教志愿者服务活动。现与庄市街道和文竹社区进行合作，每周六，风雨无阻，一对一辅导中小学生的课后作业，解答难题。同时定期开展特色主题活动，丰富中小学生们的学习生活。爱心家教，用知识给予孩子更多的辅导，用行动和孩子们共同学习成长，用一双爱的翅膀，和孩子们一起开启一段爱的知识旅程。爱心社与宁波市残联、希望之光公益发展中心等建立了长期的良好合作关系。另外，爱心社志愿者积极协助江北区红十字会等组织举办公益活动，与文竹社区、夏金生养老院等签订了志愿者服务协议。爱心社因其突出的表现，得到合作单位的一致好评，并获得多项殊荣，包括宁大十佳社团、庄市街道优秀志愿者服务团队、白沙社区义工锦旗、白沙社区行公益特别贡献奖奖杯、江北区志愿服务行动先进团体、科院优秀社团、我最喜爱的科院社团、科院优秀青年志愿者组织集体、宁大优秀社团、宁大优秀青年志愿者组织集体、宁大优秀暑期社会实践团体等。

红蚂蚁助老协会。红蚂蚁助老协会秉承"热心、奉献、主动、创新"的社团宗旨。红色代表热烈，蚂蚁代表勤劳，有爱的红蚂蚁人将弘扬中华传统美德，关爱每位老人，未来一起传递这份爱！社团定期前往敬老院开展慰问活动，为老人们乏味的生活添加一些乐趣。悠扬动听的乐曲回荡在敬老院之中，伴随着诙谐逗趣的舞蹈等表演，队员们虽略显稚嫩的演出赢得了大家的欢笑。此举亦使每位长者展颜欢笑，洋溢着幸福的氛围。目睹老人们喜形于色的景象，队员们深感自己所做的事具有深远意义。尽管这意味着要付出课余的闲暇时光与少许金钱，但这份成就感让他们心甘情愿投身其中。每每慰问活动接近尾声，队员们都会为老人们清扫好场地，再道别并相互祝愿。队员们常常如是感慨："通过这次的慰问活动，虽然我们并没有为他们做很多的事情，但他们还是那么的感恩，我发现那些老人其实要求的并不多，他们只希望我们能够多去看看他们，让他们不孤单。由于我们的能力有限，对于他们生活上的关心和帮助，只是尽了些绵薄之力，就如那星星之火，要想燎原，还要靠社会各界人士的共同努力！这给了我们这些生活在物欲横流、急功近利的社会中的人们一些思考和教育。社会需要爱的传承者，需要我们每个人都拥有一颗感恩的心"。

第三节 参与组织服务平台运行模式

在我国教育体系中，学生社团参与组织服务平台日益显现其重要作用，成为青年学生成长的关键舞台。此类平台不仅致力于为学生提供全方位的服务，以解决他们在学习、生活等方面的困扰，同时亦注重培育学生的综合素质、社会责任感以及可持续发展能力。为了充分发挥其功能，平台应具备科学合理的运行模式。运行模式可以包括以下几个关键部分：

一、明确目标宗旨

在构建此类平台体系过程中，社团的创建显得尤为重要。在创建之初，社团需明确其目标和宗旨，并确立以服务学生、服务社会为核心的理念，为后续的运营和发展提供明确的方向。鉴于该平台体系的特殊性，社团应清晰地描绘出组织愿景以及成员加入后可期待的成长维度和程度。这将有助于吸引更多志同道合的同学加入，使他们在参与社团活动时，明确自己在组织中的角色和定位，从而更加专注地投入各自的职责范围内。同时，也有助于确保社团的运营更具秩序和效率。

二、成员招募和培训

招募社团成员的关键任务可以从两个方面来考虑：一方面，寻找那些与社团定位和发展方向相匹配的学生。与其他类型的社团相比，这类社团平台更注重特定领域的兴趣爱好或特定取向的价值观念。只有当成员对某一领域有浓厚的兴趣或强烈的行动意愿时，他们才有可能在社团中持久且建设性地发挥作用。为了实现这一目标，社团可以通过多种渠道招募对组织服务类社团感兴趣的学生，如校园宣传、社交媒体等。在招募过程中，要注重与潜在成员的交流，了解他们的特长和兴趣，从而选拔出与社团定位相契合的人选。另一方面，对新招募的成员进行必要的培训，确保他们充分领会社团宗旨、规章制度以及如何为目标群体提供服务。培训内容涵盖社团文化、工作方式、团队协作等各个方面。通过培训，新成员能够更快地融入社团，提高工作效率，为社团的可持续发展奠定坚实基础。此外，社团还要特别重视成员的参与程度与满意度。通过定期策划和组织各类活动，激发成员积极投身于社团事务和活动中，同时充分挖掘并发挥成员个人优势与潜能，使其在社团工作中体验到成就感和归属感。通过优化社团管理，提升成员满意度，有助于确保社团的稳定和可持续发展。

三、服务策划和实施

社团工作是一项兼具挑战与机遇的任务，对社团目标宗旨的深入理解和准确把握至关重要，在此基础上策划并执行各项服务活动。对于策划阶段，要充分调研目标群体需求，确保活动与时代背景和热点话题紧密相连。在实施阶段，要强化团队协作，注重活动的过程管理，确保活动质量。在活动策划与实施过程中，需遵循以下三个方面原则。

首先，社团活动必须确保其针对性和实效性。为了实现这一目标社团需深入探讨学生的真实需求以及社会的现实需求。据此，可以为学生们提供他们热切关注且有益的服务，为社会贡献具有现实意义的公益服务活动。此类服务既能解决实际问题，让活动的目标群体受益，也有助于提高社团声誉和影响力，以赢得更多认可和支持。

其次，社团活动应注重其独特性和创新性。只有新颖独特的活动形式和内容，才能吸引更多的人参与，也才能达到更好的活动效果。创新并不意味着摒弃传统，而是在传统的基础上，加入新的元素，让活动更加生动有趣。在策划活动时，要充分挖掘学校和社会的资源，结合时代背景和热点话题，设计出具有吸引力的新型活动。这其中包括利用现代科技手段，如互联网、大数据、虚拟仿真、人工智能等，为学生提供更多样化的活动选择。同时，还可以引入跨界合作，与兄弟院校、社会组织或企业携手举办活动，拓宽活动内容和形式。这样既能激发学生和社会群体的参与热情，也能提升社团工作的实效。

再次，社团的活动必须具有层次性。这是因为社团成员所具有的服务能力存在差异，服务对象的个体需求也存在差异。因此，在设计策划活动时，必须充分考虑到这些因素，设计出适合不同成员（服务实施者）和服务对象（服务接受者）的活动。这样，不仅可以使活动更加有序，也能促使成员在参与社团活动过程中获得更多的成长和进步。

四、宣传和推广

为了使社团活动更具影响力和吸引力，社团需要在宣传和推广方面下功夫。第一，要充分利用多元化的宣传渠道。除了传统的社交媒体、校园广播、海报等途径外，还应积极争取在电视台、电台、报纸等官方媒体上宣传社团活动和成果的机会。此举既可以扩大社团的知名度，亦能提高公众对社团活动的认同度。第二，定期举办公开活动或分享会，让学生了解社团的进展和成果。通过与合作单位共同举办较大规模的活动，进一步提高社团的知名度和影响力。第三，还应积极寻求与更多组织、企业和机构建立合作关系，为社团寻求更多的资源和支持。通过资源共享和优势互补，助力学生社团走向更广阔的发展舞台，为社会培养更多优秀人才。

五、反馈评估及持续改进

参与组织服务的学生社团要注重反馈机制的建立和运作，积极开展评估和改进。在激发创新活力与强化管理的同时，社团需认真总结经验，持续提高工作实效。在反馈评估方面，社团应在运行过程中注重反馈机制的建立健全，积极收集来自学生及其他相关方的意见和建议，为社团的持续改进提供有力支持。通过定期对社团活动和服务进行评估，社团可以全面了解哪些方面做得好，哪些方面需要改进。进而根据反馈和评估结果，不断调整和优化社团的活动和服务，以提升服务质量。

在活动总结阶段，社团应审慎总结经验与教训，为下一次活动提供有益的借鉴。同时，也要对成员的努力付出给予肯定和鼓励，以增强他们的自信心和团队凝聚力。为推动社团始终保持活力，应鼓励成员积极提出创新性想法和建议。这不仅可以激发成员的参与热情，还能为社团的发展注入新的活力。通过不断反思和改进，社团可以在原有基础上取得更优异的成果，为成员和社会提供更优质的服务。

第四节 参与组织服务实践平台运行实证分析

本案例是著者在二级学院负责心理健康教育工作过程中，在参与组织服务实践思路框架下，对高校学生社团参与心理健康教育活动策划、组织、实施的具体实现途径进行的一些探索，以期解决学校心理健康教育的"重治疗，轻培养""重视异常学生，忽视正常学生"的现象。案例本着"让不健康的同学变得健康，让健康的同学变得更健康"的宗旨，着力于创新心理健康教育活动形式，完善以学生社团为载体的心理干部网络，体现网络功能，发挥网络作用，以吸引更多的学生参与到心理健康教育活动之中。

一、案例基本内容

在推行高校学生社团育人价值实现模式的思路框架下，不断摸索、逐步创新，初步形成了具有自身特色的以学生社团为载体的心理健康教育模式。该模式强化组织机构网络化，促进各级各类学生社团参与心理健康教育工作格局的形成。将心理健康教育和思想政治教育相结合解决学生工作中的棘手问题，提升思想政治工作效果，通过创新心理健康教育活动方式和内容，为德育工作的有效实施创造良好的学生心理条件，实践中取得了一定的成效。

二、创新心理健康教育活动形式的出发点和立脚点

（一）治疗功能、培养功能两手都要抓，两手都要硬

重视大学生心理健康教育的治疗功能，忽视大学生心理健康教育的培

养功能是我们以往心理健康教育工作的误区之一。诚然近年来大学生自杀人数的逐年上升，心理健康问题引发的各类安全事件，使高校开展心理健康教育工作时，自然而然地把较多的精力放在了关注心理异常学生群体上。与此同时，却忽视了对其他"健康"学生进行良好心理素质的培养。随着大学生心理健康教育的发展，只重视帮助心理异常学生解除心理困扰这方面的工作是远远不够的。高校应本着"让不健康的同学变得健康，让健康的同学变得更健康"的宗旨，将全体学生作为心理健康教育的工作对象。

（二）心理健康教育需要理论化与实践性相结合

以往的心理健康教育主要以培训、讲座、知识普及宣传等形式开展。比如讲座大多是以"心理问题"为专题，首先摆出学生在处理生活、学习、交友和娱乐中出现的"心理问题"；其次，或举例说明，或阐述，对这一"心理问题"进行探讨；再次，给出消解这些问题的建议、方法与策略，最后让学生联系自己的实际进行讨论。整个过程虽然遵循了心理学一般规律，但内容过于理论化，实践性不强，而且忽视了学生的差异性，因此教育效果也受到了影响。心理健康教育的形式应该是多种多样的，相对于单一死板的理论，实践活动更容易被学生接受。因此应针对不同心理特点的学生进行因材施教的心理健康教育，开展有的放矢的心理特色活动。

（三）心理健康教育与学生思想政治教育结合是发展方向

心理健康教育通过改善学生的心理状况，使他们保持一种主动接受教育、积极完善自我的良好精神状态，从而为他们接受思想政治教育和其他教育创造条件；而思想政治教育通过对学生思想品德的教育、熏陶和塑造，有利于稳定和改善人们的心理状况，取得良好的效果。两者相互融合，实现相得益彰已是大势所趋。

三、以学生社团为载体的心理健康教育模式的创新实践

完善以学生社团为载体的心理干部网络，是创新心理健康教育活动重要的队伍准备工程。在日常的心理健康教育工作中，心理健康网络的完善与其功能的发挥，是二级学院心理联络站的工作重点。发挥网络作用，体现网络功能，是创新与实践心理健康教育活动的重要前提。对如此重要且人数众多的队伍建设问题，我们曾做过如下探索尝试：

（一）定期举行网络干部工作会议及各类培训活动

定期召开网络成员会议，针对同学们所关心的提高适应性、就业、人际交往、考前解压主题举行相关的网络工作会议，加强社团联合会调研员、社团心理观察员、社团心理信息员的培训和辅导，通过专题讲座、交流会等形式有效提高相关学生干部的专业水平和工作能力。

（二）建立健全网络干部考核制度

规范社团联合会调研员、社团心理观察员、社团心理信息员的日常管理，及时布置各阶段工作任务。规范心理档案归档工作，及时填写并上交心理健康状况月报表和重点关注学生辅导记录，按时更新心理健康档案。为了使所有网络干部深刻地认识到，关注关心同学的身心健康是自己工作中的重要职责，拟定并逐步完善相关考核制度，以此进一步规范和加强对网络干部的管理力度。

（三）增添网络在线工作渠道

从学生特点与需求出发，心理联络站建立了"阳光伴随你我"线上交流群，同学们可以在群上针对学习、工作、生活等方面的问题进行交流，这一形式得到了广大学生的认可。愿意倾听同学们的心声，为他们排忧解难的网络干部可自愿加入。令人意外的是，超过两成的网络干部主动入群义务服务，这为我们的心理健康工作拓展了新途径，同时提升了网络干部在学生中的影响力。

（四）探索实践"朋辈辅导"新模式

面向网络干部及其他同学，招募对心理感兴趣且具备相应能力的学生担任"朋辈心理咨询员"，主要职责是及时发现问题并上报，在能力范围之内合理疏导。实践中发现学生能起到的作用有时是老师无法替代的，实践中也积累了几个较成功的案例。

四、学生的深度参与使创新实践心理健康教育活动形式成为可能

随着网络干部能力水平的不断提升，随着以学生社团为载体的网络功能的不断挖掘，心理健康教育活动形式创新与实践之路充满了惊喜和收获。

（一）"心灵驿站"心理沙龙活动

心理沙龙是一种形式自由活泼、参与性强的主题讨论活动。在心理沙龙活动中学生能够一同探讨他们所面临的问题，通过游戏、饰演角色、案例分析、讨论交流或个人分享，使同学们在轻松愉悦的环境中学习心理学知识，帮助学生解决日常生活中的一般问题，建立健康的心理状态，培养良好的心理素质，促进学生的成长和发展。心理沙龙活动适用于心理"健康"或"亚健康"人群，绝大部分学生都是活动的目标群体。但活动特点又决定了其不可能如讲座般，在较大范围内开展，这也就不难理解，虽然该种活动形式具有良好效果，但在校园中却因此而受限无法使更多的大学生从中受益。

本活动项目由网络干部自发组织，旨在为处于困惑中的学生提供更多的支持资源。活动从策划、主持、道具准备、前期宣传等方方面面均由学生社团自主开展，具有心理专业背景的教师仅在前期给予适当的指导，分院还专门开辟活动场地作为心理沙龙活动场所。"情绪情感""人际交

往""大学适应"等许多主题沙龙活动在学生中好评如潮。

（二）"满满正能量"学子讲堂

为了给广大学生奉上更多"接地气"的讲座活动，为落实以生为本工作理念，尝试通过邀请优秀校友，邀请在心理工作、团学工作、军训教导队和科技创新等方面有突出表现的网络学生干部，走上讲台为广大学生注入满满正能量，为学生做最为生动的成功教育。

比如曾组织"我与学院共成长"分享报告会，邀请优秀校友回到母校，为在校学生讲述自己走入社会后的心路历程、成功经验和人生感悟。由社团干部讲述学校近几年的发展变化，及学院所取得的骄人成绩；讲述个人作为社团干部的成长故事和成功经验。分享会现场气氛十分热烈，同学们普遍欢迎这种新颖的有益自身发展的活动。参会校友和在校学生的自信心和自豪感得到了提升，增强了分院的凝聚力和向心力，激励了所有学生将个人的成长与学校的发展结合起来，坚定成长成才的信念，树立个人成功的信心。与会学生通过聆听优秀学生干部的成功经验，学会了如何去把握自己的心理，如何保持积极的心理状态学习、工作和生活，如何更好地和身边的同学沟通，在沟通中如何帮助他人等等。真可谓，学生一句话胜过老师百句的苦口婆心、循循善诱。

积极挖掘学生中的"能人""达人"担当学子讲堂的嘉宾，比如2010级工业设计专业徐永贵同学奉上的曾红极一时的"色彩心理学"专题讲座。此系列讲座就是源于著者与该同学的几次交流，发现了他的这一兴趣爱好和研究积累后，学院立刻着手策划相关系列讲座活动，活动现场徐永贵同学用他风趣的语言和独特的视角，带领同学们感受色彩心理的魅力。现场的同学们也纷纷表示，原本认为极其深奥神秘、还有些枯燥乏味的心理学知识原来是如此的妙不可言。而后，徐永贵同学还创设了"色彩心理学"学生社团，为学院心理健康教育工作做出了巨大贡献。

（三）阳光特刊

普及心理健康知识，营造美丽校园、和谐心灵的良好氛围，心理健康教育宣传是必不可少的。为充分发挥学生的教育主体作用，以擅长策划宣传的学生社团为主体，推出了由学生社团主创的"阳光特刊"，曾制作并发放"传递正能量，温暖你我他""春天里的阳光心情""美丽心情"等多个主题的特刊。特刊形式多样、内容丰富、色彩鲜明、构思巧妙、富有新意，给人以知识和启迪。特刊完全由学生负责编辑、排版，部分文章由学生投稿，学生参与积极性高，文章流露真情，贴近现实，充分显示了同学们积极向上的阳光心理状态，展示了我院学生良好的精神面貌和朝气蓬勃的气息。特刊更为同学们提供了一个展示自我、抒发情感、提高修养的平台。

（四）其他活动

凝练参与组织服务体系过程中，由于学生社团的建言献策和积极参与，分院心理联络站积极创新心理活动形式，组织开展了丰富多彩的有益学生身心健康的活动。每项活动不仅都经过了精密策划和认真筹备，而且贴近学生学习生活的方方面面，故而达到了较好的效果，也获得了同学们的一致好评。如将心理健康活动场所由室内扩展至户外，积极开展户外心理活动。在阳光明媚的午后，通过游戏活动及学生相互间的交流，使同学们放松心情，身体力行去获得愉悦体验和成功感悟。再比如积极探索开展网络在线心理健康活动，包括组织全院学生自愿进行在线心理测试、心理小游戏，猜心谜等，吸引了很多平时不愿参与活动的同学，解决了平时活动辐射面、影响面小的问题。

五、案例启示

（一）吸引更多社团干部参与心理工作是做好心理健康教育工作的关键

在学生社团育人价值实现模式下推动心理健康教育工作，社团干部的选拔培养显得尤为重要。他们需要具有良好的心理素质，比如明确的自我意识、敏锐的观察力、良好的记忆力、丰富的想象力、情绪的控制力、真挚的情感、坚强的意志等等。通过策划、组织、实施心理健康活动，干部队伍整体素质明显提高，相关学生干部也获得了学生社团之外的又一片广阔的成长天地。

（二）心理健康教育工作应为思想政治教育工作的有效实施创造良好的学生心理条件

大学生能力的提高、道德品质的完善都离不开正确的认知、健康的情感、坚强的意志等基本的心理因素。而心理健康教育的目标正是要帮助同学们培养良好的素质品质，它包括健康的心智、正确认识自我，对自己及他人负责；有良好的社会适应能力，具备与他人交往的能力。通过参与心理健康活动，培养起学生健康的心理品质，可以使学生更易于接受思想政治教育，并内化为自己的信念，外化为自己的行动。

（三）日常的社团管理工作中不断注入心理健康教育元素

努力实现思想政治教育和心理健康教育更好的结合，在日常的社团管理工作中不断注入心理健康教育元素，在心理健康活动的实施中积极解决思政工作中的棘手问题，以促进两者的共同协调发展。比如学习困难学生和行为困难学生的教育转化工作，一直是教育工作者面临的一个极其重要但又相当棘手的难题。事实上，绝大多数学习困难学生、行为困难学生，都是由于心理等原因而非智力或其他因素造成的。传统的说服教育思想政治教育方法往往难能奏效，甚至使学生产生抵触情绪和逆反心理。因此，转化工作采用心理方法是关键。通过深入分析研究其心理特征的基础上，挖掘其兴趣爱好和自身的闪光点，在学生社团的助力下，为他们量身定做特色社团活动，疏导其心理障碍，激发其主观能动性，最终从内心自觉接受教育，主动进行转变。

第七章　高校学生社团参与文化建设体系构建

高校作为文化传承的重要载体，肩负着引领文化、创新文化、促进文化交流的重要使命。在传承文化方面，高校秉承中华民族悠久的文化传统，将语言、文学、哲学等人文知识与道德教育相结合，为学生营造了一个深入学习与体验传统文化的理想环境。同时，高校致力于保护与弘扬民族文化，为世界多元文化的发展贡献力量，使传统智慧在新时代背景下焕发光彩。在推动文化进步方面，高校充当着倡导者和推动者的角色。通过赋予学生自由探索的空间，鼓励批判性思考和创新思维的培养，促进社会思想的更新与进步。高校也是培养未来领导者和责任公民的基地，教育目标不仅在于专业技能的掌握，更在于培育具备良好文化素养和社会责任感的个体。

高校作为文化创新的源泉，凭借科研实力、思想自由和青年才俊的汇聚，成为新思想、新文化、新理念的孵化器。学术自由的氛围让师生们勇于探索未知，使高校成为文化创新的领军者。在促进文化交流方面，高校利用各类国际合作平台，在传播本土文化的同时，吸收和借鉴外来文化。高校成为跨文化交流互动的重要枢纽，不仅扩大了中华文化的国际影响力，还为师生提供了广阔的国际视野。以文化塑人、以文化育人是高等教育的宝贵资源。高校深厚的文化底蕴、明确的文化主张和独特的校园文化特色，构成了其强大的吸引力，深刻影响着学生的成长和发展。这些文化要素不仅为学生的全面发展提供了丰富的滋养，还指引大学迈向科学、全面、持续与和谐的创新发展，成为推动大学发展的精神旗帜。

在当代高校教育体系中，学生社团已成为高校文化建设的核心力量和活跃推手。这些社团由学生自主创设、自我管理，充分展现了青年学生的创造力和活力。学生社团以共同兴趣爱好或目标追求为纽带，汇集了不同学科背景的大学生，形成了校园内丰富多彩的文化景观。尽管学生社团在高校文化建设中发挥了积极作用，但仍存在参与程度不足、资源配备不平衡、活动效果难以评估等问题。因此，高校应进一步探讨和构建学生社团参与高校文化建设的体系，使学生社团能够在高校文化建设中发挥更大的能量和作用，成为高校文化发展不可或缺的重要组成部分。

第一节　参与文化建设体系构建的原则与思路

一、重视文化育人的重要作用

（一）文化育人推动素质教育发展

育人为本是我国教育工作的根本要求，而德育为先是全面实施素质教育的第一要义。文化育人并非简单地传授有形知识，其核心目标是塑造健全的人格与高尚的品德，使人们在价值观选择上有所坚持和取舍，能够明辨是非，养成知荣知耻的价值取向。积极推进文化育人，有助于全面贯彻"育人为本、德育为先、能力为重、全面发展"的素质教育要求。此举不仅有利于高校更加关注人才的未来发展，将育人过程与育才过程相统一，将专业教育与素质教育相结合。此外，它还有助于高校始终坚持将素质教育作为学校建设发展的长远战略任务来落实。

（二）文化育人提升高校育人水平

育人功能是高校文化本应具有的重要功能。高校文化在学生的智力发展、道德品质、个性品格、价值取向等方面具有深远的影响。高校应始终围绕"培养什么人才""为什么培养这类人才""社会需要此类人才具有哪些素质和能力""如何培养这类人才"等中心问题，确立素质与能力融合的文化育人理念。这将有助于将教育重心从单纯地培养学生就业能力转向关注学生核心竞争力、创造力、可持续发展力以及人文素养等方面的培养。积极发挥文化育人作用是培养社会主义事业合格建设者和可靠接班人的有效途径，同时也是丰富学校文化内涵、促进高等教育转变发展方式、提升高校育人水平的重要手段。

（三）文化育人促进高校文化建设

文化是大学的灵魂，是一所高校办学理念、发展历程、校风学风的集中体现，同时也是高校持续发展的内在动力。高校的文化氛围影响着师生的价值信念和个体成长，也影响着学校的发展方向和终极追求。先进文化是在高素质人才培养过程中形成的，而高素质人才又是在先进文化的熏陶下成长起来的。充分发挥文化育人作用是推动高校文化建设的重要途径，反之，不断增强的文化软实力也将成为推动高校文化育人工作的强大动力。因此，高校有必要充分挖掘中华传统文化和校本文化，积极建设具有时代精神、中国特色、本校特点的校园文化生态。

二、厘清文化育人的重要关系

（一）厘清主流文化与多元文化的关系

多元文化是推动高校生生不息的内在动力，赋予了高校文化无尽的活力与魅力。在多元文化的互动交流与深度融合过程中，高校不断培育出崭新的文化形态，进而丰富和发展了德育的文化内涵。面对多元文化的冲击，既要坚定信仰，维护社会主义核心价值观的统领地位，同时也要具备博大的胸怀，尊重和接纳各种文化，努力汲取有益于大学生健康成长的文化养分。首先，要坚定社会主义核心价值观的统领地位，以严谨的态度对待多元文化。在文化交流与碰撞中，保持清醒的头脑，运用批判性思维对多元文化进行深度比较和反思，明辨是非，区分正确与错误、积极与消极。这既是应对多元文化的正确态度，也是捍卫社会主义核心价值观的必然要求。其次，要以海纳百川的胸怀，尊重和接纳不同文化。在全球化背景下，各种文化交融碰撞，因此要学会包容和欣赏各种文化，领略其独特魅力。在尊重差异的基础上，促进文化交流与融合，使高校文化更加丰富多彩。此外，要努力汲取有益于大学生全面发展的文化养分。大学生是国家的未来和民族的希望，他们的健康成长离不开优质的文化环境。因此，要挑选出有益于大学生全面发展的文化元素，为他们的成长提供丰富的精神食粮。

（二）厘清物质文化与精神文化的关系

高校文化，作为一种特殊的社会文化现象，内涵丰富，层次清晰。通常而言，高校文化体系可划分为两大核心部分：物质文化与精神文化。物质文化作为高校文化的基础，涵盖校园内建筑、设施以及花草树木等自然景观。这些物质元素不仅构成高校的标志性符号，同时也是校园文化的有形载体。它们见证了学校的历史变迁，承载了代代师生的回忆与情感。物质文化的丰富多样性为高校师生营造了一个充满活力与创意的空间，激发他们的归属感和自豪感。精神文化作为高校文化的核心，包含校风、教风、学风以及丰富多样的文化艺术氛围等人文要素。校风、教风、学风共同塑造了高校的精神特质，彰显了教育理念和价值取向。在诸如此类因素的熏陶与引导下，学生得以在日常生活中潜移默化地树立正确的世界观、人生观及价值观，为他们的健康成长提供了精神滋养。物质文化与精神文化相得益彰，密切交融，共同塑造了高校独特的文化氛围，为学生营造了一个斑斓多姿的成长环境。在此环境中，学生不仅能够汲取知识的传授，还在潜移默化中受到价值观念的引领和精神滋养。物质文化与精神文化共同构筑了全方位文化熏陶与浸润的校园环境，此环境犹如强大的磁场，持续影响着在校师生的思想与行为。这一环境为学生提供了全面发展的平台，让他们在学术领域成绩斐然的同时，亦能在人文素养、审美情趣等方面得到提升。物质文化与精神文化共同塑造的独特校园文化氛围，为高校培育全面素质人才奠定了坚实基础，同时也为我国教育事业的发展做出了巨大贡献。

（三）厘清传承文化与创新文化的关系

文化育人的过程就是在传承中创新，在创新中传承，从而不断产生新的认识，获得新的发现，创造出新的文化理念的过程，是一种在传承与创新中不断循环的过程。它旨在培养学生成为具有全球宏大视野、胸怀民族复兴使命、热爱传统文化的优秀人才。中华优秀传统文化，一如绵延不绝的长河，自古流淌，沛然滋养着一代又一代中华儿女的心灵与智慧，植根于民族的深厚土壤中，孕育出我们民族的根和魂。这一丰厚的文化瑰宝，不仅昭示着中华民族的智慧和创造力，同时也为世界文明的多样性和发展做出了卓越的贡献。在这样的文化血脉之中，高校既是中华优秀传统文化传承发扬的关键环节，也是激荡思想之泉、冶金新知之炉。高校师生们努力发掘传统文化的瑰宝，如精心耕耘良田，将积淀的养分转化为新时代的创新成果。在传承中华优秀传统文化的过程中，高校需秉持"去粗取精、吐故纳新"的原则，将古老的传统文化透过现代化的镜面重新演绎，使之与当代社会生活相协调，同现代科技文明相融汇。高校要为学生构建一个学习和体验传统文化的丰富平台，鼓励学生探求传统文化的深邃内涵，让他们不仅能够鉴赏中华文化的经典之美，更能体验到传统文化与现代生活交融的无穷魅力，引发他们对自我人生的思考，激发他们对中华文化的热爱与自信。

（四）厘清学校文化与企业文化的关系

校企合作已经成为中国高等教育改革发展的重要趋势，也是现代教育体系与市场经济深度融合的显著标志。在这种合作模式下，文化的融合不断地为双方合作提供新的活力和动力。作为两种不同领域的典型代表，高校和企业拥有着各自独特的文化属性和价值导向。高校文化强调知识的探索、学术的自由和思想的发展，是一种注重过程的研究型文化、使命文化。如学术追求、知识创新和人才培养等方面。对照之下，企业文化则更侧重于结果。它着眼于责任和效率，以实现具体的经济目标和组织发展为己任，强调的是实践和责任，旨在通过具体的管理行动和市场行为实现结果的最优化。在这一文化氛围中，效益、创新和履职等元素被高度强调。只有当高校与企业能够认识到彼此文化的价值，积极寻求和探索共通之处和衔接点，校企合作才能真正实现深度对接，最终实现文化层面的融合。通过不断地深入交流与渗透，双方可以建立起一套既保持各自文化特色又能相互促进的合作文化。此外，高校应主动与企业沟通，深度挖掘企业文化中蕴含的德育元素，使其在教学和育人过程中得到应用。通过共建实训基地、成立研究院、设置工学结合的项目，促进校企文化的交流与融通，并共同培育学生的专业技能和职业素养。通过实习、就业指导等实践活动，增进学生对企业文化的了解，促进其与企业价值观的契合。校企合作带来的这种双向互动和文化共融，是推动高等教育质量提升和人才培养模式创新的关键因素。

三、学生社团参与文化建设体系构建的原则与思路

（一）学生社团参与文化建设体系构建的原则

要坚持以人为本的原则。以人为本的原则是当代教育理念的核心所在。按照马克思关于人的全面发展的理论，高等教育不仅要传授知识，更

要注重学生能力与人格的全面培养。将这一目标融入文化育人的过程中，意味着必须要把教育工作聚焦在对学生的个性化关怀上，关注他们的情感、意志、价值观等各个方面的成长。始终把"人的全面发展"作为根本，把学生的健康成长作为高校一切工作的出发点和落脚点。在实际工作中，这要求高校不断更新教育观念，以开放和包容的心态，尊重每位学生的独特性与创造性。在办学理念与实践中，注重创造环境，为学生的多元发展提供丰富的机会和条件。使高校的办学理念、办学思想、办学原则、办学宗旨、办学方向等统统服务于学生的全面发展。要尊重人的客观发展规律及其客观发展需要，充分发挥广大学生在教育中的主体地位和作用。使成长成才转变为学生的内在需求、自觉行动和自主行为，以形成"师生共同成长"的和谐育人文化。

要坚持校本特色的原则。每所高校都拥有其独特的校本文化，这是学校个性和内在魅力的体现。这一文化的形成往往是学校发展历程中积淀的产物，它既是教育传承的载体，也是高校特色与精神面貌的集中展现。校本特色的原则强调的是每个高校都要根据自己的历史传承、社会定位、发展愿景等因素，在培养人才的过程中充分展现自身的独特性。为维护和发展这一原则，高校需在深挖自身历史文化底蕴的同时，注重校训、校风、学风的建设，保持制度建设和办学风格的连续性与稳定性，形成具有自身独特个性和独特优势的校本文化。放弃对校本文化的坚守将很难取得理想的育人效果，对此，高校自身要注重提炼、珍爱和秉承，切不可对其他高校的文化模式做简单的复制和模仿。

（二）学生社团参与文化建设体系构建的思路

以学生需求为导向，高度重视校园环境建设。实现文化育人，创建育人环境是关键。环境文化作为一种外显的直观文化，既是社团活动的场所与设施，又是陶冶师生情操的无言之师。高校应努力以学生现实需求为出发点，建设融优美园林景观和人文底蕴景观于一体的灵动化、人文化、数字化的现代校园。如建设广受学生接受的各类精神园地、文化广场、艺术展馆、文化长廊、多功能活动空间，它们不仅丰富学生的精神世界，也为学生社团提供休闲、交流与自我展示的空间。此外，励志墙、名人墙、优秀校友墙和优秀作品墙的设计可以激励学生追求卓越，校园内的宣传橱窗、公共空间和其他区域则可以通过悬挂名家画像、名人名言和文化标语提供精神食粮。这种通过视觉元素影响师生情感与思想的设计理念，让校园每一处空间都充满了文化气息，并巧妙地进行育人。

以贴近学生为宗旨，组织精品社团活动。社团活动是高校文化育人的重要载体。有关调查结果显示，社团活动对于大学生的成长具有不可忽视的正面影响。学生毕业后普遍认为，大学时期参加的社团活动对其个人发展具有深远的影响。这表明，符合大学生特征的校园文化活动不仅受到学生的喜爱，而且能有效达到育人的目的。因此，高校应不断丰富校园文化活动的形式和内容，组织各种科技节、艺术节、读书节、体育节或特色突出的各类文化节活动。通过举办精品社团活动，实现教育的趣味化、生活化，从而在潜移默化中实现育人目标。

以文化育人为理念，赋予校园文化更为丰富的内涵。"以文化人、以德树人"乃高校教育管理工作的最高境界。只有科学的管理，教育工作才能规范化。同样，只有文化的支撑，教育才能更具效率与人性化。教育管理工作不仅是科学，也应是一种校园文化的体现。教育管理的最高境界就是要营造一种文化，一种无处不在、润物细无声的校园文化氛围。高校应在大力推广学生社团参与文化建设的同时，不断赋予校园文化以丰富的内涵。培育一种社团参与育人工作的文化，并借助这种文化的力量，吸引、感染、激励更多的学生社团主动投身学校人才培养工作，切实发挥这一文化的导向、陶冶、凝聚、约束的教育作用，使学生陶冶情操、砥砺德行、磨炼意志、塑造自我，在情感、道德和意志上得到全方位的熏陶。

第二节　参与文化建设实践平台体系

中共中央、国务院《关于进一步加强和改进大学生思想政治教育的意见》明确指出："高校校园文化是社会主义先进文化的重要组成部分。加强校园文化建设对推进高等教育改革发展和改进大学生思想政治教育、全面提高大学生综合素质，具有十分重要的意义。"高校校园文化是文化育人、环境育人的重要载体，大学生即是活动的参与者、被教育者，也是校园文化建设的组织者和实施者。仅靠少数的团委、学工教师难以大量开展高质量的校园文化活动，学生是校园文化活动当之无愧的主角。如果说思想、专业、服务等教育领域学生的参与是锦上添花、甘为绿叶，那么校园文化活动绝对是大学生的主场，当之无愧的主角。

学生社团在高校文化建设中发挥着多样化和实质性的作用，是高等教育中文化育人的重要阵地。学生社团通常由学生自发组织和管理，围绕共同的兴趣或目标聚集一起，是推动校园文化创新的重要力量。学生社团在文化育人方面具有多重作用，主要体现在文化传承与创新、培养个性和特长、实践和锻炼能力、文化交流平台等方面。它既是学生个人能力发展的催化剂，也是校园文化多元化发展的推动者，更是一座连接学校与社会、传统与现代的桥梁。通过参与和动态地塑造社团文化，大学生在不断实现自身全面发展的同时，也为社会文化的繁荣与进步做出了贡献。因此，构建学生社团参与文化建设实践平台体系中，需坚持"既注重校园文化活动的战略管理，又不忘突显学生的主体作用"，对校园文化建设工作进行整体性、全局性、长远性的顶层设计，分层次构建学生社团全面参与的校园文化建设平台体系。

一、"文化传承与创新"校园文化建设实践平台

（一）"文化传承与创新"类实践平台的社团特征

学生社团在传播和丰富校园文化中扮演着不可或缺的角色，他们既是中华传统文化的传承者，也是创造性转化创新性发展传统文化的先行者；他们既是校园文化传统的忠实守护者，也是文化创新的领跑者。学生社团通过多样化的活动，使得校园文化在传承的同时不断创新，变得更加多元和充满生命力。此类校园文化活动体系包括文化传统的传承和文化创新两方面。

在文化传统的传承方面，许多以国学、书法、朗诵、戏剧、民乐等为主题的传统文化社团，在校园节日、庆典以及日常活动中，通常会举办各类展览或进行表演。比如在春节、中秋等传统节日，传统文化社团会组织书画展览、诗词比赛、围棋对弈、茶道表演等活动，这些丰富的体验让学生在参与中加深对中华文明深厚底蕴的了解，感受传统文化的魅力。这不仅让校园生活更具文化氛围，同时帮助学生建立文化自信，增强民族身份的认同感。

在文化创新方面，诸多新兴的学生社团则表现出蓬勃的生命力。这些社团往往以开放的姿态，积极引入国际元素或新兴技术等，融合现代艺术和科技，创造新的文化表现形式。通过开展跨文化交流，使学生得以窥见不同文化的交融与文化创新的边界，激发他们对未知的好奇心以及对可能性的探索欲。通过组织新科技展览，鼓励学生利用科技手段创作新颖的艺术作品。

传统文化类社团帮助新时代大学生建立起对中华文化的深刻理解和自觉自信，新兴社团则通过引入外来文化和新科技，不断增强校园文化的开放性和多元性。这样的循环互动，既保护和弘扬了传统文化的内核，又让校园文化生机勃勃，充满活力，为培养拥有民族情感、创新精神和全球视

野的人才奠定坚实的基础。

（二）"文化传承与创新"类实践平台社团介绍

限于篇幅，以下仅对著者所在学校的部分相关实践平台做简要介绍。

东篱书画社。东篱书画社以"养松柏正气，法梅竹风骨"作为社训。社团致力于承载和传播中国传统书画艺术，通过定期组织书画展览和工作坊，加深成员对书画等艺术形式的认识，通过邀请知名艺术家举办讲座或示范，使同学们能够近距离感受大师风范，从中汲取灵感和技巧以提高书画技艺。这些活动不仅让学生直观感受到了传统文化的魅力，也熏陶了他们的审美情操和艺术修养。

越剧社。越剧社承担着传承弘扬戏曲文化的重任，宗旨"继承改革创新"凸显其对传统戏曲文化的尊重及对其现代表达的探索。这个社团为热爱戏曲文化的学生提供了一个学习和展示自己才能的平台。通过定期的戏曲训练、表演、工作坊和讲座等形式，使越剧艺术在学生中得以传播，激发了学生对民族文化的兴趣和热爱。同时社团还在传统戏曲基础上大胆创新，使之更贴近现代人的审美需求，保持越剧的活力和时代感。

菁菁文学社。菁菁文学社为文学爱好者提供了一个充满创意和活力的交流平台。社团品牌活动多元且丰富，包括"诗歌之王"比赛、菁才朗读者活动和古风歌曲演绎大赛等，这些活动不仅促进了学生文学创作水平的提升，也拓宽了他们的文化视野。通过参与社团活动，学生们能够锻炼写作和表达能力，增进对文学（特别是古代文学）的深刻理解，同时，这样的社团环境也促进了成员之间的交流学习与相互启发，营造了浓厚的文学氛围。

凯风汉服社。凯风汉服社坚持"岂曰无衣，与子同袍"的社团理念，以宣传汉服、汉文化为己任，旨在传承中华优秀传统文化。社团定期组织汉服体验、展示与讲座活动，还会举办传统节日庆典以及汉服主题的摄影比赛等。通过这些内容丰富、形式多样的活动，学生们不仅有机会穿戴传统服饰，体验传统礼仪，也能在现代校园背景下重拾和赏析古典文化之美。凯风汉服社为热爱汉文化的人提供了一个温暖的家，让成员在传承中感受传统文化的温度，在交流中加深了对传统的认识和爱护。

二、"培养个性和特长"校园文化建设实践平台

（一）"培养个性和特长"类实践平台的社团特征

学生社团在促进学生全面发展的过程中扮演了不可或缺的角色，为大学生提供了一个全方位展现自我、拓宽视野、丰富人生体验的关键舞台。与其他教育平台相比，社团更注重为学生打造独特的展示空间，让他们在专业学习之外可以尝试更多活动，发掘和培养个人兴趣与特长。"培养个性和特长"类社团旨在为学生提供展示才华、追求个人兴趣的平台，让他们在专业学习之外找到自我表达和个性发展的空间。

"培养个性和特长"是学生社团活动的核心理念，学生社团致力于营造一种有利于自我探索和全面成长的良好氛围。在设计和实施活动时，社团始终将满足学生多元化需求作为出发点和落脚点。在这个平台上，每个学生都受到鼓励去探索自己独特的兴趣和才能，以自我驱动的方式发展个性和特长，实现自身潜能的最大化。学生社团倡导个性化表达，关注个体差异，助力学生发现并强化自身优势和特色。在艺术、学术和技能领域，社团活动都允许学生自主选择尝试，从而在不断实践中锻炼和提升自我。例如，音乐类社团让学生精进感兴趣的乐器、声乐和合唱技艺；戏剧类社团则提供剧本创作、表演、导演和剧务等工作机会；舞蹈类社团涵盖多种风格舞蹈的学习、训练和表演。此外，辩论类社团可以锻炼学生的逻辑思维和语言表达能力。

总之，这类社团不仅是兴趣小组的集合，更是促进学生自我发现和自我完善的平台。丰富多元的社团活动有助于学生建立自信，助力他们成为

富有思想、具备特长、具有独到见解和善于个性表达的人。社团活动不仅拓宽了学生的文化视野，丰富了他们的校园生活，还为形成更加多元化且包容的校园文化做出贡献。

（二）"培养个性和特长"类实践平台社团介绍

限于篇幅，以下仅对著者所在学校的部分相关实践平台做简要介绍。

艺术团。艺术团作为学校校园文化建设的主力军，汇聚了全校热爱艺术的文艺骨干，他们肩负着推动校园文化繁荣发展的重任。艺术团始终坚持提升艺术修养、奉献社会的宗旨，致力于培养具有较高艺术修养和表演水平的团员。为了实现这一目标，艺术团积极开展各类艺术培训和实践活动，提高团员们的技艺水平和表演水准。他们充分发挥自己的才华和热情，为校园文化增添光彩，成为学校一道亮丽的风景线。同时，艺术团还积极挖掘和培养具有潜力的艺术人才，为校园文化艺术事业储备力量。在各类比赛和交流活动中，艺术团团员们充分展示自己的才华，为学院赢得荣誉，树立了良好的校园形象。他们坚守奉献社会的社团宗旨，在校内外积极传播艺术文化，让更多的人感受到艺术的美好。艺术团还通过组织丰富多彩的活动，促进团员之间的交流与合作，培养团队精神和集体荣誉感。与校外艺术团体积极开展交流与合作，以"高雅艺术进校园"为契机邀请艺术家来校指导，不断吸收新理念、新技艺，为校园文化建设注入新的活力。总之，艺术团充分发挥其在人才培养、活动组织、文化交流等方面的优势，为打造充满活力、独具特色的校园文化贡献力量。

演讲与辩论协会。演讲与辩论协会是一个以培养口才和逻辑思维为核心的学生社团，协会致力于为会员提供一个充满挑战与乐趣的学习环境，让每一位成员在辩论中提升自我，在交流中增进友谊。协会定期组织举办各类辩论赛事，如新生辩论赛、校内辩论交流赛以及校际辩论赛等，为会员们提供了展示才华的舞台。此外，协会还积极组织与其他学校的辩论交流活动，从而帮助会员拓宽视野，不断学习进步。

吉他协会。吉他协会是一个充满活力、独具特色的音乐社团，这里是乐器爱好者们的乐土，尤其是那些热爱吉他、喜欢音乐和歌唱的同学们。协会以"丰富校园生活，以乐会友，推广音乐文化"为宗旨，积极开展各类社团活动。除了有规律的教学活动，传授吉他技巧和音乐知识外，协会还组织各类文艺活动和演出，为校园生活注入音乐的活力。社团内部不乏技艺精湛的乐手，他们组建了多支风格独特的乐队，既有激情四射的现场演出，也有亲切感十足的互动交流，让音乐成为连接朋友的桥梁。

极地营街舞社。极地营街舞社秉承"peace & love"的理念，宣扬"keep on dancing"的精神。社团热衷于推广 hip hop 文化，致力于为街舞爱好者提供一个专业的街舞交流和学习环境，让跳舞成为一种自我表达和交流的方式。社团定期组织常规培训、街舞工作坊以及炫酷的街舞 Battle，为舞者们提供了一个展示自我风格的舞台，丰富了校园文化生活。

摄影协会。摄影协会是一群对摄影艺术怀有浓厚兴趣的学生自发组成的学生社团。协会通过组织会员学习摄影知识、探索摄影艺术、开展摄影活动，让摄影成为一种自我表达和交流的方式。协会定期举办作品展览、摄影比赛、外出采风和摄影讲座等活动，不仅推动了校园摄影艺术交流，还激发了师生们对摄影艺术的热爱。在协会的活动中，会员们的拍摄技巧得到提高，对光影与色彩有了更深层次的理解，让校园生活的美好瞬间得以永久地保存。

魔术社。魔术社为您揭开一个神秘而又趣味横生的世界。我们通过教学、交流、表演等各式活动，丰富了学生的大学课余生活，也让魔术的魅力得以广泛传播。参加魔术社的同学们可以学习到各种魔术技巧，拓宽视野，同时还能结识具有共同兴趣的朋友，体验到分享和奉献的快乐。在魔术社，同学们可以感受到无尽的惊喜与欢乐，与社内伙伴一起探索奇妙的魔术世界。

三、"文化交流"校园文化建设实践平台

（一）"文化交流"类实践平台的社团特征

作为校园中最具活力与创造力的团体组织，学生社团在推动校园文化多样性和促进国际文化交流方面具有举足轻重的地位。它们不仅是不同文化间相互沟通与交流的桥梁，也是连接校园与外部世界的纽带。在全球文化多元化的背景下，学生社团更是展示我国丰富文化遗产的重要平台。首先，"文化交流"类学生社团在全球文化多元化的背景下，致力于推广中华文化。通过各类文化活动、交流项目以及国际合作，社团为学生提供实践与体验不同文化的机会，从而提升我国在国际舞台上的吸引力和影响力。其次，"文化交流"类学生社团是校园文化与社会文化交融的重要窗口。社团内举办的多样化活动，如文化节、国际交流周、学术讲座以及艺术展览等，都深刻反映了学校文化的开放性和包容性。这些活动不仅让学生有机会了解社会的多元文化，也让社会大众能够直观感受到校园文化的特色和魅力，进而对学校的综合文化实力产生认同和赞许。再次，"文化交流"类学生社团致力于搭建校内外广泛的交流网络，促进院校间的合作，与各种文化机构、企业和其他社会团体建立起紧密的联系。在这一交流互鉴的平台上，多元文化得以碰撞、融合，孕育出新的文化现象和价值。这不仅为学生提供更为丰富多样的文化育人资源，同时也为校园文化的创新与传承注入新鲜活力。最后，"文化交流"类学生社团积极引导新的文化思潮、创新理念和现代科技进入学生的视野。通过组织国际研讨会、工作坊等活动，社团激发学生的创新意识和全球视野，让学生与世界先进文化同步，准确把握文化全球化的脉动。这种开放的交流模式特别有利于提升学生对外交际能力和跨文化理解能力，为他们日后成为具有国际竞争力的人才奠定坚实基础。

（二）"文化交流"类实践平台社团介绍

限于篇幅，以下仅对著者所在学校的部分相关实践平台做简要介绍。

英语协会。英语协会以"打造中外交流平台"为宗旨，致力于链接中西方的文化交流。通过策划组织各类精彩活动，比如外文十佳歌手大赛，西方节日庆典等品牌活动，为学生提供实践英语、提升英语技能的机会，同时也拓宽了学生们的国际视野，增浓了校园文化生活的多元色彩。英语协会秉持"传承优秀，促进交流"的宗旨，致力于打造优质英语学习与实践环境，让更多同学在语言学习与应用中得到锻炼，为未来职场可能面对的国际交流合作奠定坚实基础。

日语社。日语社在校内是一个历史悠久的学生组织，始终致力于推动日本文化的传播，成为热衷于日本语言和文化学生的集结地。这个社团不仅提供了日语学习的机会，还组织了各种和风手作活动，比如制作日式布艺、和纸工艺，以及日本风俗习惯的体验活动等，让同学们在体验中了解和感悟日本的传统美学。丰富多彩、形式各异的活动使日语社不仅成为提升语言技能的平台，更是文化交流与友谊建立的场所，让成员们在增长知识的同时，结交志同道合的朋友，共享学习生活之乐。

cosplay 社。cosplay 社是以 cosplay、动漫和游戏交流为核心内容的社团，为动漫爱好者提供了一个可以自由表达和分享的平台。社团定期组织成员参加校内外演出及区域乃至国家级比赛，展现成员才华，促进内外交流。日常活动涵盖化妆技巧、道具制作、表演技艺、后期制作及图像编辑等方面，提供全方位 Cosplay 文化体验与实战技能培养。通过这些活动，Cosplay 社旨在助成员沉浸动漫世界，锻炼各项技艺，培养团队协作能力，并为热爱动漫文化的同学提供一个展示创造力和交流想法的空间。

第三节　参与文化建设平台运行模式

大学文化堪称一所大学的灵魂和精神支柱，不仅勾勒出校园的独特气质和历史传统，也反映了一所高校的教育理念和文化追求。在社会主义精神文明建设过程中，大学文化的重要性日益凸显，成为提升国民素质和社会文明程度的关键因素之一。然而，在我国高等教育飞速发展的当下，原有的文化建设体制已经难以满足日益增长的高校发展需求。在此背景下，学生社团在这一转型过程中起着无可替代的作用。它们不仅是推动文化创新的活跃力量，更是激发学生参与校园文化生活、塑造良好校风学风的重要平台。

一、探索学生社团参与文化建设平台运行模式的重要性和必要性

当前的高校文化建设面临着多重挑战，如活动形式化、参与度不足等问题，亟待有效途径解决。教育部、共青团中央在《关于进一步加强高等学校校园文化建设的意见》中，对校园文化活动的内涵进行了规定，指出："高校要精心设计和组织开展内容丰富、形式新颖、吸引力强的思想政治、学术科技、文娱体育等校园文化活动，把德育、智育、体育、美育渗透到校园文化活动之中，使大学生在活动参与中受到潜移默化的影响，思想感情得到熏陶、精神生活得到充实、道德境界得到升华。"高校校园文化建设是加强大学生思想政治教育工作的重要载体，是全面提高大学生综合素质的重要途径，是传播大学精神和高校文化内涵的重要渠道。高校校园文化活动的策划者、组织者、参与者几乎都是青年大学生，是学生社团参

与育人工作最为理想的阵地之一。丰富和发展校园文化建设体系，将进一步凸显学生在校园文化建设中的主体地位，不断提升活动的先进性、针对性、育人性和创新性，促进学生全面健康发展。

《国家中长期教育改革和发展规划纲要（2010—2020 年）》明确提出："坚持以人为本、全面实施素质教育是教育改革发展的战略主题，是贯彻党的教育方针的时代要求，其核心是解决好培养什么人、怎样培养人的重大问题，重点是面向全体学生、促进学生全面发展，着力提高学生服务国家服务人民的社会责任感、勇于探索的创新精神和善于解决问题的实践能力。"实施素质教育是高等教育办学思想的应有之意，全面提高大学生综合素质是社会各方对高等院校的必然要求。因此，大力推行素质教育是高等教育发展的大势所趋，高校需要探索适应学生全面发展需要的新型校园文化建设模式。学生社团以其贴近学生、灵活多变的特点，成为深化素质教育、丰富校园文化内涵的关键力量。

传统校园文化建设运行模式的重要特征是自上而下的教育走向，大多是上级做出决策，部门运用行政手段向各班级发出指令，基层学生被动"完成任务"。此种模式运行下，现今校园文化建设活动中虽不乏精品，但活动质量良莠不齐，个别活动学生参与度低、认可度差、影响力弱。长期以来，高校在开展校园文化活动时容易游走两端：一是滑向"泛娱乐化"，热闹的唱唱跳跳或表面的涂涂画画，让人感觉是为活动而活动、为娱乐而娱乐，缺乏思想性、教育性和文化内涵；一是陷入"纯学理化"，单一的理论知识宣讲或纯粹式说教传道，类同于第一课堂，容易失去吸引力、感染力和情趣体验。校园文化建设活动不属于严格的第一课堂，对学生参与的纪律约束较弱，单一、纯粹、说教的课外校园文化活动虽然理论性、思想性、教育性很强，但学生的接受度和参与度一般不高，相应地，学生在校园文化活动中的主体体验不足、主动性不强，校园文化活动难以收到预期效果。当前高校校园文化活动的吸引力、影响力和感染力亟须提升，校园文化的育人功能没有得到最大限度地发挥。

与传统的自上而下的校园文化建设模式相比，学生社团参与的文化建设平台运行模式强调从基层发起、学生自主参与的方式。这种模式更有效地调动了学生的积极性，使他们从被动的"任务完成者"变为主动的"文化创造者"，不仅使校园文化活动更具吸引力和感染力，也有助于校园文化的创新。这种模式强调大学生主体在校园文化领域的自主权利，尊重每位学生的个性需求与多样化发展，调动学生的主观能动性，使他们能够主动积极参与到教育管理的各领域中。通过学生社团组织的系列文化活动，既能体现学生的个性化需求，也能实现对学生的全面培养。因此，探索学生社团参与文化建设的运行模式成为重构高校文化建设体系的必由之路。通过这一模式，大学生将更深刻地参与到文化创建过程中，感受文化的魅力，提高自身的文化素养，发挥出自身的创造力和创新精神。这种模式是对高等教育育人工作的有益探索，更是推动校园文化建设适应社会发展要求，提升其科学性、先进性和实效性的有效策略。

二、学生社团参与文化建设平台运行的基本原则

学生社团参与文化建设实践平台体系的内涵和精髓强调学生的主体性作用，突出学生的主体地位。在校园文化活动中给予学生充分的自主权和更为宽松广阔的舞台，使参与校园文化建设组织的社团和学生能够最大限度地发挥作用，让广大学生主动、自愿、愉悦地参与校园文化活动，从而实现全员为校园文化建设做贡献的良好局面。

在学生社团参与文化建设平台运行模式的设计上，以促进全体学生全面发展为核心目标、以挖掘学生主动性和创造性为主要抓手、以尊重学生个性需求为根本原则，给予学生社团更为广阔的育人功能发挥空间和完善自我空间。开展年度计划时，向全体学生社团公布学校和各专业学院年度育人工作计划及对应核心指标。各级各类学生社团可结合自身优势特长自

主认领，并据此完善社团年度工作计划，针对性优化社团活动体系。各项育人指标对应有相应的资源配套和经费支持，最终根据完成情况给予不同比例的兑现。

（一）以促进全体学生全面发展为中心任务

团中央学校部与中国青少年研究中心曾联合开展相关调查，以深入了解大学生对文化活动的参与度和喜好。调查结果显示，在众多教育活动载体中，最受大学生欢迎的是校园文化活动（48.4%）和"青年志愿者行动"（47.6%）。校园文化活动以其丰富多彩的形式，深受学生喜爱。这些活动不仅挖掘了学生的潜能，启发了他们的智力，还促进了他们的能力发展。作为一种群体文化，校园文化活动为学生提供了一个展示自我、互动交流的平台，帮助他们从"自然人"向"社会人"转轨。在校园文化活动中，公平竞争、团结协作、自强不息、自信不止等精神得到了充分的体现。这些精神力量以特有的魅力对大学生的身心健康发展产生了强大的潜移默化的影响。因此，校园文化活动是大学校园中参与人数最多、投入热情极大、开展最为广泛、认可度较高、持续时间最长的文化活动。这种隐性教育形式对大学生成长发展的影响是深远且持久的。高校教育工作者需要善于利用校园文化活动这一载体，将系统化的素质教育内容融入大学生普遍欢迎的各项活动中。

在学生社团参与文化建设平台运行的过程中，要充分利用校园文化活动的广泛性特点，激发全体学生积极参与，各展所长，让他们在享受文化活动的乐趣中，不知不觉中受到熏陶、收获成长。通过这种方式，学生在丰富课余生活的同时，也能树立正确的价值观念，养成良好的个性品质，培养科学的思维方式，提升自身的多方面能力。校园文化活动作为学生社团参与文化建设平台运行的核心载体，对于促进全体学生全面发展具有重要意义。要充分发挥其在教育中的重要作用，让全体学生都能参与到校园文化活动之中，让每一位学生在参与的过程中，都能收获个人成长。这不仅有助于提高我国高等教育的质量，也有利于培养具有全面素质的社会主义建设者和接班人。

（二）以挖掘学生主动性和创造性为主要抓手

校园文化活动，作为高校共青团组织开展思想政治教育工作的重要载体，在我国高校中具有不可忽视的地位。然而，在实践过程中，一些过度设计和控制的现象日益显现。这些问题主要可以从几个方面进行探讨：首先，大部分校园文化活动由团组织独自承担，而非官方的学生组织自发举办的活动寥寥无几。这种情况使得校园文化活动的主导权过度集中在团组织手中，忽视了广大学生的主体地位。团委负责教师全权负责活动项目的确定和具体方案的制定，学生组织及学生干部仅负责执行。在这种模式下，学生干部策划活动被认为是"放任自流、被学生牵着鼻子走"，最终的结果必然是"乱无头绪"。其次，各类校园文化活动的"规定动作任务"已使各类学生组织工作量饱和，没有给学生自主创设活动项目预留一定的空间。这种情况导致学生在校园文化活动中的参与度不高，仅仅是被动的参与者，而非主动的创造者。再次，教师在校园文化活动中过分主导，虽煞费苦心策划设计本以为会深受学生欢迎的活动，最终却往往是学生一脸苦相的被迫参与。活动结束后教师再进行反思，总结经验教训。如此循环往复，校园文化活动成了活动设计的试错场和师生代沟的晴雨表。

值得注意的是，尽管当前校园文化活动是高校中学生参与度较高的领域，尤其是在活动的策划、宣传、组织等方面，共青团组织与相关学生骨干发挥了重要的作用。但无可否认，校园文化活动的核心主导者仍然是教师，学生在整个过程中自主空间不大，地位略显被动。尤其是真正了解学生需要什么活动、喜欢什么活动的学生社团，却始终没有站在舞台的中央。我们必须认识到，学生在校园文化活动中具有双重角色身份，分别是校园文化活动的策划者、筹备者和组织者；校园文化活动的参与者、体验者和受益者。他们愿意接受新事物，同时也富有批判精神，因此，以学生为主体推进校园文化活动创新，是高校文化建设发展的必然走向。校园文化活动只有学生积极广泛的参与，才能实现全体学生的全面可持续发展。校园文化建设不仅需要学生以接受教育者的身份积极参加，而且需要学生以主人翁姿态为其科学发展献计献策，如此才能实现学生成长和学校人才培养的事半功倍。因此，学生社团参与文化建设平台运行时强调学生在其中的"主角"身份，给学生社团提供更多"展示的机会，表达的机会，创作的机会"，想方设法挖掘学生的主动性和创造性。

（三）以尊重学生个性需求为根本原则

校园文化活动的成功举办离不开学生的广泛参与。然而，当前高校校园文化活动策划存在忽视前期调研、过度侧重策划组织的不良倾向。活动策划者未能充分意识到学生中心地位的重要性，缺乏全面、深入、广泛的前期调查，仅凭主观臆断策划活动，从而导致部分学生个性化需求未能得到满足，限制了校园文化活动的多样性和发展空间。

尊重学生个体差异和个性化成长需求，是高校校园文化蓬勃发展的重要前提。只有关注学生需求，不断创新活动形式，才能使校园文化活动更具生命力，为大学生提供更加丰富多样的文化体验。在网络技术飞速发展的时代背景下，大学生们的视野变得更加开阔，个性更加鲜明，他们对大学校园文化的需求也更为多元。因此，校园文化建设必须以学生为中心，充分关注每个学生的特点和兴趣。

愉悦性是校园文化活动的关键特征之一。相较于枯燥、呆板、灌输式的教育活动，校园文化活动注重寓教于乐，因此对大学生具有巨大的吸引力。失去了乐趣和愉悦性，校园文化活动将失去其生命力。生命力源于贴近学生实际需求，源于活动形式的不断创新，源于每项活动都能传递真诚，使所有学生都能发现个人喜欢的校园文化活动，并在其中发现自身的价值、体验自身的成长。

（四）以服务人才培养大局为核心目标

文化育人过程中，每个学生社团都是不可或缺的一部分，他们能为校园文化建设注入源源不断的活力。高校需要构建既符合学校育人要求，又能体现社团个性化发展的校园文化活动体系。这将有助于提升高校的人才培养质量，为我国的教育事业和社会发展做出更大贡献。因此，通过有效的运行模式提升学生社团参与文化建设的育人效率是关键。为了确保运行模式的有效实施，需要采取一系列举措来推动和落实。

首先，高校应将年度教育目标和重点任务进行透明化，并面向所有学生社团公示。这样做的目的是让每个社团都能清晰地了解学校的发展方向和育人目标，从而更好地规划自身的发展路径。通过这种方式，各社团可以根据自身特点和优势，自主选择负责的项目，进而制定和完善自己的社团年度活动计划。其次，这样的社团年度工作计划不仅体现了学校育人的要求，还为社团的内涵式发展提供了活动体系的个性化设计空间。每个社团都可以在这个框架下，发挥自身优势，打造更多的社团品牌活动，为校园文化建设贡献自己的力量。再次，学校应当为这些校园文化活动提供必要的资源支持和资金投入。这是保障活动能够高质量开展的重要前提。通过资源配置的优化，可以提升学生社团的活力和凝聚力，进一步推动校园文化的繁荣发展。最后，根据各社团完成情况的实际效果，学校应给予相应的奖励和资源配置。这种激励机制有助于激发学生社团的积极性和创造力，促使他们持续发展，不断提升对校园文化建设的贡献。

三、参与文化建设平台运行模式个案研究——学生社团参与公寓学风建设

（一）公寓学风建设：适应新时代高校教育改革与发展之需

十八大报告明确指出："教育是民族振兴和社会进步的基石"。高校作

为人才培养的重要摇篮，其所培养出的学生的思想道德及科学文化素质，将对我国未来发展产生深远影响，并关乎全面建设社会主义现代化国家、中华民族伟大复兴等重大事业的顺利推进。伴随着我国高等教育的逐年扩招以及后勤社会化的深入推进，教育教学改革和学分制的广泛实施，班级和年级的概念正逐渐淡化。在此背景下，大学生们以寝室为基本单位进行的互动在深度、广度和频次上均呈现出不断增加的趋势。学生公寓已经转变为学生们的生活、休息、学习和交流的核心场所，并逐步取代班级，成为培养和塑造高素质人才的首要环境。

受社会价值多元化、高等教育大众化、后勤管理社会化等多重因素影响，当前高校公寓中仍存在一些不容忽视的学风问题。著者曾就这一问题对宁波市的五所本科院校进行过调查，调查结果令人深思：学生在公寓逗留时间长，但学习时间短；公寓中娱乐诱惑多，学生自制能力较差；学生生活作息不规范，导致课堂上频频出差错等等。大部分学生的课余时间都喜欢待在公寓，但用于学习的时间相对较少（相关调查显示，超过半数的学生每天在宿舍学习时间不足一小时）。在公寓中的自由支配时间，学生们更多地用于非学习项目，尤其是容易沉迷的网络娱乐（相关调查显示，有 57% 的男生和 38% 的女生每天在公寓用于网络娱乐的时间超过三小时）。由于没有实行统一熄灯制度，部分自制力较弱的学生常常熬夜交谈、纸牌大战、上网游戏、看剧、刷短视频等等，导致次日卧床不起、迟到或在课堂上昏昏欲睡等不良现象，严重影响了校风和学风。显然，公寓学风建设已成为高校教育改革与发展的时代要求，是新时期高校具有战略意义的人才工程，探寻有效的解决途径已迫在眉睫。

（二）公寓学风建设：在解决寝室文化建设难题方面具有实际价值

寝室文化是指在寝室这一生活空间中，同学们共同塑造的积极、健康、向上的生活方式和价值观念。公寓学风则是指在公寓这一学习环境中，同学们所秉持的严谨治学、勤奋好学、相互尊重的学术氛围。寝室文化建设与公寓学风建设的关联犹如水与鱼，彼此依赖、互相促进。优质的寝室文化是培育卓越公寓学风的关键基础。反之，优良的公寓学风也是推动寝室文化建设的重要动力。一方面，整洁有序、和谐融洽的寝室环境为同学们营造了一个舒适的学习和生活空间，使他们在愉悦的氛围中更加专注于学业。同时，寝室成员间的互相关心、互相鼓舞有助于培养同学们的团队精神和协作能力，进而推动优良学风的形成。有关调查数据表明，优秀寝室学生的思想政治素质、受表彰人次、获得奖学金的人次显著高于其他寝室。由此可见，良好的寝室文化有利于培育优质公寓学风。另一方面，在严谨学风的浸染中，同学们愈发重视个人素养和优良行为习惯的养成，恪守社会公德，尊重他人。这种积极向上的精神风貌延伸至寝室生活，促使寝室文化更加正面、积极，充满活力。可见，优秀的公寓学风有助于推动寝室文化建设。寝室文化和公寓学风的建设对学生全面发展具有显著的推动作用。寝室文化建设与公寓学风建设相辅相成，共同为学生营造一个优良的学习和生活环境，促使他们在德、智、体、美、劳各方面全面发展。

早在 1997 年，国家教委在《关于进一步加强高等学校社会主义精神文明建设的若干意见》中要求："重视加强寝室文化建设，强化宿舍的育人功能。"然而，尽管各高校在寝室文化方面投入了大量资源，成效却并不显著。2012 年 5 月 16 日，时任浙江省省长夏宝龙在浙江省高校科研成果面向企业转化推介会上，专门谈及高校寝室管理问题，对寝室卫生状况不佳的现象进行了严厉批评。他强调："在全省狠抓高校寝室卫生，从寝室卫生看学校的管理，看学生的素质。"同年 6 月 14 日，浙江省教育厅紧急召开全省高校寝室卫生管理和文明建设现场会议，对相关工作进行部署。自此，寝室文化建设成为浙江省高校工作的重要内容之一。

寝室文化建设是一项综合性任务，需全面考虑与其紧密相关的各个层面，以制定出一套系统性的解决方案。这其中关注公寓学风建设与寝室文化建设的交互关系至关重要。前者关乎学生的学习态度和行为规范，后者则涉及学生的生活方式和价值观念。在相互作用和相互促进的过程中，二者共同营造优美的校园生活环境。唯有当公寓学风建设得到实质性加强，寝室文化建设才能取得更为显著的成果。因此，在推进寝室文化建设的同时，需重视公寓学风建设的研究与实践。深入探讨公寓学风建设问题，有助于解决寝室文化建设这一影响高校发展的热点和难点问题。这对于提升高校整体实力和竞争力，培育全面素质的优秀人才具有重大现实意义。

（三）现行公寓学风建设运行机制成效不佳

面对公寓学风建设这一崭新课题与挑战，众多高校已展开积极有益的探索。公寓学风建设旨在为学生公寓区营造一种严谨治学、勤奋好学以及相互尊重的学术氛围，这是全面提高高等教育质量的重要环节。然而，目前我国高校在公寓学风建设方面的成果尚不尽如人意。公寓学风建设之所以普遍处于建设不到位、针对性不强、效果不理想的被动局面，主要有三方面原因：

1. 体制构建尚待改进，难以充分发挥学风建设之功效

（1）在组织架构上，学生的主体地位尚未充分体现。尽管当前高校公寓学风建设组织体系相对完善，但学生主体地位尚不突出，学生组织作用未得到充分发挥。部分高校已建立"以党委学工部为核心，各院系学生工作组为支点，各学生公寓为基本单位"的公寓学风建设组织体系；另有部分学校在每幢公寓楼设立辅导员工作室，入驻辅导员专门负责公寓学生的思想政治工作和日常行为管理。然而，面对庞大的公寓学生群体和复杂的公寓学风建设系统工程，仅依靠公寓管理人员和辅导员显然不足，学生组织和学生骨干是公寓学风建设的重要依靠力量。因此，建立健全相关制度，明确学生组织在公寓学风建设中的职责和权限，已成为迫在眉睫之事。

（2）在管理领域上，学生的参与效度有待进一步提升。事实上，公寓

管理已成为学校管理事务中学生参与度较高的领域。然而，参与度高并不意味着参与效果佳。在我们的调查中，仅有不足五成的学生认为学校注重学生干部综合素质的培养，而55.7%的学生认为学生干部与普通同学在能力素质方面并无显著差异。由此可见，影响学生参与热情和制约学生参与效果的关键因素在于相关组织机构缺乏必要的激励约束机制。学校在关注"用人"的同时，却忽视了"培养人"，从而影响了学生干部的参与程度、参与深度及参与效度。

（3）在承载平台上，活动的形式内容尚待提高针对性。寝室文化活动是公寓学风建设的重要载体。在我们的调查中，当问及"你如何看待寝室文化活动？"时，仅有22.5%的学生认为这类活动"很有意义"，22.9%的学生则认为"一点意思也没有，从不参与"。从评价中可知现行的寝室文化活动存在一定的问题，原因在于：一方面，活动的形式和内容过于单一，往往只是简单地照搬照抄其他校园文化活动，缺乏创新性和独特性。另一方面，活动组织者没有充分考虑到公寓特有的环境条件，导致寝室文化活动缺乏针对性和生命力，使其缺乏吸引力。

2.运行环境尚待优化，难以充分发挥学风建设之功能

（1）组织架构内关系尚待优化梳理。当前我国高校公寓学风建设面临的一个重要问题是组织架构的不完善。在现行的运行机制中，公寓管理部门与校党委、学生处之间，以及与各院系学工系统之间的关系错综复杂，导致公寓学风建设目标难以顺利实现。为了解决这一问题，我们需要构建一个既独立自主，又能处理好与各职能部门关系的组织架构。

这个组织架构应当具备独立性，以便于公寓管理部门能够根据实际情况和需求制定并实施相应的公寓学风建设措施。独立自主的组织架构有助于提高工作效率，确保公寓学风建设工作能够迅速响应时代发展和学生需求，从而提高公寓学风建设的针对性和实效性。

这个组织架构需要具备良好的协调沟通能力，以便于与校党委、学生

处以及其他职能部门保持紧密合作。通过建立健全的沟通机制，确保各部门之间的信息畅通，有利于各方共同推进公寓学风建设工作。同时，这也有助于各职能部门在公寓学风建设中发挥各自的优势，形成合力，共同为改善公寓学风贡献力量。

这个组织架构应当确保公寓学风建设目标的顺利实现。通过明确各部门的职责和任务，确保各项措施的落实，从而使公寓学风建设真正取得实效。在此基础上，还应定期对公寓学风建设情况进行评估，以便及时发现问题并进行整改，确保公寓学风建设不断向前推进。

（2）缺乏推动良性运行的整体环境。当前，我国很多高校在公寓学风建设方面存在诸多认识误区。一方面，部分师生将寝室仅仅视为学生休息和生活的地方，认为它并不适宜作为学习场所。相关调查显示，72% 的大学生认同"宿舍不适合学习"的观点。另一方面，他们认为学生的学习活动以及各类学风建设活动应集中在寝室以外的区域进行。这些误解导致广大师生对公寓学风建设的必要性和重要性缺乏深刻认识，从而使其成为公寓学风建设的最大障碍。

探讨此问题首先需要对公寓学风以及公寓学风建设的概念予以明确。公寓学风是以学生公寓为主要载体，以学生群体为主体，主要体现为学生在公寓学习过程中所形成的稳定学习习惯和行为倾向的一种高校群体文化。公寓学风建设则是指在学生公寓内营造一种积极向上、严谨治学的生活氛围，促使学生在日常生活中自觉践行社会主义核心价值观，养成良好的学习习惯和行为规范。公寓作为学生生活的主要场所，其学风建设对于学生的成长与发展具有重大影响。

广大师生应深刻认识公寓学风建设的必要性和重要性。公寓学风建设是高校学风建设的重要组成部分，关系到学生的全面发展。师生们应共同努力，打破认识误区，推动公寓学风建设取得实效。事实上，公寓不仅是学生休息和生活的地方，同时也是他们学习的重要空间。相关调研结果显示，许多学生希望在公寓内进行学习，因此在公寓内开展学风建设活动具有显著的现实针对性和实际意义。公寓是学生彼此了解、交流和共同成长的重要场所，通过在公寓举办各类活动，可以加强学生之间的联系，促进他们之间的交流与互动。例如，可以组织公寓内的读书会、学术讨论等活动，激发学生的学习兴趣，提高他们的学术素养。

3. 评价反馈机制尚待完善，难以达成学风建设之预期目标

（1）公寓学风评价缺乏科学性。确定科学、合理的评价标准对于公寓学风建设具有至关重要的意义。然而，在当前的实践中，我们发现公寓学风评价方式相对单一，评价体系缺乏统一且科学的评价标准，主观性较强，导致评价结果难以真实反映实际情况，也无法有效地指导公寓学风建设工作。为了更好地推进公寓学风建设，我们需要对现有的评价方式进行改进，构建一套科学、合理、客观、统一的评价标准体系。

在制定评价标准时需要重点考虑：其一，应当具有全面性。需要从多个维度对公寓学风进行评价，包括学生的学习成绩、学术表现、学习态度、行为习惯等。只有进行全面的评价，才能更好地了解学生的真实状况，从而有针对性地推动学风建设。其二，应当具有客观性。尽量避免主观因素的影响，确保评价结果能够真实地反映学生的实际情况。尽可能采用量化、可比的方法，使评价结果具有较高的可信度和可靠性。其三，应当具有可操作性。标准应该简单明了，易于理解和实施。在实际操作中能够更加便捷地运用评价标准，从而提高评价效率。最后，应当具有动态性。公寓学风建设是一个长期的过程，评价标准也需要不断地调整和完善，以适应不断变化的环境和需求。因此要充分考虑到其动态性，确保评价标准始终能够为公寓学风建设提供有效的指导。

（2）公寓学风评价体系建设亟待丰富多元反馈渠道。当前，我国公寓学习纪律的反馈工作主要依赖于常规性的公寓纪律检查以及班主任和辅导员下寝室时的反馈意见。这些反馈方式在一定程度上确保了公寓学习纪

律的落实与优化。然而，也暴露出一些问题，如反馈渠道单一，缺乏多层次、多形式的反馈机制。

常规性的公寓纪律检查主要侧重于对学生日常行为规范的监督，如作息时间、卫生环境等方面。这种方式能让同学们了解到遵守纪律的重要性，但可能在针对性、及时性方面有所欠缺。而班主任和辅导员下寝室时的反馈意见则更侧重于对学生个人品行的了解，通过与学生的面对面交流，可以更直接地了解到学生在公寓生活中的表现。然而，这种方式的覆盖面有限，难以全面了解每个学生学习方面的实际情况。

因此，应当积极探索多层次、多形式的反馈渠道。一方面，利用现代科技手段，如问卷调查、在线平台等，让更多学生参与其中，提高反馈的全面性和及时性。另一方面，通过举办座谈会、组织公寓学风论坛等方式，让学生有机会分享公寓学习生活中的经验和感悟。对于学生在公寓中出现的学习问题，要及时分析原因，提出针对性的整改措施。同时，还要关注学生的需求，不断完善公寓管理制度和服务体系，为学生创造一个舒适和谐的公寓环境。综上所述，通过构建多样化的反馈途径，有助于强化公寓学习纪律的执行，提升学生的自律意识，优化反馈成效，营造更为优良的公寓学习风气。

（四）学生社团参与公寓学风建设的提出及其重要意义

首先对学生社团参与公寓学风建设进行概念界定。"学生社团参与公寓学风建设"是指学生社团以学生组织身份通过组织参与、管理参与、活动参与等各种途径，主动介入到高校公寓学风建设的各项教育管理活动中。使社团成员从被动管理者转变为主动管理者，从而最大限度地发挥他们的积极性、主动性和创造性，最终实现学生的全面发展。

再对学生社团参与公寓学风建设运行机制进行概念界定。在系统论视角下，学生社团参与公寓学风建设运行机制是输入要素、操作要素、输出要素和反馈要素四个要素的综合体，是各构成要素之间为确保公寓学风建设目标和任务的实现，而彼此联系相互作用的工作方式和运作过程。它不仅具有规范和制约的功能，而且也具有激励和发展的功能，可促进公寓学风建设规范性要求内化为学生的观念、意识、能力和素质。详见图7-1。

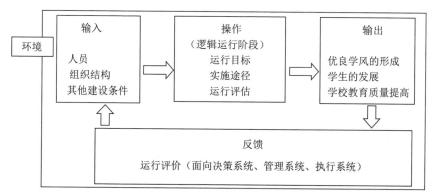

图7-1　学生社团参与公寓学风建设运行机制系统图

关于学生社团参与公寓学风建设的重要意义，共包含三个方面。第一，凸显了学生在公寓学风建设中的主体地位。学生社团参与公寓学风建设注重学生在事关个人成长成才过程中的深度参与，凸显了学生的主体地位，突出强化了公寓管理的教育服务功能。通过给学生提供"表达的机会，展示的机会，发展的机会"，使学生淡化"受教育者"的角色意识，并在参与公寓学风建设中以更自觉主动的心态学会学习、学会做事、学会做人。第二，推动了公寓管理工作认识误区的转变。公寓学风建设的最大阻力是观念认识误区的障碍。学生社团参与公寓学风建设有助于高校上下转变观念，提升对公寓学风建设必要性和重要性的认识，使公寓管理的工作重心从"以学生为关注焦点"改为"以学生的成才为关注焦点"，促进公寓学风建设直接纳入公寓管理主要工作内容之中。第三，体现了新时期高校的人才培养要求。新时期高等教育的本质是为学生的全面发展创造条件。学生社团参与公寓学风建设强调突出学生的主体地位，通过"吸引学生参与、指导学生参与、服务学生参与"，为学生在公寓中的自我管理和自我教育提供良好的外部条件，以促进学生积极参与到有助于自我发展的管理事务中，从中使学生体验到个人价值实现的满足感。

（五）构建学生社团参与公寓学风建设运行机制

第一，要构建适切的学生社团参与公寓学风建设体制，奠定运行机制的基础。具体包括三个层面：其一，构建广泛参与的公寓学风建设组织体系。公寓学风建设组织体系是负责公寓学风建设策划、评估、分析和改进实施的主体。其构建的核心在于明确学生自治组织机构的设置及隶属关系。在学校层面，应设立学生公寓管理委员会作为公寓学风建设学生自治组织的最高权力机构。学生公寓管理委员会在学校的党委和学工部门的共同指导下，负责全校各级各类公寓学风建设学生自治组织的管理协调工作。在各院系，应设立学生公寓管理委员会分会，分会则在院系党组织、院系学生工作领导小组以及校学生公寓管理委员会的协同领导下开展相关工作。分会下属的基层组织包括社团公寓管理委员组和班级公寓管理委员组，构成了公寓学风建设组织机构的最基础部分。其二，构建完善有力的公寓学风建设管理体系。参与学生素质能力的提升是公寓学风建设最强大的推动力，因此建立以培养学生综合素质能力为核心的公寓学风建设管理体系是提高学生社团参与公寓学风建设体系科学化与规范化的关键。高校各级党组织和有关部门要提高对公寓学风建设学生自治组织的指导意识，加强参与学生的选拔、培养和考核。各院系学生工作领导小组应担负起本单位学生社团参与公寓学风建设的直接责任，领导小组成员应严格考察其工作进展，以其成果作为该院系学生工作考核的重要依据。以此确保各院系对公寓学风建设的重视程度，为参与学生素质与能力的提升提供坚实保障。其三，构建独具特色的公寓学风建设活动体系。公寓学风建设活动体系并没有统一的模式，高校可根据自身实际情况和学生的需求构建符合本校实际的公寓学风建设活动体系。著者根据所在学校实际构建了"全方位、多层次、宽时限"的公寓学风建设活动体系，该体系以"学校有精品、院系有特色、社团有平台、寝室有参与"为目标，使公寓学风建设活动成为广大学生积极参与、各年级特色鲜明、持续时间长久并广受欢迎的热点活动。

第二，要创建学生社团参与公寓学风建设优良环境，协调运行机制的关系。一方面，要形成良性的公寓学风建设运行结构。公寓学风建设运行机制是一个由以校党委、学生处为主体的决策系统；以公寓管理部门和各院系为主体的管理系统；以参与公寓学风建设的教师和学生为主体的执行系统三个子系统组成的完整系统。它们之间相互作用、相互影响，理顺三者间的关系尤为重要。另一方面，优化公寓学风建设运行环境。在系统论视角下，系统是一定环境中的系统，它始终受所处环境的影响，又作用于一定的环境。高校应创设一种"领导重视公寓学风，全员关心公寓学风，后勤保障公寓学风"的学校大环境，以实现公寓学风建设系统和外在环境的良性循环。

第三，要提高评价反馈的科学性和针对性，发挥运行机制的功能。一方面，要设计详细的公寓学风评价指标体系。2013 年 1 月 1 日上海市教委发布全国首部高校学生公寓管理服务标准《高等学校学生公寓管理服务规范》。该标准以服务学生成才为主导，量化了公寓管理服务中各项工作内容应达的目标。高校可结合此标准、相关法规和学校实际，根据学生公寓这一特殊场所的实际情况，遵循定性定量评价相结合的原则，客观全面地制定一套本校的公寓学风评价标准，使公寓学风建设纳入法制化、规范化和科学化的轨道。另一方面，要构建多层次多样化的反馈渠道。公寓学风评价反馈是为了通过检查和评估公寓学风建设的实施结果，及时发现问题并找出存在问题的原因。因此在完善反馈机制时，提升反馈的系统性、全面性就显得尤为重要。公寓学风建设运行机制的反馈功能可分为宏观、中观与微观三个层次，分别面向决策系统（校党委、学生处）、管理系统（公寓管理部门、各院系）和执行系统（参与公寓学风建设的教师、社团和学生）。

（六）学生社团参与公寓学风建设体系的实施效果

著者于上述运行体系试行一学期后，进行了关于实施情况的问卷、访谈调查。旨在了解学生社团参与公寓学风建设实施情况和实际效果，分析找出运行机制在实施中的优点与不足，并对此进行总结与改进。

首先，学风院风有明显提高。主要表现在两方面：其一，课堂出勤纪律改善，学术积极性提升。通过调查我们发现"参与早晚自习的情况和上课出勤率"，有 45% 的同学表示有明显提高，有 40% 的同学表示略有提高，只有 10% 与 5% 的同学表示没有变化与略有下降。当问及学生在校违纪现象如何时，有 35% 的同学表示明显减少，有 45% 的同学表示略有改善，有 15% 的同学表示没有减少，只有 5% 的同学表示有所增加。在问到"当学校有一些学术活动（如讲座、科研创新项目的申报等），你对此是什么态度？"时，45% 的同学是积极参与的，有 40% 的同学是表示偶尔参与一下，有 10% 与 5% 的同学表示要求了再参加和从来没参加过。在对任课教师的访谈中，被访老师提道："现在同学们上课迟到的情况减少了很多，上课说话的也少了很多，纪律有很大的改善"。可见，运行机制实施后，早晚自习、上课出勤率有明显的改进；课堂纪律有较大的改善；学生在校违纪现象有所减少；学生参与学术活动积极性有所提高。其二，学习主动性提高，自主学习意识增强。在对任课教师的访谈中，被访老师提道："以前抄作业的现象比较严重，现在虽然也有，但是总体下降的趋势还是非常明显的"。"以前都是老师满堂灌，现在同学在上课的时候跟我有互动，愿意去听课也愿意参与课堂上的讨论和思考，另外下课的时候学生问问题的多了，还有一些学生甚至利用休息时间去办公室问问题，这些都是以前所没有的。"

其次，参与人员的范围有所扩大。我们欣喜地看到在分院大力实施学风建设的背景下，学生社团带动越来越多的学生参与到学风建设中。如在对班主任的访谈中，班主任丁老师提到班级同学参与学校校园文化建设活动由原来的 25 人增加到 31 人，所占班级人数比例也由 58% 增加到 72%；班主任朱老师提到班级同学参与学校校园文化建设活动由原来的 10 人增加到 30 人，所占班级人数比例也由 21% 增加到 64%。

再次，参与学生的素质有所提升。问卷调查中那些已经参与到校园文化建设活动中的学生普遍表示，自己在参与前与参与后个人在很多方面有了提高和进步，如提高了学习的主动性，充分发挥了自己的特长，自己的执行力有所提高，提高了自己的交际能力，拓宽了知识面等。在对教师的访谈中，被访老师提道："学生参与校园文化活动提高了学生的综合素质，又使学生学会了如何应对新情况新问题的挑战"，"以前可能参与的学生都是一些积极性比较高的同学，现在普通同学也参与进来了，他们在校园文化建设过程中通过一些自己取得的成绩来鼓励自己，这样就会有满足感，从而增加了自信"。

第四节　参与文化建设实践平台运行实证分析

作为一种特别的文化育人载体，社团拥有独特的魅力和优势。然而，参与数量并不能等同于参与质量，学生社团参与质量是评判其人才培养功能发挥与否的关键因素，也是衡量社团建设成果的核心评价标准。社团参与质量受组织结构、资源配置、活动管理等多重因素的共同影响。社团文化作为高校校园文化的重要组成部分，具备特殊的文化育人功能。为提高社团参与质量，本节重点探讨社团文化认同与参与质量之间的关系。从文化认知、文化认同、文化践行三个维度构建了社团文化认同指标体系，并运用二元 Logistic 回归分析，探寻社团文化认同指标体系中对学生社团参与质量的主要影响因素，以期为提升社团参与质量和社团文化建设提供现实指导。

一、探讨学生社团参与质量问题具有重要的现实意义

作为大学生最具吸引力的生活空间之一，学生社团已成为广受关注的育人载体。相关调查结果显示：八成以上大学生参加了社团，近六成学生参加了两个以上的社团，五成以上大学生从不缺席社团活动等等。然而高参与度情形之下，诸多研究却表明：学生社团发展存在多方面困境；社团活动质量堪忧；人才培养功能发挥不理想等等。究其根本，参与数量不等于参与质量，要破解两者间的突出矛盾，必须关注大学生的主体地位及其参与体验。遗憾的是，学生社团建设的相关研究成果虽非常丰富，但关于大学生社团参与质量的研究却十分稀缺。事实上，谈学生社团建设问题，无论何时都不能脱离大学生这个"参与主体"。深入探讨大学生社团参与质量课题具有理论与现实意义。

为数不多关注此领域的学者们，围绕学生对社团的情感与认知，提出了大学生社团参与质量概念，即社团成员积极介入或从事社团日常运作，并发挥主体性，达到自己要求的程度。相关学者就大学生社团参与质量的测量进行了较深入的研究，构建了包括四维度结构模型：明确参与目标、选择优质社团、实施过程影响与达成预期成果；五维度结构模型：参与社团的效果、参与社团的影响、参与社团的情感、参与社团的选择和参与社团的目标。关于大学生社团参与质量的影响因素，综合现有观点包括学生性别、社团类型、学生对社团的认知、参与时间、社团服务质量。梳理后不难发现，相关研究视角单一，探寻影响因素时更多是聚焦于参与前、参与过程中、参与后学生在知、情、意、行各方面的反应，虽突出了学生的主体地位，但也忽视了其他研究切入点，与学生社团研究的其他领域关联度不高，未能很好地利用研究较为全面深入的相关成果。

社团文化是高校校园文化的重要组成部分，是具有独特优势的文化育

人载体。因其在人才培养中的特殊地位，社团文化建设问题广受学界关注。大量研究聚焦于功能视角，认为社团文化具有不可替代的育人功能，可实现学生优良品质、综合素质、人际交往、认知成长等方面的整体发展。最具代表性的是，诸多学者基于组织文化（又称企业文化）理论，开展了社团文化内涵、结构、测量、建设等方面的研究，取得了丰硕的成果。比如陆凯将社团文化定义为：以学生社团为载体，在长期的发展过程中社团成员所共生、共享、传递的价值取向和行为方式，是大学文化中的一种亚文化，具有生成、生态和发展三方面特征。史丹基于丹尼森的组织文化模型，构建了包括参与性、一致性、适应性和使命四特质的测量模型等等。但总体来看，从组织文化视角研究社团文化问题，忽略了学生社团文化与企业文化之间的差异性，忽视了社团文化独有的特性。另外，描述性研究多，定量研究少，运用数据挖掘进行分析的少之又少。故而研究缺乏科学性，对社团文化建设工作的指导性不强。因此，本文将着眼于社团文化视角，运用逻辑回归分析探索社团文化认同指标中影响学生参与质量的主要因素。

二、相关理论研究与概念界定

组织文化是成员共同遵守的一组管理理念、核心价值观、行为准则和行为模式的体系，包括物质文化、行为文化、制度文化和精神文化。相关研究主要观点包括：Deal 和 Kennedy 提出组织文化由企业环境、价值观、英雄、习俗和仪式、文化网络五要素构成。Ouchi 著名的 Z 理论揭秘日本企业成功的原因。Schein 将其分为人为事物、价值观、基本假设三个层次。组织认同概念最早由 Ashforth 和 Mael 提出，他们基于社会认同理论将组织认同定义为个人从属于组织或与组织同一性的认知。Palmer 认为组织认同存在广义和狭义两种理解，广义概念中组织认同是指一种促进一切和组织的生存与发展相关的个体、群体和组织对确定的组织产生一种强烈的情感关联关系的人类社会生活现象。Albert 和 Whetten 则提出了组织核心的、有特色的和持久的特征这一狭义概念。Dutton 等认为是成员采用组织特征定义自身时所产生的心理归属感。Dick 提出组织认同不仅包含认知、情感、评价，还应包括行为成分。王彦斌认为是成员在心理与行为方面与所在组织具有一致性。通过文献梳理发现，组织文化认同与团体认同、组织认同意义十分相近。Oetting 提出是个人自觉投入并归属于某一文化群体的程度。陈枝烈则认为，是个人将思考、知觉、情感与行为，归属于某一文化组织中。组织文化认同度是衡量成员自尊、组织凝聚力、组织绩效的标志性指标。关于组织文化认同的结构学术界目前尚未达成共识。Dehyle、陈枝烈等人区分为文化投入、文化归属、文化统合三个维度。Ellemers 分为认知性、情感性、评价性。黄爱华分为认知层面、情感层面、行为层面和社会化层面。

以上述研究成果为基础，将社团文化认同界定为：促进内部成员及一切与其相关的群体和组织对自身产生心理依赖与行为关联的校园文化现象。它具有三方面主要功能，包括整合内部要素、强化成员自尊、激活外部资源。遵循大多数学者的观点，在已有研究基础上，将社团文化认同分为文化投入、文化归属、文化统合三个维度，结合学生社团自身特点丰富了维度的内涵，并构建了指标体系，具体指标及指标编码如表 7-1 所示。

（一）文化投入

文化投入是指社团注重自身的组织文化建设，积极创设有助于成员深度参与的内部环境，成员能够主动参与社团文化活动，并由此产生良好的情绪情感体验。对应到二级分析维度，主要包括情景创设、参与深度、情感卷入三个方面。

（二）文化归属

文化归属是指成员自觉把社团文化、价值观内化为自身价值体系的一部分，并将其作为个人的行动指南。对应到二级分析维度，主要包括文化认知、文化认同、文化践行三方面。

（三）文化统合

文化统合是指社团重视把自身组织文化与其他组织文化加以融合，多途径开展交流合作，并在文化融通中实现组织的自我成长。对应到二级分析维度，主要包括统合理念、统合路径、统合成效三方面。

表7-1　社团文化认同指标体系

社团文化认同结构	分析维度	观测指标	指标编码
文化投入	情境创设	将成员利益放在首要位置	X1
		组织活动前负责人会广泛地征求成员的意见	X2
	参与深度	成员积极主动为社团建言献策	X3
		成员积极参与社团的活动组织工作	X4
	情感卷入	成员对社团有着强烈的归属感	X5
		在社团中成员有存在感和价值感	X6
文化归属	文化认知	成员了解社团的价值观	X7
	文化认同	成员高度认同社团发展的目标与愿景	X8
	文化践行	成员能够以社团文化指导自己的行为	X9
文化统合	统合理念	重视与校内团委、学生会、社团联合会之间的联动	X10
		强调与校内外其他社团的交流互动	X11
	统合路径	与社会组织开展共建活动	X12
		与校内其他部门建立了合作团队	X13
	统合成效	能够借鉴其他社团的经验，进行社团优化	X14
		通过各种交流活动丰富健全了自身的社团文化	X15

三、模型建立与实证分析

（一）Logistic 回归

logistic 回归是一种广义线性回归。建立 Logistic 回归模型一般有两个目的：其一，挖掘隐含在数据内部的信息，解释自变量与因变量之间的依存关系；其二，预测发生或者不发生某种事件的概率。logistic 回归模型可表示为：

$$P = \frac{\exp\left(\beta_0 + \beta_1 X_1 + \beta_2 X_2 + ... + \beta_m X_m\right)}{1 + \exp\left(\beta_0 + \beta_1 X_1 + \beta_2 X_2 + ... + \beta_m X_m\right)} \qquad （式7-1）$$

其中，β_0 为常数项，β_1，β_2，$\cdots$，β_m 为偏回归系数。

logistic 回归模型可以表示成如下的线性形式：

$$Logit(p) = \beta_0 + \beta_1 X_1 + ... + \beta_m X_m \qquad （式7-2）$$

（二）逻辑回归建模

由于本例的因变量为二分类的分类变量，因此采用二元 Logistic 回归模型，探讨社团文化认同与大学生参与质量之间的依存关系。本实证以社团文化认同的 15 个指标（如表 7-1）作为自变量。因变量"参与质量"包括过程质量和结果质量两部分，即将"活动质量是否满意"设置为过程质量因变量 y1，y1=0 表示对活动质量不满意，y1=1 表示对活动质量满意。将"成员能力素质提升程度是否满意"设置为结果质量因变量 y2，y2=0 表示成员对能力素质提升程度不满意，y2=1 表示成员对能力素质提升程度满意。将自变量、因变量分别导入 SPSS25.0 统计软件进行二元 Logistic 回归分析，以便了解显著影响参与质量的相关因素。

（三）数据来源与信效度检验

依据上述指标体系（表 7-1），本文编制了"社团文化认同与参与质量关系"调查问卷。面向在校大学生群体发放，共回收有效问卷 2053 份。由于所有自变量指标均是多分类变量，分别对应"不符合""基本不符合""一般""基本符合""符合"五种情况，SPSS 在进行 Logistic 回归时，默认将 0（这里指"不符合"情况）作为参照组进行分组比较，因此需要将不同情况对应参照组进行分析。在对问卷数据进行信度效度检验时，KMO 为 0.985，克朗巴哈系数为 0.988。这表明问卷数据通过了信度效度检验，适合做后续数据分析。

（四）结果分析

第一步，进行模型检验。基于最大似然估计地向前逐步回归法剔除不显著的相关变量，过程质量即活动质量满意度（y1）模型和结果质量即成员能力素质提升满意度（y2）模型分别经过 5 次、6 次迭代及拟合优化，最后得到两种模型的显著性检验结果（如表 7-2）。表中可知，两个回归模型自由度 df 均为 5，显著性 Sig 分别为 0.658、0.227，均大于 0.05，这表明两种模型拟合值和实际值无显著性差异，故而拟合效果好，存在一定的统计意义。另外，两个回归模型考克斯 - 斯奈尔 R2（Cox & Snell R Square）分别为 0.472、0.438，内戈尔科 R2（Nagelkerke R Square）分别为 0.670、0.626，数值尚可，因本研究侧重影响因素分析，故影响不大。与此同时，两种回归模型前的预测正确率分别为 70.3% 和 71.3%，使用回归模型进行预测的正确率达到了 87.5% 和 85.9%，判断率优化效果良好。

表 7-2　模型检验表

模型检验表						
	Hosmer and Lemeshow Test			Model Summary		
y	Chi-square	df	Sig.	-2 Log likelihood	Cox & Snell R Square	Nagelkerke R Square
y1	3.271	5	0.658	1186.905[b]	0.472	0.670
y2	6.913	5	0.227	1281.150[b]	0.438	0.626

第二步，基于逻辑回归的社团活动质量满意度结果分析。基于 SPSS 提供的最大似然估计地向前逐步回归法，一步步引入自变量，通过最大似然估计的统计量的概率检验，剔除相关不显著影响的变量，最后发现 X2、X4、X7、X12 这四个指标进入了回归方程，如表 7-3。

表7-3　活动质量满意度模型参数表

Variables in the Equation						
	B	S.E.	Wald	df	Sig.	Exp（B）
X2			18.852	4	0.001	
X2（1）	−34.114	8355.427	0.000	1	0.997	0.000
X2（2）	−1.889	0.763	6.134	1	0.013	0.151
X2（3）	−1.456	0.757	3.700	1	0.054	0.233
X2（4）	−0.845	0.766	1.216	1	0.270	0.430
X4			16.146	4	0.003	
X4（1）	3.123	1.879	2.762	1	0.097	22.708
X4（2）	2.974	1.397	4.532	1	0.033	19.565
X4（3）	2.933	1.391	4.447	1	0.035	18.785
X4（4）	3.664	1.391	6.933	1	0.008	38.999
X7			39.030	4	0.000	
X7（1）	−1.698	1.451	1.370	1	0.242	0.183
X7（2）	0.160	0.993	0.026	1	0.872	1.174
X7（3）	1.429	0.979	2.132	1	0.144	4.175
X7（4）	1.873	0.981	3.644	1	0.056	6.510
X12			16.180	4	0.003	
X12（1）	−18.511	5797.811	0.000	1	0.997	0.000
X12（2）	−17.286	5797.811	0.000	1	0.998	0.000
X12（3）	−16.511	5797.811	0.000	1	0.998	0.000
X12（4）	−16.272	5797.811	0.000	1	0.998	0.000
Constant	−3.627	1.291	7.895	1	0.005	0.027

结合表7-3中B值、显著性Sig来看，X2的四组B值均为负值，Sig=0.001<0.05，这表明"组织活动前负责人广泛征求成员意见"对活动质量满意度具有显著的抑制作用。值得注意的是，相对于参照组X2（"不符合"）为0，X2（2）（代表"一般"）、X2（3）（代表"基本符合"）、

X2（4）（代表"符合"）三种情况的 B 值分别为 –1.889、–1.456、–0.845，数值相差不大，而 X2（1）（代表"基本不符合"）B 值为 –34.114，呈现断崖式下跌。这意味着该指标无论完成程度如何，都对活动质量满意度产生抑制作用，不过达到"一般"及以上水平，抑制作用较小，"一般"以下水平抑制作用力显著增强。

参数表 7–3 中自变量 X7 的 Sig=0.000<0.05，可见，"成员了解社团的价值观"此指标对活动质量满意度作用显著。从几组数据来看，相对于参照组 X7（"不符合"）为 0，X7（1）（代表"基本不符合"）B 值为 –1.698，X7（2）（代表"一般"）、X7（3）（代表"基本符合"）、X7（4）（代表"符合"）三种情况的 B 值分别为 0.160、1.429、1.873，均为正值，且 Exp（B）分别为 1.174、4.175、6.510，均大于 1。由此可知，当成员对社团价值观有一定程度了解时，对活动质量满意度会起到促进作用，反之，如不甚了解就将起到抑制作用。与此同时，自变量数值一定幅度的增长，会引起因变量的成倍增长。如 X7（4）相对于 X7（3）平均增长 1.873 个单位，活动质量满意度中所体现的优势是 X7（3）的 6.510 倍。说明了解社团价值观的成员越多、程度越高，活动质量的满意度就会越高。

根据参数表 7–3，社团活动质量满意度回归模型可以表示为：

Logit（p）=–34.114X2（1）–1.889X2（2）–1.456X2（3）–0.845X2（4）+3.123X4（1）+2.974X4（2）+2.933X4（3）+3.664X4（4）–1.698X7（1）+0.160X7（2）+1.429X7（3）+1.873X7（4）–18.511X12（1）–17.286X12（2）–16.511X12（3）–16.272X12（4）–3.627　　　　（式 7–3）

第三步，基于逻辑回归的成员能力素质提升满意度分析。基于 SPSS 提供的最大似然估计地向前逐步回归法，一步步引入自变量，通过最大似然估计的统计量的概率检验，剔除相关不显著影响的变量，最后发现 X2、X5、X7、X9 这四个指标进入了回归方程，如表 7–4。

表 7-4　成员能力素质提升满意度模型参数表

Variables in the Equation						
	B	S.E.	Wald	df	Sig.	Exp（B）
X2			13.136	4	0.011	
X2（1）	−1.718	0.945	3.302	1	0.069	0.180
X2（2）	−1.673	0.744	5.052	1	0.025	0.188
X2（3）	−1.166	0.734	2.525	1	0.112	0.312
X2（4）	−0.843	0.740	1.297	1	0.255	0.431
X5			9.873	4	0.043	
X5（1）	1.316	0.803	2.686	1	0.101	3.727
X5（2）	0.590	0.734	0.645	1	0.422	1.803
X5（3）	0.763	0.740	1.063	1	0.303	2.145
X5（4）	1.220	0.744	2.690	1	0.101	3.388
X7			20.480	4	0.000	
X7（1）	−0.540	1.198	0.203	1	0.652	0.583
X7（2）	−0.309	0.958	0.104	1	0.747	0.734
X7（3）	−0.010	0.954	0.000	1	0.992	0.990
X7（4）	0.864	0.953	0.822	1	0.365	2.374
X9			13.174	4	0.010	
X9（1）	−1.098	1.177	0.869	1	0.351	0.334
X9（2）	0.496	0.831	0.357	1	0.550	1.643
X9（3）	1.087	0.835	1.691	1	0.193	2.964
X9（4）	1.170	0.843	1.925	1	0.165	3.222
Constant	0.908	0.049	346.733	1	0.000	2.480

　　结合参数表 7-4 中 B 值、显著性 Sig 和 Exp（B）值来看，X7 的 Sig=0.010<0.05，相对于参照组 X7（"不符合"）的 B 值为 0，X7（1）（代表"基本不符合"）、X7（2）（代表"一般"）、X7（3）（代表"基本符合"）、X7（4）（代表"符合"）分别为 −0.540、−0.309、−0.010、0.864，即仅在"符合"情况下 B 值才为正值。值得关注的是，同样也只有 X7

（4）的 Exp（B）大于 1，具体数值为 2.374。综上可知，当成员了解社团价值观状况不佳时，会对成员能力素质提升满意度起显著抑制作用；当成员了解社团的价值观时，对其自身能力素质提升满意度就会起显著的正向促进作用。而且 X7（4）相对于 X7（3）平均增长 0.864 个单位，成员能力素质提升满意度中就会体现出 X7（3）2.374 倍的优势。由此可知，使更多的成员了解认知社团价值观，是提升成员能力素质提升满意度的有效途径。

如参数表 7–4 所示，自变量 X9 的 Sig=0.010<0.05，这表明"成员能够以社团文化指导自己的行为"指标对成员能力素质提升满意度影响显著。相对于参照组 X9（"不符合"）为 0，X9（2）（代表"一般"）、X9（3）（代表"基本符合"）、X9（4）（代表"符合"）三种情况的 B 值分别为 0.496、1.087、1.170，均为正值，且 Exp（B）分别为 1.643、2.964、3.222，均大于 1。而 X9（1）（代表"基本不符合"）B 值为负值即 –1.098。因此可得出结论，当成员能够以社团文化指导自己的行为时，对其能力素质提升满意度会起到促进作用，反之，如果成员的社团文化践行环节不甚理想，连"一般"水平都未达到时，将对能力素质提升满意度起到抑制作用。另外，由此组数据在 Exp（B）方面的表现可知，自变量每优化一小步都会带来因变量的较大幅度提升，如 X9（3）相对于 X9（2）平均增长 1.087 个单位，满意度中所体现的优势是 X9（2）的 2.964 倍；X9（4）相对于 X9（3）平均增长 1.170 个单位，满意度中所体现的优势是 X9（3）的 3.222 倍。可见，成员践行社团文化越自觉、越积极，其自身的能力素质提升满意度就会越高。

根据参数表 7–4，成员能力素质提升满意度回归模型可以表示为：

Logit（p）=-1.718X2（1）-1.673X2（2）-1.166X2（3）-0.843X2（4）+1.316X5（1）+0.590X5（2）

+0.763X5（3）+1.220X5（4）-0.540X7（1）-0.309X7（2）-0.010X7

（3）+0.864X7（4）–1.098X9（1）

+0.496X9（2）+1.087X9（3）+1.170X9（4）+0.908　　　　（式7-4）

四、讨论与总结

（一）探讨社团文化认同对大学生参与质量的影响具有研究价值

研究运用二元 Logistic 回归分析的方法，发现多个社团文化认同指标对过程质量（y1）和结果质量（y2）有显著影响，各项检验结果表明回归模型拟合效果佳、优化效果好，两个预测模型正确率均超过85%。显著影响参与质量的指标包括组织活动前负责人会广泛地征求成员的意见（X2）、成员积极参与社团的活动组织工作（X4）、成员对社团有着强烈的归属感（X5）、成员了解社团的价值观（X7）、成员能够以社团文化指导自己的行为（X9）、与社会组织开展共建活动（X12）。上述6个指标变量分布于文化投入、文化归属、文化统合，即社团文化认同的所有维度。说明探讨社团文化认同对大学生参与质量的影响具有理论与现实价值，从中发现的规律对社团参与质量提升具有指导意义。

（二）文化投入与文化归属对参与质量影响较大

研究通过逐步回归法，剔除了影响不显著的社团文化认同自变量，显著影响过程质量的指标包括组织活动前负责人会广泛地征求成员的意见（X2）、成员积极参与社团的活动组织工作（X4）、成员了解社团的价值观（X7）、与社会组织开展共建活动（X12）；显著影响结果质量的指标包括组织活动前负责人会广泛地征求成员的意见（X2）、成员对社团有着强烈的归属感（X5）、成员了解社团的价值观（X7）、成员能够以社团文化指导自己的行为（X9）。由此可知，最终进入回归方程的指标在三个维度中的分布情况是：文化投入3个、文化归属2个、文化统合1个。可见，文化投入与文化归属对参与质量影响较大，学生社团在组织文化建设中应高度重视这两个维度，资源投入时要有意识地在这两方面有所侧重。值得注意的是，文化归属虽只有 2 项指标 X7、X9 进入回归方程，但数据表现等级分明，影响作用显著，是社团切不可忽视的组织文化认同维度。

（三）社团价值观认知是影响参与质量的关键指标

社团价值观是成员经过长期社团活动积累凝练形成的共同价值观念，是社团文化的精神内核，是解决社团发展过程中各类矛盾的实践准则，在组织哲学中起主导性作用。在探究过程质量（y1）和结果质量（y2）影响因素时，本文发现社团价值观认知在两方面参与质量上均发挥着举足轻重的作用。研究表明，当成员了解社团价值观时，无论是活动过程质量还是自身成长质量，参与质量满意度的被影响作用力均为正向。而认知情况不佳时，参与质量会随了解程度的下降呈阶梯式下滑。这一数据分析结果为学生社团提供了明确的工作思路，平日社团要将注意力更多集中在传播组织文化方面，使社团价值观真正走近成员、入脑入心。通过多样化传播形式、多元化传播主体、多层级传播路径等渠道，帮助成员准确掌握社团价值观的基本内容、丰富内涵、实践要求，从而厚植社团文化根基与土壤。

（四）活动前意见征求是负向影响参与质量的关键指标

为了培育成员对社团文化的认同感和归属感，社团往往会努力创设和谐平等的参与情景，激发成员的主人翁意识和主体能动性，形成社团上下团结一心、正向积极的文化氛围。然而数据分析结果却耐人寻味：组织活动前负责人征求成员意见环节无论完成程度如何，均对参与质量具有显著抑制作用。如完成程度未达到"一般"水平，对活动过程质量的反向作用力还会出现爆发式增长。对比之下，从指标"成员参与活动组织工作"的几个主要参数的表现来看，其促进作用非常显著且优势比数值较高。这一对比结果应引起我们的注意，并给予社团负责人实践方面的启示。俗话说："光说不练假把式"。发挥成员的主体作用，应该少一些"品头论足""夸夸其谈"，多一些"躬身实践""亲身体验"，应该使成员更多、更深入地参与到日常工作中，使他们更为真实地切身感受到社团活动开展的"千头万绪""众口难调"与"无可奈何"，以此更为有效地克服对社团活动"不切实际""理想主义"的过高期待。

第八章　高校学生社团参与实践历练体系构建

第一节　参与实践历练体系构建的原则与思路

进一步加强高校实践育人工作，是全面落实党的教育方针，把社会主义核心价值体系贯穿于国民教育全过程，深入实施素质教育，大力提高高等教育质量的必然要求。2012 年 1 月，《关于进一步加强高校实践育人工作的若干意见》(下文简称为《意见》) 被下发，其明确指出，以创新实践育人方法途径为基础，以加强实践育人基地建设为依托，以加大实践育人经费投入为保障，积极调动整合社会各方面资源，形成实践育人合力，着力构建长效机制，努力推动高校实践育人工作取得新成效、开创新局面。《意见》特别强调："要充分发挥学生在实践育人中的主体作用，建立和完善合理的考核激励机制，加大表彰力度，激发学生参与实践的自觉性、积极性。要支持和引导班级、社团等学生组织自主开展社会实践活动，发挥学生在实践育人中的自我教育、自我管理、自我服务作用"。在此背景下，提出学生社团参与实践历练体系构建研究，从实证角度探索大学生社会实践的创新性思路与方法，既符合时代发展的需要，又符合大学生自身成长成才的需要。

一、大学生社会实践相关研究现状

大学生社会实践活动作为高等教育中培养学生实践能力和社会责任感的重要途径，一直受到教育者和学者们的广泛关注。这些活动不仅加深了学生对专业知识的理解，而且培养了他们解决现实问题的能力，促进他们实现个人成长和社会融入。尽管大学生社会实践活动由来已久，但相关问题仍持续成为学者们研究的热点，他们分别从概念内涵、发展历程、实践创新等不同的角度进行了研究和探讨。

概念内涵方面，学术界普遍从广义、狭义两个维度界定大学生社会实践活动的概念。广义上，它涵盖了与纯理论教学相对的各类实践性环节，如课程相关的实验、专业实习、毕业设计等，这些通常都是在教学计划中有预设的环节。狭义上，大学生社会实践活动则特指那些由校团委、各院系团组织或各级学生组织在假期组织进行的社会实践活动，如社会调查、志愿服务等。

关于大学生社会实践的发展历程，有学者将其划分为起步、规范化、蓬勃及深化的不同阶段，并指出未来的发展趋势将是活动形式多样化、专业化，向着社会化与管理制度化迈进。这些趋势的提出既总结了过去的教训，也为未来社会实践的发展提供了方向。

实践创新方面，李长松系统梳理了大学生社会实践创新的路径，主要包括：一是深化认识，转变观念。二是丰富内容，创新模式。三是完善体系，健全机制。冯森提出的创新思路包括：一是加强社会实践活动组织和领导。二是创新社会实践内容、形式和载体。三是建立活动评价机制和长效机制。四是注重全面交流推广和综合利用。五是培育学生创新实践运作能力，建立社会实践的服务保障体系。周茹通过实证分析提出，可以结合自身特点开展具有专业特色的社会实践活动。余嘉强则围绕"三下乡"模式开展研究，提出模式创新对策：一是要把"三下乡"活动纳入教学计划中。二是创新组织形式，实行高校之间的联合。三是"三下乡"活动要为建设社会主义新农村服务。

事实上，国外许多国家也非常重视大学生社会实践工作，一些西方国家还在此领域进行了大量的实证研究。有关学者普遍认为社会实践活动有助于提高大学生的思想政治素质和道德水平。比如最有代表性的 Markus 等学者的研究成果，他们学生分为两组，一组是参加有关活动的学生，另一组是没有参加有关活动的学生，研究结果表明：两组学生在社会责任感、公民意识、学习成绩等方面有显著差异。参加社会实践活动的学生在政治课导论上更容易获得好成绩，更愿意关心社会，社会责任感更强。

综上，大学生社会实践相关研究已取得了较为丰硕的成果，为进一步深入研究奠定了基础。其中学者们对大学生社会实践创新方向关注较多，创新内涵、创新重要性、创新模式、创新机制、创新路径等相关研究不胜枚举。但是，研究视角更多的是站在国家、社会、高校的视角整体性思考的较多，对活动主体——大学生的个体视角、需求和体验关注不足，研究深度有待加强。未来的研究工作需要将目光更多投向学生个体，深入探讨他们的内心世界、个性差异以及活动参与过程中的主观感受，以此来优化实践活动的设计，确保其真正符合大学生的实际需求。此外，还需要关注社会实践如何与高校的教学大纲和学生的职业规划相结合，这样才能在培养学生具备社会实践能力的同时，也为其日后的职场竞争力打下坚实基础。

二、学生社团参与实践历练的内涵

《通知》强调：实践育人依然是高校人才培养中的薄弱环节。要切实改变重理论轻实践、重知识传授轻能力培养的观念，注重学思结合，注重知行统一，注重因材施教。应当积极调动整合社会各方面资源，形成实践育人合力。学生社团是其中的重要依靠力量。明确学生社团参与实践历练的概念，并阐释其参与实践育人过程具有现实意义。

（一）实践的含义

社会实践是一个宽泛的概念，涵盖人类所有活动。马克思在《资本论》《费尔巴哈的提纲》等著作中阐述："人应该在实践中证明自己思维的真理性"。这意味着社会实践是衡量人对外部世界认识的唯一真理标准。毛泽东认为，通过实践发现真理，并通过实践检验和发展真理，这就是辩证唯物主义的知行统一观。可见，实践是指人们有目的、有意识地改造物质世界的对象性活动。人们通过实践与自然界和社会建立多种联系，发挥各种能动性，并从中获取自身发展所需。同时，只有通过社会实践，人们才能构建和确立社会生活，发展强化人的本质力量，改造和完善人类自身。

（二）学生社团参与实践历练

大学生参与社会实践活动，是培养德智体美全面发展人才不可或缺的环节。学生社团参与实践历练是指社团以学生组织身份自主开展一系列有助于学生综合素质提升的教育活动。这一概念强调学生在实践育人系统中的主体地位，尊重每位学生的个性特征和多样化选择。过程方面，学生社团通过有目的、有计划地深入开展社会调查、生产劳动、志愿服务和公益活动等社会实践活动，激发成员参与实践的自觉性和积极性，从而培养他们正确的世界观、人生观和价值观。

（三）学生社团参与实践历练体系的目标导向

第一，突出个性化。为了充分挖掘社会实践的教育价值，高校需要不断探索活动形式与内容，全面考虑学生个性特点，以激发其参与热情。同时，重视社会实践的实际成效，提升大学生的社会观察能力，培养他们的社会责任感和使命感。学生社团应充分发挥自身优势，构建个性化实践活动体系，使所开展的社会实践活动更能满足现代学生的个性需求，有效提高活动的参与度和质量，助力学生在社团实践中实现个性发展和价值提升。

社会实践不仅是大学生接触现实社会、观察学习社会的途径，更是他们体验个体社会角色、增强社会属性、提升自我价值的过程。新生代大学生受到了网络技术的深远影响，他们从小在相对优越的成长环境中长大，具有独特的个性特征。这使得他们在实践活动中会追求更高的个性化和自我表达的空间。因此，社团在开展社会实践活动时，需要充分考虑到他们的个性差异。

现代教育倡导学生张扬个性，发挥特长。社团可以通过对成员进行个性化的兴趣和能力调查，了解不同成员的倾向性和需求。在策划社会实践活动时，应当充分考虑成员的特征，不断创新活动形式和内容，以多样化的实践项目满足不同学生群体的个性化需求。实践活动的设计和组织，应以充分发挥社会实践的育人功效，增强其实际效果为目标。例如，不同学生群体关注的焦点各不相同，因此在策划社会实践内容时，要有意识地创新，激发各类大学生群体的好奇心。通过设计富有吸引力和实践性的活动，让他们能以更大的热情投入社会实践中。同时，还要注意调整管理方式，使之更符合不同学生的需求，进一步提高社会实践的实效性。

第二，发挥能动性。社会实践活动在我国教育体系中的地位日益凸显，它以教学实践、专业实习、军事训练、社会调查、生产劳动、志愿服务、公益活动、科技发明和勤工助等形式多样、内涵丰富、全方位的特点，为社会主义事业的全面发展培养合格建设者和接班人。这一重要平台不仅为国家、社会、学校提供了大学生"受教育、长才干，做贡献"的途径，也为学生社团实现自身发展提供了契机。

回顾大学生社会实践的发展历程，可以发现其内涵形式丰富和发展的过程，同时也是不断调动学生主观能动性、突显学生主体地位的过程。学生在实践中不断成长、成熟，发挥自身才能，为国家和社会做出贡献。在社会实践活动中，大学生既是受教育者，也是自我教育的主体。因此，在学生社团开展社会实践活动的各环节中，应始终坚持"以学生为本"的理念，充分尊重成员的主体地位，把握他们的思想脉搏，遵循他们的成长规律。为了最大限度地发挥学生的主观能动性，社团应将成员视为实践活动的核心动力，依靠他们的聪明才智推进社会实践科学健康发展。这一理念应贯穿于实践活动的策划、实施、总结和反思的全过程中，确保充分发挥成员的主体作用和主观能动性。

第三，培养创新力。《国家中长期教育改革和发展规划纲要（2010—2020年）》明确指出：充实社会实践，强化能力培养。重点提升学生的学习能力、实践能力、创新能力。大学生社会实践作为高校思想政治教育的重要途径，在塑造大学生创新精神，培育冒险意识，磨砺坚强意志和健全人格方面具有至关重要的地位。大学生社会实践活动应不断丰富和发展，以适应创新型国家的建设，为培养创新型国家发展战略所需的人才贡献力量。

在知识经济时代，知识更新速度加快，竞争愈发激烈。因此，需要人才具备强烈的创新意识和创造力、敏锐的思维、应对和解决不断涌现新问题的勇气，较强的团队协作能力、敢于冒险的精神和强大的社会生存能力。在这种情况下，大学生仅依赖在课堂和图书馆学习理论知识是远远不够，更为关键的是走向基层、深入社会，面对现实实践中层出不穷的新问题、新状况，并学会选择适当方法予以解决，学会学以致用，勇于创新创造。因此，学生社团在设计社会实践活动时，需考虑项目的挑战性、地方及行业需求以及是否有助于创新力训练等因素，通过多样化的实践活动，使学生既能锻炼自身能力、提升综合素质，又能发现现实问题，并创造性地解决问题，从而显著提升学生的创新创造能力。

三、参与实践历练体系构建的原则与思路

（一）知行合一

知行合一是中国传统哲学中的重要思想，历代哲学家和思想家对其进行了深入探讨。朱熹是南宋时期著名的理学家，他在探讨知行关系时提出了"论先后，当以致知为先，论轻重，当以力行为重"的观点。他认为，知识的获取是推动行动的前提，但更重要的是将知转化为行。明朝大儒王守仁进一步发展了这一思想，提出了"知行合一"的概念，并如是阐述："知之真切笃行处即是行，行之明觉精察处即是知"，其核心思想包括两层意思：一是"知中有行，行中有知"，二是"以知为行，知决定行"。在他看来，知与行不是割裂的，而是一体的。真正的知识是要落实到行动中去的，而行动中则蕴含着知的成分。他强调了知行的双向互动和不可分割的关系。清代思想家魏源则从另一个角度回应了知行合一的理念，他提出："及之而后知，履之而后艰，乌有不行而能知者乎"？表明只有通过实践，才能得到真知。知识的广博与深刻并不是从书本上学来的，而是要在实践中体验和实证。这一观点促进了人们对于知行合一更深入的理解，也认清了知识与实践之间不可分离的内在联系。

党的十八大以来，习近平总书记在多个场合强调"知行合一"，认为其中蕴含着深刻的中国文化和中国智慧。他将知行辩证关系总结为"以知促行、以行促知"，并以此鼓励青年学生增强思想自觉和行动自觉，主张以理论学习带动实际行动，并通过行动来验证和深化知识，达到知行的统一。大学生要通过实践历练，了解社会、认识国情，增长才干、奉献社会、锻炼毅力、培养品格，在实践中自觉将社会主义核心价值观内化于心、外化于行，使大学生成为德才兼备、全面发展的优秀人才。在这一过程中，社会实践成了理论与行动结合的重要载体。因此，高等教育要注重将知与行结合起来，从国家和社会实际需求出发，运用创新、协调、绿

色、开放、共享的理念，不断迭代社会实践活动的形式与内容。不断引导和鼓励大学生通过社会实践出真知、长才干，这不仅塑造了德才兼备的人才，而且为国家的发展培养了合格的建设者和可靠的接班人。

（二）价值引导

社会实践活动在个人与国家之间、理论与实践之间构筑起了桥梁，对培养具备理论素养和实践能力的中国特色社会主义建设者和接班人具有重要意义。大学生参与实践历练的过程是理念与行动相结合的深化阶段。在这个阶段中，学生通过亲身实践和体验，加深了对党的重要理论思想的理解，深化了对党的路线方针政策的认识。这一过程有助于学生进一步坚定在中国共产党领导下，走中国特色社会主义道路，实现中华民族伟大复兴的共同理想和信念。

实践历练能够让学生更好地理解历史的进程，增强历史使命感和社会责任感。在实践历练过程中，重要的是如何将理论与实际紧密结合。社会实践让学生走出课堂、走进社会，与人民交流互动，亲眼见证和体验国家发展和社会进步中的各种现象，从而更深入地理解理论知识的价值所在，增强将学到的理论思想变为行动的动力。这样的历练有助于将党的理论和路线方针政策内化为学生的思想行动指南，促使学生在实践中不断检验和巩固自己的信念。

此外，社会实践是检验大学生价值观念正确与否的唯一标准。实践历练不仅有利于大学生的理论素养提升，更是他们检验和塑造价值观的重要途径。社会实践活动为大学生提供了"透过社会充分了解自我，客观评价自我的镜子"。在多样化的社会环境中，学生可以直接观察社会现实，理解社会的复杂性和多元性，而不仅仅是通过教科书的文字描述。这种接触促使大学生的自我意识不会脱离社会现实，帮助大学生及时察觉自身价值观念偏差，通过实践活动树立正确的价值观念，实现和他人的良好沟通，并形成健全的人格。

（三）与时俱进

大学生社会实践活动是构建国家创新体系、建设创新型国家的内在要求，是适应教育改革、全面推进素质教育的必然要求，是加强和改进大学生思想政治教育的迫切需要。大学生社会实践活动既要注重品牌和基地的传承，也要充分反映时代精神，注重实践活动的针对性和时效性。以创新、协调、绿色、开放、共享的新发展理念为指引，强调因事而化、因时而进、因势而新，坚持从国家、社会实际需求出发，敏锐捕捉社会变迁，及时创新活动形式，更新实践主题内容，以适应不断变化的社会需求。

为了确保大学生社会实践活动能够持久有效地进行，必须构建一套科学且稳定的长效机制。引导大学生走出校门、深入基层、深入社会，充分利用假期时间参与主题鲜明、内容丰富、符合时代发展要求的社会实践活动，实现学以致用，服务社会。在开展实践活动之前，应该做好充分的前期调研，并根据社会需求制定详细的策划方案，确保实践活动能够精准地服务于群众需求，有效解决目标群体的实际困难。这种做法能够加深大学生对社会和民生问题的认识，从而实现在服务中学习，在实践中成才，在贡献中成长的目标。

第二节　参与实践历练实践平台体系

学生社团在大学生自主实践活动中发挥着重要作用，是高校实践育人工程的关键力量。学生社团参与实践历练的主旨在于引导社团及大学生积极参与与个人成长密切相关的实践教育体系，充分发挥主体作用。参与实践历练不仅关乎大学生个人成长，更是提升自我境界的重要途径。通过参加社团组织的实践教育活动，学生能将理论知识应用于实际，拓宽视野，丰富知识，锻炼意志，提升能力。因此，社团实践活动在教育体系中具有不可替代的地位和作用。

一、搭建学生社团参与实践历练平台的基本要求

为构建高效的学生社团参与实践历练平台，需明确以下基本原则，以确保实践活动质量和效果。第一，平台应注重实践性，强调学生亲力亲为，在亲身体验、亲手操作、亲自行动、亲身经历的实践中获得成长。这种模式有助于学生切实把书本的理论知识应用到社会实践现实中，培养他们的分析问题和解决问题的能力。第二，平台要尊重学生的主体性，充分发挥他们的主观能动性和创造力。只有让学生充分认识到自身是学习和实践的主人，他们才会有更高的积极性和创造性，才能在实践中实现自主成长。第三，综合性是平台建设的另一核心要素。学生社团的实践活动应立足于生活世界的综合性和人之个性的整体性，整合各类知识和技能，推动跨学科融合，通过项目化学习，让学生在实践中学会如何将分散的点滴知识汇聚成解决复杂问题的系统方案。第四，开放性是保证社团实践活动质量的关键。社团活动要以人的全部社会生活领域为活动范围，尊重每位参与者的个性与特殊发展需要，灵活多样地提供充分的空间去适应各种需求，满足学生不断变化的成长需求。因此，社团应以"基地化""项目化"和"常态化"为基本要求，扎实推进融"受教育、学知识、长才干、做贡献"于一体的大学生实践历练活动。

（一）基地化运作

基地建设在学生社团参与实践历练平台体系构建过程中发挥着至关重要的作用。它不仅是社团实践活动的物理空间，更是精神寄托和能力培养的场所。没有适当的实践基地，学生的实践活动将难以展开。一个稳定且优质的基地，能显著提升实践活动的效果和价值。故此，建设、发展和优化实践基地，对于促进学生全面发展和推进社团参与实践历练具有重要

意义。

尽管高校对实践基地建设的重视程度日益提高，并在此过程中积累了丰富的经验，但在基地作用与功能的挖掘方面仍存在不足，有待进一步提升。有关调查结果显示，大学生对社会实践基地的满意度仅为57.4%，实践基地在自身质量、管理机制、实践模式等方面还需进一步优化和完善。为此，在构建学生社团参与实践历练平台体系时，应以健康化和常态化发展的基地建设为目标。社团应致力于寻求与社会各界的深入合作，广泛联系社会各领域，包括街道社区、农村乡镇、爱国主义教育基地、党政机关、企事业单位、部队与军事机构以及社会服务机构等，实现与各方面长期深入合作，打造具有示范意义和针对性的社团实践基地。

高校需加强社团实践基地的科学化、制度化和规范化管理，建立健全管理体系及激励机制，确保基地运营有效并能充分发挥作用。包括基地负责人和相关指导教师的专业培训、定期评估与反馈社团实践活动、持续改进实践效果等方面。通过提升实践基地建设质量和水平，激发学生参与实践活动的兴趣，提高学生对社会实践基地的满意度，实现实践基地与学生成长需求的优化匹配，确保学生在基地中的实践历练真正促进全方位发展。

（二）项目化管理

中共中央宣传部、中央文明办、教育部、共青团中央联合发布的《关于进一步加强和改进大学生社会实践的意见》明确提出："坚持不懈地把大学生社会实践广泛深入持久地开展下去"。为此，众多高校尝试采用项目化管理模式，以加强对大学生社会实践活动的组织和指导。诚然，项目化管理在提升程序规范性和强化管理有序性等方面取得了显著成效。然而，在实际操作过程中，也显露出一些问题，如对项目化管理的理解不够深入、研究不够透彻、缺乏针对性的科学规划以及缺少有效的持续性管理等，这些问题导致了实践项目的短期化、表层化以及形式化发展。部分实践项目虽不具备传承性和品牌性，却在前期得到了大量支持，结果造成资源浪费。

因此，在构建学生社团参与实践历练平台时，高校需采取更为科学和系统的策略。首先，应摒弃追求快速完成项目任务的传统观念，转向关注长期目标和成果的持续积累。这意味着要对项目进行深入细致的规划，建立长效的管理和激励机制。其次，重视培养和强化项目品牌化的理念。每个实践项目都应形成自身特色和核心价值，通过持续打造和优化，最终成为具有一定知名度和影响力的品牌项目，为学生提供更为多元、更有深度且更具持久吸引力的实践平台。

高校应探索项目品牌化建设的长效机制。结合实践教育的最新理念，充分发挥社团的主体作用，激发创新意识和参与热情。在项目设计和执行过程中引入产学研结合、产教融合和社会调研等方法，确保大学生社会实践既有丰富的活动内容，也有实质性的实践价值。管理技术层面，运用现代信息技术和数据分析手段，提高项目管理的智能化和精准化水平，确保项目运作高效、成果可衡量。重视项目执行过程中的反馈和总结，奖励实际效果显著、社会认可度高的实践项目和学生社团，形成良性循环和积极示范效应。

（三）常态化实施

"实践出真知，实践长才干"，即只有通过实践才能真正掌握知识和技能。积极参与实践历练在大学生群体中已蔚然成风。然而，相对于大学生高涨的参与热情，相关制度建设却相对滞后。目前，大学生社会实践活动更多地依赖于行政模式，这种模式导致了实践活动项目的传承难、持久开展难，学生参与活动的功利性倾向以及"一阵风"式活动的频繁出现。原本旨在让学生在"受教育、长才干、做贡献"的历练平台上获得精神上的愉悦、满足以及在素养上的成长与发展的实践活动，却有可能变成了助长学生自私自利、浮而不实的温床。

因此，在搭建学生社团参与实践历练平台时，需要注重推进平台体系的常态化运行，深度拓展实践活动的时间空间跨度，使之融入日常生活。应引导学生社团充分利用一切课余时间组织成员开展形式多样的活动，如校内外集体志愿服务、社会调研活动、技能培训、创新创业等。这样，学生们在常态化投身社会实践的过程中，持续实现知行合一，源源不断地"出真知、长才干"。

此外，推进学生社团参与实践历练平台体系的常态化运行还应关注以下几个方面：一是注重实践活动的内涵和质量，让学生在实践中真正得到锻炼和提升；二是加强指导与辅导，引导学生正确处理理论和实践的关系，实现学思践悟、知行合一；三是建立健全评价机制，鼓励学生提出有意义的实践项目，激励学生积极参与实践活动，并从活动中获得成就感和满足感。

二、学生社团参与实践历练实践平台体系

大学生社会实践活动是高校育人的重要组成部分，而学生社团组织实践活动则是大学生提升个人修养、促进成长成才的重要途径。为把思想政治工作贯穿教育教学全过程，进一步落实习近平总书记对青年提出的"勤学、修德、明辨、笃实"的要求，高校应积极探索学生社团参与实践历练平台体系构建，以"全面覆盖、全力推进"为主要目标，以"基地化运作、项目化管理、常态化实施"为基本要求，精心打造学生社团实践活动平台，悉心培育社团品牌实践活动。

为了吸引学生更深入、更积极地参与社团实践活动，探究学生社团实践平台搭建的形式和做法具有重要的现实意义。其一，学生社团参与实践历练平台体系的全面覆盖和全力推进意味着不仅仅要包括一些热门的实践项目，还要涵盖更为多样化的项目，以满足不同学生的需求。这意味着不仅要有服务社区、志愿者活动等传统的实践项目，还要有创新创业、科技

创新、文化艺术、体育健身等领域的实践项目，从而真正贴近学生的兴趣与特长，激发他们的潜力与创造力。其二，社团实践活动平台的基地化运作意味着要建立起一系列实践基地，为学生提供实践场所和资源支持。这些基地可以是校内的实验室、工作室、创客空间，也可以是校外的企业、社会组织、政府机构等，通过与这些基地的合作，学生可以获得更丰富的实践机会和实践资源，提升他们的实践能力和创新能力。其三，社团实践活动平台的项目化管理意味着要将实践活动分解为具体的项目，并进行科学的规划和管理。每个实践项目都应有明确的目标、任务、时间表和成果评估标准，通过建立科学的项目管理机制，可以保证实践活动的顺利进行，并确保学生能够获得实践经验和成果。其四，社团实践活动平台的常态化实施意味着要将实践活动融入学生日常生活中。学生社团应该利用尽可能多的课余时间，组织成员参与各种形式的实践活动，例如组织社区服务、开展科研项目、参与公益活动等。只有将实践活动常态化，学生才能将学思践悟作为一种习惯，并实现自身持续地成长。

通过多年的扎实推进，高校中实践成果不断显现，在社会和校园中拥有较大影响力的社团实践活动不断涌现。限于篇幅，本部分仅对著者所在学校的"产学研结合""志愿服务""社会调查与研究"三个平台体系中的部分平台做简要介绍。

（一）产学研结合

产学研结合已成为我国教育领域的一大创新举措，它不仅有助于培养学生的创新精神和实践能力，而且对我国经济社会的发展具有重要的推动作用。在新时代背景下，学生社团应当充分发挥产学研结合的优势，组织各类实践活动，以促进学生将所学知识与实际需求相结合，提高他们解决实际问题的能力。

首先，学生社团应当积极搭建企业实习实践平台。企业实习是学生将理论知识与实践操作相结合的重要途径。通过输送成员去企业实习，他们可以了解实际工作环境和业务操作流程，锻炼职业素养，为今后的就业奠定基础。在企业实习中，学生可以学习到更多与专业相关的技能和知识，并在实践中培养解决问题的能力和创新思维。此外，企业实习还有助于社团建立与企业间的联系，为今后的产学研合作打下基础。

其次，学生社团应积极搭建科研攻关实践平台。科研攻关是培养学生的科研能力和创新意识的重要手段。社团应组织成员参与科研项目的策划与实施，主动对接产学研机构、行业企业等，帮助成员了解专业发展前沿和趋势，认清专业发展方向和需求。此外，将行业亟待解决的技术难题作为科研攻关项目，并针对其开展科研攻关实践活动，这有助于提升成员的研究实践能力，为行业创新发展贡献力量。

此外，学生社团需积极搭建技术转化实践平台。技术转化是推动产业升级、促进经济发展的重要途径。社团应主动与企业、科研机构等合作，将研发出的技术成果与实际应用相结合，推动技术的转化和商业化推广。通过组织技术转化实践活动，成员可以了解到创业和创新的流程，培养创业意识和创新能力，为行业发展提供新思路。

总之，学生社团在产学研结合平台中发挥着重要作用。通过搭建企业实习、科研攻关和技术转化等实践活动平台，学生社团将为高校人才培养和经济社会发展做出极大的贡献。同时，社团成员在参与产学研实践活动过程中，将更好地了解专业发展方向，为未来的职业生涯和创新创业打下坚实基础。

1.电子协会。作为富有创新精神和实践能力的学生社团，电子协会起着连接学生与科技活动的关键作用。该协会致力于培养学生在电子领域的创新能力及实践能力，为实现此目标，电子协会积极构建实践活动平台，通过丰富的实践活动和比赛，为会员提供了多样化的机会与资源，帮助会员拓宽了视野、增长了见识。电子协会组织的各类实践活动包括电子竞赛、技术讲座和项目研究等，旨在为成员提供实践锻炼和交流学习的机会。参与电子竞赛的学生可以提升技术实践能力，并与其他高水平学生进行交流和学习。技术讲座为学生提供接触前沿科技动态和专业知识的机会，以不断更新知识储备。项目研究则让学生将所学知识应用于实际项目中，通过实践深化对理论的理解并提高应用理论的水平。

2. 结构协会关注提高学生对结构模型的创新和实践能力。协会强调理论与实践相结合，通过搭建多样化的实践活动平台，激发成员对结构原理理论的学习兴趣，并专注于积累模型制作的经验和技巧。此外，协会通过组织省内结构竞赛等实践活动，为成员提供锻炼机会。参与结构竞赛可使学生在真实竞争环境中应用所学知识，培养解决问题的能力和团队合作精神。

3. 机器人协会鼓励学生动手动脑，激发对人工智能的兴趣。该协会每年组织学生参加全国机器人竞赛，为成员提供展示才华和学习成果的机会，同时帮助学生通过比赛提升实践能力和竞争意识。为确保成员更好地参与机器人竞赛，机器人协会提供专用活动场地和多批机器人设备。这些机器人包括足球机器人、运输机器人、购物机器人、雷达机器人等，协会成员通力合作，使这些机器人成为优秀作品，并在竞赛中表现出卓越性能和高超技巧。在协会实践活动中，成员需发挥创意和想象力，将赛场任务转化为实际可行的机器人操作流程。这种实践方式不仅有助于学生提高创新能力，加深对机器人设计原理和应用技术的理解，还能培养解决问题的能力和适应复杂环境变化的能力。除竞赛外，机器人协会还为成员提供其他实践机会，如接触各种机械和电子器件，为会员日后的职业发展或创业奠定坚实基础。

（二）志愿服务

社团组织在各类公益活动中的积极参与，已经成为现代大学教育的一个重要组成部分。学生社团以无私奉献的精神，组织各种志愿服务活动，如支教、扶贫、环保、敬老爱老等，旨在提升全社会对公益事业的关注度和认识度。同时，这也为学生提供了一个实践平台，提高了他们的社会事务参与度和奉献精神。

在志愿服务过程中，学生需要具备一系列能力和素质：一是需要与团队成员及相关机构进行有效的沟通和协调，以确保活动的顺利进行；二是需要善于分配和管理时间和资源，以提高工作效率；三是需要具备问题解决能力，针对具体问题制定解决方案并付诸实践。在这个过程中，学生们将理论知识与实际操作紧密结合，为校园和社会提供专业的支持和服务。

参与志愿服务活动不仅锻炼了学生们的组织协调能力、创新能力、团队协作能力和解决问题能力等综合素质，同时也培养了他们的社会责任感和使命感。这些宝贵的人生经历将在他们未来的职业发展中发挥重要作用，帮助他们更好地应对社会责任和义务。因此可以说，公益活动为学生提供了一个将所学知识应用于实践的舞台。在解决实际问题的过程中，学生们能够更深入地理解所学的理论知识，并在实践中不断将专业知识内化为职业素养，当他们面对未来的社会责任和义务时，将更加成熟和自信地迎接挑战。

1. 观衡法学会是一个专注于法律相关活动的学生社团，其宗旨是通过普法宣传和法律咨询服务，满足校内及周边地区的法律援助需求以及法学专业学生的专业实践需求。观衡法学会创建以来，始终致力于普及法律知识，通过举办讲座、宣传展览、法律知识竞赛等多种活动，向社会公众和广大学生传递法律基本常识和法治理念，帮助他们在日常生活中学会保护自己的合法权益，了解并遵守法律规定，增强对法律制度的尊重和信任。

此外，观衡法学会还提供法律咨询服务，为广大师生及周边地区公众提供法律问题解答和咨询帮助。社团成员运用所学的法律知识和实践经验，帮助有需要的人群解决各类法律问题，涉及合同法、劳动法、消费者权益保护等领域。这样的法律咨询服务为校内外相关群体提供了便利，使他们在面对法律问题时能够及时得到专业的解答和指导。

观衡法学会亦积极组织法学专业学生参与实务实践活动，为法学专业学生提供实践锻炼的机会。社团成员可以通过参与相关实务项目，如模拟法庭、案例研究等，深入了解法律实务操作流程，提升实际问题解决能力。这样的实践活动可以帮助学生将理论知识与实际案例相结合，提升他们的专业素养和实践经验，为日后成为优秀的法律从业者奠定坚实的基础。

2.青团自媒体发展协会是校内一支红极一时的学生社团，其成员由校内热爱新媒体的青年组成，旨在搭建专业、敏锐、自由的自媒体学习交流发展平台。该社团致力于捕捉前沿动态，传递青年之声，为多家企事业单位和社会团体提供专业的自媒体培训和技术服务，并在互联网上积极发声，为传播正能量、传递青年之声做出应有的贡献。

青团自媒体发展协会通过搭建自媒体学习交流发展平台，为热爱新媒体的青年提供了展示才华和交流经验的机会。协会成员可以分享自己在自媒体领域的经验和心得，互相学习和进步。平台还提供了丰富的学习资源和最新资讯，让成员可以及时了解和掌握自媒体领域的前沿动态，保持敏锐度和创新思维。

青团自媒体发展协会还积极与多家企事业单位和社会团体达成合作，为这些合作伙伴提供较为专业的自媒体培训和技术服务。协会成员通过为合作伙伴提供专业的技术指导，帮助其了解并掌握自媒体运营的方法和技巧，提升其在自媒体领域的影响力和竞争力。同时，协会还提供技术服务，帮助合作伙伴解决自媒体平台搭建和运营中遇到的问题，提高其自媒体的运营效果和效率。

与此同时，青团自媒体发展协会亦在互联网上积极发声，为传播正能量、传递青年之声做出应有的贡献。协会成员通过撰写原创文章、拍摄短视频等方式，借助互联网平台传递积极向上的价值观念和社会正能量。他们关注社会热点话题和年轻人关心的问题，通过自媒体渠道将正面的青年之声传递给社会大众，引导青年群体关注社会发展，积极参与社会建设，为社会进步贡献力量。

（三）社会调查

严谨规范的社会调查可以为政策制定与实施提供可靠依据。学生社团汇聚了一批具备扎实学术素养与统计科学知识的优秀大学生，应在社会调查领域承担起责任与使命。通过深入展开社会调查活动，学生社团不仅提升了成员对社会问题与民众需求的认知，而且还为政策制定提供了参考建议。同时，为学生提供了宽广的实践平台，增强了他们的调查实践能力和独立思考能力。

学生社团通过组织实地调研、数据分析以及与相关人士的访谈等社会调查活动，助力成员充分地了解社会现象的本质及背后的原因，使他们能够更好地发挥自己的智慧与能力，为政策的科学制定贡献青春力量，为社会进步与发展做出积极贡献。例如，通过开展教育资源分布状况调查活动，为制定公平合理的教育政策提供依据；通过对城乡发展差异现状的调查活动，为推动乡村振兴新措施提供依据。这些调查研究活动使学生更全面、深入地认识社会，并加深了他们对社会现实问题的思考。

在社会调查活动过程中，大学生需要将课程上习得的知识和科学统计方法应用于实践，设计定性和定量调研大纲，收集、整理和分析大量的信息和数据，完成数据分析报告和调研报告。这一严谨的过程需要他们多角度思考问题，进行逻辑推理和判断，最终提出合理的结论和建议。这样的活动锻炼了学生的调查、实践、适应、批判、创造等多方面能力，使他们能够客观地评估问题并提出有建设性的解决办法。

1.商贸协会是以服务商贸流通业发展为目标的学生社团，社团秉持着格物致知，求真务实的宗旨，与多家商贸流通业企业建立了合作关系。通过合作与交流的方式，帮助学生了解商贸流通业的实际情况，并更好地认识这个行业。同时也为学生提供了与商贸流通业从业人员的交流机会，从而更好地为未来的职业发展做准备。

协会还会自主开展行业相关调查。调查范围包括市场、竞争、消费者需求等方面，旨在深入了解商贸流通业的状况，揭示现存的问题及机遇。这些调查结果可以为商贸流通业的发展提供可行性建议。另外，商贸协会还会参与商贸相关专业教师的研究课题，协助老师完成调研工作，从而提高成员的研究能力和学术水平。商贸协会还会定期举办相关比赛，如数据分析、统计建模等。这些比赛不仅有助于提高成员的相关技能和技术水平，还可以为他们积累实用性强的具体经验，为将来开展该领域工作提供宝贵经验。

2. 阿拉行协会是一个以情怀和韵味为重的学生社团，其核心宗旨是通过深入的田野调查，记录下宁波每个角落的点滴，探寻并体悟院士之乡的深厚文化底蕴，感知书藏古今港通天下之城市魅力。

作为历史悠久的沿海城市，宁波既拥有丰富的文化遗产，也具有得天独厚的港口资源。阿拉行协会定期组织实地走访，协会成员能够近距离地观察、记录和了解社会现象、革命遗迹、港口运营、自然景观、文化遗产等。通过记录、拍摄或创作，协会成员会将所见所闻呈现给更多的人，为宣传宁波做出积极的贡献。这种深入调研的方式使得协会成员能够深刻感受宁波的独特魅力，锻炼自己的思考能力、实践能力和团队合作能力。

第三节　参与实践历练平台运行模式

一、实践历练平台运行中现存的主要问题及其原因分析

（一）缺乏系统指导和全过程管控

实践项目是学生社团参与实践历练平台体系中的主要组成部分。实践项目通常包括项目策划申报、项目申请立项、项目计划编写、项目实施控

制和项目验收评估等五个阶段。这些阶段相辅相成、承前启后，缺一不可。然而，目前在项目运行中普遍存在着"重两头、轻过程"的倾向。相关调查发现，46.3%的高校指导教师对社会实践认识不清，认为社会实践不是教学活动，没有必要全过程进行监控和指导，仅仅通过简单的指导来掌控就足够了。同时，62.9%的实践学生表示在项目指导过程中，指导教师对项目立项和验收评估阶段进行了较多的指导，而对其他阶段的指导较少。另外，18.6%的学生表示在实践过程中遇到了阻力，指导教师没有及时对问题的解决给予支持。据统计，83.8%的学生认为缺乏对实践项目全过程的管理和指导将会影响实践项目的长期开展。总之，项目缺乏全过程的系统指导和管控是需要引起高度重视的现实难题，极易引起后期的管理混乱和项目的持续开展。

（二）缺乏争取资源的内生动力

充足的资源配置是学生社团实践项目顺利实施的重要保障。目前，各高校均加强对社会实践工作的经费投入和政策支持。然而，需要注意的是，部分社团在项目经费和实践基地等方面存在着明显的依赖心态和"等、靠、要"思想，缺乏必要的内生动力。我们的调查显示，仅有18.3%的社团表示经费充足，实践基地由学校指定的占到23.1%。许多社团认为实践效果不佳的原因是学校没有提供足够的经费保障或理想的实践基地。高校应充分激发学生社团自力更生、自强不息的创业精神，将"要求实践历练"转变为"我要实践历练"，将"要求有成效"转变为"我要有成效"。激发社团组织社会实践活动的动力，培养社团骨干的创造力。资源保障工作应从"输血式"模式转变为"造血式"模式，为社团自主寻求实践活动资源创造良好条件。

（三）缺乏科学的质量评价体系

目前，对社团实践活动的评价标准较为单一，评价方式过于粗放。许多高校仍然简单粗暴地凭借一份社会实践登记表来判定考核等级，以媒体宣传和获奖评优为主要标准来评判实践的质量和效果。这种做法严重挫伤了社团脚踏实组织社会实践的积极性，导致社团出现弄虚作假、敷衍了事、抄袭拼凑等现象。在实践过程中，学生的精力大部分被强烈的"任务感"所占据，例如寻找企事业单位签署意见、盖章，以及寻求媒体帮助项目报道等。这些"任务性指标"成为社团最大的苦恼。可见，目前的评价体系严重影响了社团组织社会实践活动的创造热情和积极性。因此，迫切需要建立以"去功利化"为导向的新评价指标体系。新构建的评价指标体系应该着眼于激发社团的积极性和创造性，引导社团根据自身特色设计合适的实践活动形式与内容。建立健全贯穿整个社会实践过程的评价反馈机制，对社团实践活动的开展情况进行系统科学的监控，促进其扎实开展。

二、学生社团实践历练平台运行模式构建

（一）构建思路

注重科学规划。在构建学生社团实践历练平台运行模式过程中，应坚持科学规划和分类指导的原则，同时进行两方面的总体规划。一方面，应该站在大学生社会实践工作是贯彻党的教育方针的重要高度来认识，将大学生社会实践纳入教学计划并作长远规划，将学生社团实践历练平台顺畅运行作为社会实践工作的重要目标，提出运行模式的总体设想，并制定总体目标要求。另一方面，要遵循大学生成长成才的特点与规律，结合各实践历练平台的实际情况，采取分类分级指导和评价的方法，发挥项目化管理的优势，以吸引各类社团积极参与组织工作。

完善体制机制。完善的制度建设对于大学生社会实践长效机制的顺利运行起着重要的保障作用。这不仅有利于社会实践的有序开展，也有利于校方进行宏观协调和规范管理。主要包括项目立项与申报、质量监控与评

价、考核与奖励、安全与经费保障、基地建设等方面的制度。同时，还要提供标准化的资源库、项目化管理指导手册和有效的沟通平台等帮助，使大学生社会实践长效开展机制能够有章可循、有据可依，实现运行程序的规范化。例如，在项目化管理的质量评价方面，可以包括自评、他评以及第三方评价，真正实现公平、公正、公开的原则，不强调功利，有效激发学生的创造性和积极性。

创新实践形式。大学生社会实践项目应坚持多样性、合理性与可行性、理念创新等方向。首先，社团应根据不同的社会需求，充分挖掘所在地的历史、文化、地理等特色资源，采取灵活多样的活动形式。其次，社团应关注当下社会热点问题，紧密结合社会发展需求，设计能够获取社会相关方理解和支持的实践项目。再次，理念上应不断创新，注重课内教学与课外实践的紧密结合，实现专业实践与一般服务的有机结合，推动实践项目与产业、科研的深度融合，提升实践项目的创新性和实际价值。

（二）运行模式构建过程

打造良好政策环境。在运行模式构建过程中，需要打造有利于社团实践历练平台顺畅运行的政策环境。将社会实践活动纳入社团管理体系，通过制定和完善相关制度，为学生社团组织开展社会实践活动提供政策保障。同时，出台相关政策，促进全校范围内转变观念，增强对学生社团育人价值实现重要意义的理解，并推动各院系、部门将社团实践活动作为重点工作加以推进，提升工作的针对性和实效性。根据总体计划系统地开展各级各类社团实践历练活动，使活动规范化、制度化、常态化。

注重项目管理与基地建设。采取"学科出选题，学校出指南"的办法，整合全校资源，编制大学生社会实践项目指南手册，为社团提供志愿服务、行业调研、社会调研、走访参观、专业训练等各类项目，社团通过申报立项认领相关项目。以"点面结合，突出重点"为指导思想，抓好重点项目和一般项目建设。重点支持知名度高、影响力大的社团开展社会实践项目，注重示范效应。鼓励不同社团之间跨学科组队，促进优势互补，资源共享。大力倡导社团建立多种形式的社会实践基地，实现实践活动向规模化、品牌化、长期化发展。

实行项目化运作。为了推动和深化大学生社会实践的持续创新发展，众多高校采取项目化管理技术的运作方式。该技术的显著特点在于在确保时间、技术、经费和性能指标的前提下，能高效地达成目标。近年来，高校在社会实践活动中应用项目化管理技术日益深化，在组织管理、内容形式、评价方式等方面展开诸多探索与实践，并构建了社会实践长效机制。社团实践历练平台应在此机制下，遵循组建团队、项目设计、项目申报、项目实施以及总结结项的路径，最大程度尊重并突显学生社团的重要地位，最大程度提升资源利用率和范围覆盖率，提升社团组织实践活动的广泛性和可持续性。

实施多元管理运行机制。根据不同类别的社团实践项目，设计相应的多样化管理运行机制。对于具有持续性特点的项目，采取基地和项目同步建设、共同管理的方式，通过评星制度对优秀的基地和项目进行星级管理，并依据评估结果考虑在下次实践活动申报中给予免立项、经费升级等奖励。定期考察基地建设情况，确保各项工作按照签署的合作协议稳步推进。对于非长期或一次性项目如课题调研等，采用标准化工作程序，监控考核每个阶段的任务完成情况，注重过程指导并记录，最终的经费资助额应与结项情况挂钩。

第四节　参与实践历练实践平台运行实证分析

大学生社会实践活动是学校教育的重要组成部分，融"受教育、学知识、长才干、做贡献"于一体。在浙江有一个这样的"明星社团"，它始终坚持将学术科研、学生培养和社会服务有机融合，始终将"知行合一"作为自己的重要培养模式，用不懈的努力和实际行动改变了社会。它就是由刘炳辉老师指导的浙大宁波理工学院知名学生社团"转型中国读书会"。本节以"转型中国读书会"为案例进行实证分析，剖析学生社团参与实践历练平台的特殊优势。

一、"转型中国读书会"简介及社团宗旨

"转型中国读书会"是浙大宁波理工学院的一个学生社团，以读书交流、社会调查、服务社区和游学访学等为主要活动形式，通过组织各类社会调研实践活动，培养学生的实践能力和创新精神，在本科生优秀人才培养方面不断探索，成果丰硕。社团自 2014 年创建以来，已开展各类实践活动 130 余期，覆盖数万人次。会员中累计培养出 7 位博士生和 100 位硕士生。在 2018 届、2019 届和 2020 届的读书会毕业生中，各有约 20 人被国内外高校录取读研，深造率均在 80% 左右。每年的大学生暑期社会实践活动中，读书会组织的调研团队屡获市校优秀团队称号，指导老师和参与同学也多次荣获相关表彰。2023 年 11 月 18 日，中央电视台播出的纪录片《新柏村"荷花"升级了》长篇幅报道了社团帮助当地乡村振兴实现共同富裕的先进事迹。

二、"转型中国读书会"实践活动的内容与形式

（一）助力乡村振兴

"转型中国读书会"紧密围绕乡村振兴这一主题，举办了一系列活动，立足时代前沿，推动区域性理论与实践的深度融合。该社团的活动不仅局限于室内学术研讨，更突破校园边界，深入乡村进行实地社会调研，关注农村经济结构调整、文化传承与发展、村庄治理等多方面的实际问题。在

理论探讨方面，2018年该社团曾联合华东理工大学中国城乡发展研究中心的师生，对宁波地区乡村振兴现状进行调查，分组调研了当地五个村社的发展模式，并试图剖析新中国不同类型乡村兴衰变化背后的宏观结构性因素。在社会调查方面，该社团组织了各类调研活动。例如，以叶炜的长篇小说《还乡记》为切入点，探讨新时代乡村振兴的文学表达问题。集体社会调研是该社团的品牌实践活动，以暑期集体社会调研为主。每年四五月份，社团调研部会主动与指导老师沟通，确定当年的调研主题，指导老师负责与地方对接联络及筹措经费，调研部同学负责组织队员并分组编排。调研前夕，进行集体培训，涵盖外出调研安全事项、研究方法、研究主题等内容。调研过程中，老师全程参与，指导学生撰写调研日志及后期的调研报告。

（二）读书交流活动

在信息爆炸的时代背景下，该社团倡导深入阅读、理解书中的知识，提升阅读能力。每个月，该社团会举办一至两次读书交流活动，营造良好的读书氛围，促使成员反思总结近期读书状态。活动采用"报名发言、围坐互动"，"学生分享、老师点评"的形式，突出师生和同学之间的互动性。读书交流活动一般在设有环形座位的会议室等场所举行，教师坐于中间主持人位置，学生们在对面坐成环形，增强了二者之间的互动性，也保持了权威和秩序。交流会强调让同学们各自表述清晰、求同存异，教师进行引导，避免争论抬杠，利于维持学生们的团结力。一位社团成员曾总结道："在读书会中的分享与互动，能够引发问题意识，逼迫你去呈现和阐述。而个人单打独斗地阅读，往往囿于自己的世界，比较难实现这点。"

（三）聚焦立德树人根本任务

"转型中国读书会"秉持精英化培育理念，通过道德感召力和理想引领力构建紧密的共同体，引领校园学习风尚，为国家培养栋梁之材。该社团高度重视理想信念教育，坚持将阅读经典、服务同学和奉献社会相结合，多数读书会成员均积极参与服务集体的学生工作。如在新冠疫情防控期间，同学们在严格遵守学校防疫规定的同时，充分发挥了先锋模范作用。社团组织成员重温入党誓词，坚定信念，守护校园平安。许多成员积极担任社区志愿者，投身于校园抗击疫情的战斗中。

三、实证思考

（一）实践活动设计需坚持知行合一原则

"转型中国读书会"在活动设计上独树一帜，巧妙地将"知"与"行"相结合，其社团品牌活动主要包括两个方面：一个是聚焦"知"的读书交流会，另一个是聚焦"行"的集体社会调研。所谓"读万卷书，行万里路"，知行合一才更符合认知规律和团队建设的需要。该社团在设计活动时，巧妙地将读书与实践相结合，既有读书的"思"，让成员们在阅读中思考，从中汲取智慧，开阔视野，激发创新思维；也有调研的"行"，让成员们在社会调研中实践，学会发现问题、分析问题、解决问题。在实践活动设计中，学生社团应充分认识到这一点，系统科学地设计活动体系。在明确活动目标，优化活动内容，强化活动组织，注重活动反馈各个环节中始终坚持知行合一原则，以实现成员综合素质和社团活动质量的全面提升。

（二）社团文化建设需服务于品牌活动

卓越的社团文化彰显着一个社团的高维度竞争力。"转型中国读书会"独具以下几个显著的社团特色文化：其一，营造浓郁的阅读氛围。尽管阅读本身具有强烈的个性化特征，但阅读氛围却是一种稀缺的公共产品。在这种背景下，"转型中国读书会"致力于营造积极向上的阅读氛围，形成了独特的社团文化。其二，构建社团理想共同体。优秀的学生社团均成功地将组织塑造成理想共同体，成员因共同的理想而凝聚，通过相互鼓励与支持实现目标。读书会的理想共同体旨在助力成员在校阶段成长与发展，并在未来指引他们服务社会、贡献力量。在这一过程中，社团的非功利性、非竞争性以及传帮带的传统为学生提供了互助与社交的良好平台。其三，建立互动性的师生关系和同学关系。群体性互动学习是"转型中国读书会"的核心，强调师生之间及同学之间的互动。例如，有社团成员在读书会上通过与他人讨论，开拓了全新的视野和思考角度，进而改变了对出国留学的认知。综上，社团文化建设是服务于社团活动（特别是品牌活动）的，而不是简单的几句标语或口号。

（三）选拔配备优秀的社团指导老师至关重要

指导老师是一个学生社团的灵魂，是引领学生成长、促进学生发展的引路人。高校应以"四有"好老师的标准来选拔和配备各学生社团的指导老师。他们应当具备坚定的理想信念、高尚的道德情操、丰富的扎实学识和无私的仁爱之心。"转型中国读书会"之所以能取得一系列骄人的成绩，指导老师刘炳辉起到了关键性的作用。他在指导社团过程中，因材施教，注重学生的个性化发展和全面发展。他不仅关注成员的学业成绩，更重视他们的个人成长与发展。刘炳辉老师具有很高的学术造诣，同时还在服务乡村振兴工作中取得了实实在在的成绩。他曾深入湖南衡阳常宁市新柏村，帮助当地实现共同富裕，他的先进事迹被纪录片《新柏村"荷花"升级了》详细介绍。在他的指导和引领下，读书会成员不仅在学术上取得了丰硕的成果，还在社会实践、团队合作等方面得到了全面的锻炼和提升。期待未来会有更多像刘炳辉这样的优秀指导老师涌现，为我国学生社团的发展贡献力量，为培养新时代优秀人才助力。

第九章　高校学生社团参与创新创业体系构建

创新是一个民族进步的灵魂，是一个国家兴旺发达的不竭动力。创新创业是时代的主题，是经济社会和国家发展战略的重要组成部分，是建设社会主义现代化国家的重要引擎。大学生是推进"创新驱动发展战略"的重要人力保障。《国家中长期教育改革和发展规划纲要（2010—2020年）》把"培养拔尖创新人才"作为核心任务。高等教育正面临着"科学技术突飞猛进，知识经济初见端倪，国力竞争日趋激烈"的新形势，为了应对知识经济时代和新科技革命的严峻挑战，探索创新创业教育质量提升之路已成为目前高教改革的重要方向。如何有效实施创新创业教育，并为振兴国家科技、推动经济发展培养高素质的创新型人才，值得每位高等教育工作者深入思考。值得注意的是，人才的成长是客观培养和主观努力的双重结果。因此，探索学生社团在创新创业教育体系中的作用，是我国高等教育发展中的必然趋势。

第一节　参与创新创业体系构建的原则与思路

一、学生社团参与创新创业教育的重要意义

（一）创新创业教育面临困境

联合国科教科文组织在"面向21世纪教育国际研讨会"上将创新创业教育称之为"第三张教育通行证"。在国家、社会、学校三个层面的高

度重视和积极推动下，高校创新创业教育效果逐步显现。但与此同时，创新创业教育实践也面临着诸多亟须破解的现实难题，可概括为"理论灌输多、实践历练少；被动接受多、积极主动少；整齐划一多、个性选择少"。分析创新创业教育实践"三多三少"困境的深层原因：其一，意识激发层面。教育实施者单向的灌输形式与"不接地气"的灌输内容，使大学生提不起参与的兴趣，很难产生强烈的主观学习意愿。其二，实践历练层面。由于平台设置和利用率等问题，实践教育覆盖率不理想，接受过系统训练的大学生可谓凤毛麟角，多数学生缺少感性体验和实践认知。活动设计也没有尊重大学生需求的层次性和个体的差异性特点。其三，品质培育层面。忽视学生的主体地位，缺少优良的创新创业文化氛围。多数学生持"事不关己"心态，内化动力缺失。创新创业优秀人物犹如"传说"般使多数学生觉得遥不可及。如何探寻教育教学各环节中可利用的育人载体，提升创新创业教育实效，是目前高校面临的重大理论和实践问题。

（二）实现学生社团管理与创新创业教育耦合协调发展具有现实意义

大学生创新创业已呈星火燎原之势，但如何推动当前的"星星之火"在高校更大范围内"燎原"，是目前高校提升创新创业教育水平的有效切入点。2018年6月21日，陈宝生部长在新时代全国高等学校本科教育工作会议上提出：要持续深化创新创业教育改革，全方位深层次融入人才培养全过程。全国高校思想政治工作会议也提出了"全程育人、全方位育人"的战略性要求。但目前创新创业教育在教育教学各环节中的渗透程度仍不甚理想，特别是作为第二课堂活动重要载体的学生社团，其系统与创新创业教育系统的"同频共振"现状仍不尽如人意，学生社团是大学生第二课堂活动的重要载体，是学生最具吸引力的生活空间之一，探讨两者的充分交互和耦合协调发展将有助于拓展高校创新创业教育的运行空间，推动其教育改革发展，育"敢闯会创"之才。

二、研究现状述评

（一）创新创业教育研究现状

目前学术界国内外相关研究主要集中于科学内涵的界定、战略价值定位、实践体系构建等方面。关于概念内涵：①理念层面。如杰弗里·蒂蒙斯（2005）提出的"创业遗传代码"概念。②技能层面。如戴维.西尔弗（1988）提出的创业资本定律；盛田昭夫（1989）的创业教育"空隙理论"等。关于价值定位：学界普遍认为创新创业教育是推进国家区域之技术创新和经济发展的重要推动力。①广义层面。如新增长理论和奥地利学派分别从人力资本和秩序组织者的视角探讨了创新驱动组织机制问题。②高校层面。Acs（1993）、Henry Etzkowitz（1997）、Carayannis 和 Campbell（2006）、田华（2009）、张玉利（2010）等一直认为大学应从传统经济的边缘地位转变到创新驱动中的战略地位。关于实践体系：①具体实践层面。如45%以上的英国大学开设有创新创业教育课程；澳大利亚绝大多数的创新创业教育教学人员都是既有理论基础又有实践经验的企业家；日本、新加坡、加拿大、新西兰等一些国家已将创新创业教育纳入国民教育体系等等。最为成功的创新创业教育体系当属柏森商学院，其完备程度已成为全世界高校学习的样板。②模式提炼层面。如盖博将创业教育体系总结为两种模式："传统商学院的组织模式"和"创业型大学组织模式"。高晓杰、曹胜利（2007）将国内高校创新创业教育管理模式归纳为：以教学部门为主体；以学生管理部门为主体；各部门分工介入和协调参与。梅伟惠（2010）提出美国创新创业教育有两种典型模式，分别是以百森商学院为代表的"磁石模式"和以康奈尔大学为典型的"辐射模式"。

表9-1 创新创业教育研究现状梳理

研究视角	主要理论与实践	主要观点	模式探讨代表人物	实践模式	
概念内涵	创业遗传代码	创业是"一种思考、推理和行动的方法"	盖博	传统商学院的组织模式	创业型大学组织模式
	创业资本定律空隙理论	关注创新能力的挖掘、提升与训练			
价值定位	新增长理论	从人力资本视角探讨创新驱动力发挥	高晓杰、曹胜利	以教学部门为主体	以学生管理部门为主体	各部门分工介入和协调参与
	奥地利学派	创新驱动组织机制			
实践体系	百森商学院	非商学院的学生也能从创业教育中获益	梅伟惠	磁石模式	辐射模式
	康奈尔大学	鼓励专业教育积极参与创业教育			
	考夫曼校园计划	创业教育应面向全体学生			

（二）学生社团管理与创新创业教育的关系研究

近几年部分学者已涉足相关研究，但成果较少。研究重心集中在学生社团的先天独特优势、功能实现基本策略、实践模式创新等方面，详见表9-2。

表9-2 学生社团管理与创新创业教育的关系研究现状梳理

主要观点	代表性文献	相应研究总结性述评
学生社团具有创新创业教育的独特先天优势	杨芳，2005；徐博函等，2012；杨单单等，2014；仇志海，2017	论述主要体现在：①实现教育的广泛性；②使教育活动更具吸引力和生命力；③促进知行合一。
探索学生社团推进创新型人才培养功能实现的策略及路径	方佳玲等，2014；信润海等，2017；边晓杰等，2017；吴慧明，2018	功能发挥的主要路径：①推进学生社团规范化发展；②推行企业化或社会化运作；③强化指导团队及骨干队伍建设。
创新学生社团实践模式推动高校创新创业教育	陆小峰，2014；任海华，2016；易海博等，2016；冯明智，2016；胡煜，2016	最具代表性的模式创新包括：①项目化模式。②现代学徒制模式。③"企业式"模式。

（三）简要述评

一方面，创新创业教育与学生社团双向关联的研究较少。诚然，两者的关联已经引起了学者的关注，但大多数研究仍属单向关联的研究，关注点较为狭窄，对专业类或创新创业类学生社团在双创教育中的功能效用与载体作用的探讨尤为偏爱，对两者耦合关系的研究较少，忽视了其他类别学生社团的教育功能，关于两者间作用机理的研究相对薄弱。

另一方面，缺少创新创业教育与学生社团管理交互影响的定量分析研究。截至目前，相互作用的定性探讨多，缺少两系统间交互影响因素及其规律的定量分析，理论与实证相结合的研究相对较少。本项目认为两个育人空间的关系需要运用耦合理论才能使问题分析得更深入，从而进一步澄清两者间的复杂关系和交互机理，使两方面工作形成双螺旋良性发展，提升高校育人质量与效能。

三、学生社团参与创新创业教育体系构建的原则和思路

（一）未来创新创业教育革命的重要内容和方向

第一，创新创业教育体系由封闭、刻板、刚性转向开放、灵活、柔性。创新创业教育体系在实践中往往容易延续传统教育模式，这种模式以其鲜明的封闭性、刻板性和刚性特征，可能导致学生在培养过程中呈现出"三习惯、三忽略"倾向。具体而言，学生容易习惯于被动接纳现成的知识和结论，而忽视创新思维与能力的锻炼；倾向于专注书本理论知识，却忽视将理论应用于实践的能力培养；倾向于死记硬背，而忽略对理论的理解和运用。这种现象不仅背离了个性化教育理论中因材施教的基本规律和原则，限制了学生的个性化发展，同时也对学生的创新意识和创业能力的培养及发挥产生不利影响，制约了他们创新创业行为的实施。统一的封闭、刻板和刚性的教育体系，难以激发学生参与创新创业教育的积极性。

同时，由于缺乏有效的沟通渠道，教育行为往往与学生的意愿和兴趣相悖，未能根据学生的个性化特性和需求，提供有针对性的教育内容和培养方案。因此，创新创业教育的封闭式教育模式必将被淘汰。在设计其教育体系时，必须对传统教育模式中的封闭、刻板、刚性制度进行深入改革，构建开放、灵活、柔性的，与创新创业教育基本规律相吻合的制度体系。

第二，创新创业教育制度从集权导向逐渐转变为分权导向。依据个性化教育理念，参与创新创业教育体系构建需要针对各高校的实际情况和学生个体特点及条件，实施因材施教，以培养具有鲜明个性、丰富创造力和创新能力的人才，从而满足现代化建设的人才需求。国内外创新创业教育的发展演化历程表明，赋予高校、各机构、教师及学生充分的自主权是成功推动创新创业教育的关键。人们也愈发认识到，集权型教育制度在总体上并不利于创新创业教育的开展，过于集权的体制限制了教育的因地制宜和因材施教。因此，在强化统筹指导的同时，高校应逐步将创新创业教育的自主权下放至各二级学院，各二级学院也应结合专业特点，最大限度地激发教师和学生参与创新创业教育的积极性，增强专业和班级层面适应创新创业教育体制改革的活力。

第三，教育方式由被动接受转向主动参与。在传统的创新创业教育模式下，教育形式、课程设置、活动管理等各个方面均受到各级管理部门的严格约束，众多的教育规则、规章制度林林总总，细致入微的过程管理无处不在。在这种层层管控的环境下，学生层面的自主空间受到极大限制，他们往往只能被动接受、消极屈从。这样的教育方式极大地压抑了学生作为教育主体的主动性、积极性、创新精神和创业意识。为了使大学生成为社会所需的合格人才，除了营造一定的外部条件外，还需更大程度地激发学生内在的活力，充分调动学生的主观能动性，激励他们独立思考，点燃求知热情。从而使学生在思想和行动上更加积极主动地参与到创新创业的各项活动中。

（二）体系构建的原则与思路

大学生作为国家未来的栋梁，其创新创业能力的培养至关重要。为实现这一目标，加强和改进高校创新创业教育显得尤为必要。在此过程中，需紧扣"大众创业、万众创新"的时代主题，勇于解放思想，不断更新观念，全方位确立教育创新理念，强调教育质量意识，促使学生社团积极参与创新创业教育，并使之常态化。体系构建中需秉持广谱性、层次性、方向性三方面原则。

其一，广谱性原则。广谱性原则强调创新创业教育需面向全体学生，融入人才培养全过程，这与狭义创业教育的核心特征有所区别。学生社团在参与创新创业体系建设过程中，关键在于构建良性运行模式，确保活动具有广泛的辐射面和参与度。当前，高校创新创业活动的普及程度有待提升，各类学科竞赛占比较高，但参与人数仅占在校学生的一成左右，能参加省级以上竞赛的学生更是寥寥无几。因此，创新创业教育的评价标准不应仅限于大学生科技创新成果的数量或学科竞赛获奖情况，而应关注大学生在接受创新创业教育后，在以创新能力为核心的综合素质及职业精神培养方面所取得的成果。学生社团参与创新创业体系的建设，不应局限于少数学生的创业实践和创新教育，也不是追求即时商业利益的商业活动，而是一场具有革命意义的教育改革。

其二，层次性原则。学生社团积极参与创新创业体系，这一体系以"培养学生主体意识"为核心教育理念，秉持专业立场，充分关注学生个体差异，重视激发学生主观能动性。体系精准把握同一专业不同年级、不同层次的学生阶段性发展特征，采用动态视角开展相适应的创新创业教育。梳理各层次活动体制，构建学生社团参与创新创业体系活动的梯形框架，为学生提供由浅入深的创新创业活动选择，使得不同年级、不同专业、不同兴趣爱好的学生均能找到适合自己的社团活动平台。旨在助力学生学会学习、学会思考、学会创新，并将教育目标自然融入学生社团的价值观念与实践活动之中。

其三，方向性原则。方向性原则要求大学生创新创业教育始终坚持在社会主义大学的办学方向指导下进行。教育部发布的《关于大力推进高等学校创新创业教育和大学生自主创业工作的意见》将社会责任感的培育视为创新创业教育的核心内容之一。大学生政治观教育的成效直接影响到中国特色社会主义事业的传承以及人才培养目标的实现，这是高校人才培养的首要任务，也是所有高等教育行为必须遵循的基本导向。创新创业教育的目标是培养德才兼备的社会主义创新创业人才，创新仅为手段，并非最终目标。因此，在学生社团参与创新创业教育的过程中，除了关注学生创新创业知识和能力的培养，更要强调学生优良道德品质的塑造。

第二节　参与创新创业实践平台体系

如前文所述，大学生创新创业已呈星火燎原之势，如何探寻教育教学各环节中可利用的育人载体，提升创新创业教育实效，是目前高校面临的重大理论和实践问题。故而，本节通过深入剖析目前学生社团管理与创新创业教育交互中所存在的时空、功能、结构三重耦合困境，以创新创业教育与学生社团管理目前面临的困境与瓶颈为切入点，探讨二者的耦合关系，旨在为学生社团参与创新创业教育实践平台体系的构建提供有效思路。

一、耦合关系的确立

创新创业教育与学生社团管理是作用于人才培养的两个重要子系统，二者之间不可分割、相辅相成，存在着密切的内在关联性。尽管两者之间的关联已受到学者们的高度关注，但现有研究多为单向关联分析，视角具有局限性，侧重探讨专业类或创新创业类学生社团在创新创业教育中的作用及载体价值，而对其他类型学生社团在双创教育中功能效用的研究相对匮乏。

一方面，学生社团以其自发自治性、灵活多样性及开放自主性等特质，在各阶段如制度建设、会员招募、活动策划与实施以及社团文化传承与发展，皆需持续的资金支持和科学化指导。我国相关研究普遍认为，当前大学生社团发展主要面临的问题包括管理不规范、活动实效性不足、发展趋于边缘化以及资源支持短缺。创新创业教育恰好能提供政策性信息、名师供给、社会资源对接等功能，为学生社团破解发展难题提供功能性保障。

另一方面，社会竞争的加剧促使大学生不断提升自身成长成才目标，而大学生的多元化和高层次需求也推动创新创业教育的深入发展。学生社团的组织优势能有效促进创新创业教育的发展。社团活动所具备的时间持续性、空间多样性、形式灵活性等独特优势，将在很大程度上提升创新创业教育实践活动的吸引力和生命力，从而显著提高教育实效。

因此，创新创业教育与学生社团管理两个系统在各自发展过程中的共生、互动、匹配与协同，是高等教育发展历程中的客观必然现象。两者之间存在相互促进、相互保障以及相互拉动的关系，这种动态复杂的关系可认定为耦合关系。

二、耦合视角下，创新创业教育与学生社团管理的交互现状

创新创业教育与学生社团管理，它们工作对象一致、功能目标相近、内容相互融合、成效互相转化，二者有着显著的互为促进的双螺旋发展关系。但从目前它们的交互现状来看，存在着时空、功能、结构三重耦合困境，由此衍生出"理论灌输多、实践历练少；被动接受多、积极主动少；整齐划一多、个性选择少"等创新创业教育实践问题。

（一）时空耦合困境

观察创新创业教育与学生社团发展的历史与现实，二者各自独立发展，时间、空间、速度等方面虽有交集，但呈现出明显的非一体化趋势。两个系统及其内部要素之间的信息交流呈现不对称性，相互作用和相互影响的协同效应并不显著。在学生社团中，存在着"安于现状、推崇权威、畏惧挑战、自我否定"等创新创业恐惧心理倾向，部分大学生的创新创业素养水平有待提高。

（二）功能耦合困境

功能耦合，是指通过两个系统各要素的协同作用与优化组合，使得耦合负效应降至最低，通过系统化整合各要素功能，实现耦合总体效能最优，进而使两个系统融合为一体化复合系统。然而，当前在创新创业教育系统与学生社团管理系统之间，二者内部要素的功能协同整体状况并不理想。显著表现为两个系统"各自为政"，运行中目标指向吻合度较低，缺乏载体互通性，甚至产生负向影响，削弱整体效能。此外，部分学生社团文化呈现出多元发展的不良倾向。例如，部分社团干部存在"因循守旧、尸位素餐、胸无大志"的现象；活动开展方面，"粗制滥造、敷衍了事、一成不变"；在活动创新方面，"浅尝辄止、瞻前顾后、有始无终"。这些不良风气导致部分学生社团犹如一潭死水，缺乏生机。

（三）结构耦合困境

为了实现结构耦合，两个系统及其各要素之间需形成关联作用适度且结构合理的形态，从而实现系统间的相互渗透、相互制约和相互促进。然而，当前创新创业教育系统与学生社团管理系统及其内部各要素之间并未形成结构上的有机结合。尽管两者具有相同的工作对象和相似的功能目标，但其主体地位存在较大差异，资源耗散率较高。本可通过功能互补降低信息、能量、资源等方面的耗散，但由于结构耦合的缺失，实际成效不尽如人意。

综上，创新创业教育系统与学生社团管理系统之间尚未建立起相互作用、相互渗透、相互促进和相互制约的关系，两者系统内要素之间也没有充分展现出互动、共生、协同、匹配的关系。

三、创新创业教育与学生社团管理耦合功能研究

在实际的创新创业人才培养过程中，教育实践面临一系列亟待解决的问题。在意识激发层面，教育实施者单向的灌输方式和不贴合实际的灌输内容，导致大学生对创新创业知识学习缺乏兴趣，难以产生积极的主观学习意愿。在实践历练层面，由于平台设置和利用率等因素，实践教育的覆盖率不尽如人意，接受过系统训练的大学生可谓凤毛麟角，大部分学生缺乏实际体验和实践认知。同时，实践活动设计未能充分考虑大学生需求，缺乏针对性和层次性。在品质培育层面，缺乏优良的创新创业文化氛围，导致多数学生抱有"事不关己"的心态，创新创业优秀人物对多数学生而言更像"传说"般遥远。大学生自觉参与的积极性受限于其主体地位被忽视，从而引发内化动力不足。通过对意识激发、实践历练、品质培育三个层面的深入剖析，探讨创新创业教育与学生社团管理功能互补的耦合表现形式（如表9-3）。

表9-3　创新创业教育与学生社团管理耦合表现形式

创新创业教育现状及问题	创新创业教育困境	学生社团特征	学生社团特色与功能	学生社团管理与创新创业教育耦合功能
意识激发层面：单向灌输模式陈旧	大学生参与热情不高	自发自治性	汇聚志同道合之人	整合优化各类大学生群体
	潜能激发动力不足		尊重青年学生的自主性	促进大学生自觉参与

创新创业教育现状及问题	创新创业教育困境	学生社团特征	学生社团特色与功能	学生社团管理与创新创业教育耦合功能
实践历练层面：平台有限成效一般	感性体验缺乏	灵活多样性	提供知行合一的实践平台	不断丰富发展实践活动载体
	缺少教育吸引力		源于学生需求扩展活动范畴	提升活动针对性、有效性
品质培育层面：忽视主体氛围不佳	大学生主体地位未充分体现	开放自主性	充分体现大学生主体作用	突显大学生自我教育主体地位
	缺少高卷入感的生活语境		营造进取、团结、平等、和谐氛围	促进学生之间良性的相互感染与强化

创新创业教育系统与学生社团管理系统都属于复合型系统，二者的耦合形式主要包括时空耦合、功能耦合和结构耦合。三种形式作用于两个系统及其内部元素，逐渐形成育人的统一体，实现二者多层次、多形式、多角度的耦合，从而共同推进高校的人才培养质量提升。

（一）实现时空耦合

创新创业教育系统与学生社团系统无法脱离时空环境而独立存在，二者系统内部的各元素会随着时间空间的演变推移而逐步地变化发展。两个系统都不能离开时空环境而独立存在，它们拥有着相互融合的工作内容和互相转化的工作成效。若要建立二者的时空耦合协调关系，首先需要界定空间耦合区域。当两者耦合的范围在一个社团之内时，该社团的组织机构、自治能力、活动平台、文化建设等子系统就需要通过各要素与创新创业教育系统相互作用。当扩大到一所高校范围时，该社团的相关子系统就需要先与校内其他社团内的有关要素充分交互，再与创新创业教育系统进行耦合，从而整合优化各类学生群体，促进大学生自觉主动参与创新创业教育活动。

（二）实现功能耦合

功能耦合是系统间总体耦合的实际表现。创新创业教育通过多样化渠道提升育人成效，如师资投入、教学环节、实践载体、环境建设等等，这些要素间存在着复杂交叉的互动关系，只依靠某一单一的要素是不可能提高教育绩效的。对于学生社团管理而言，其绩效影响因素包括自治能力、自治监督、活动组织、文化建设等等，每一个维度的功能各异。创新创业教育与学生社团管理的功能耦合主要体现在二者系统内部要素之间的功能互补作用，各因素功能协同交互，使得以一体化为目标的创新创业教育与学生社团管理在平台功能、组织职能、师资功能、经济功能等尽量减小信息与能量的耗散，实现载体互通、资源共享。比如学生社团通过其人气兴旺、多元载体、氛围和谐等优势的发挥，能够有效地支持创新创业教育的发展，促进其丰富发展实践活动载体，并使教育活动更具有针对性和吸引力，如此将创新创业教育的资源保障功能，学生社团的自治管理功能与文化建设功能同时分别发挥到最佳程度。

（三）实现结构耦合

结构耦合即反映两个系统及其构成要素在结构上的有机结合。合理的结构耦合有利于在教育情境中突显大学生的教育主体地位，强化青年学生的自我教育功能，优化教育整体氛围。创新创业教育与学生社团管理的结构耦合包含二元复合结构和多元复合结构。二元复合结构包括社团－双创结构、双创－社团结构。相较之下，多元复合结构复杂得多，包括社团－大学生－双创、双创－大学生－社团、社团－大学生－指导教师－双创、双创－大学生－指导教师－社团等等。在二元结构耦合中，社团－双创结构体现的是学生社团对创新创业教育的支撑作用，双创－社团结构体现的则是创新创业教育对学生社团发展的促进作用。多元复合耦合结构的表现尤为复杂，比如双创－大学生－社团表现为在创新创业教育发展的基础上，学生社团作为重要的第二课堂活动成为大学生成长成才的客观要求，学生社团间接地促进了创新创业教育。可见，多元复杂结构体现了极为复杂的关系，但从繁杂的关系中仍可以找到创新创业教育与学生社团管理的内在联系。

四、构建学生社团参与创新创业实践平台体系

实践环节在创新创业教育中具有至关重要的地位。高校应秉持"创新创业教育与学科专业建设深度融合，创新创业教育与校园文化活动深度融合"的双融合理念，充分挖掘现有专业实践资源，积极构建激励和吸引学生广泛参与的创新创业活动平台。以学生社团为依托，依据大学生身心发展特点，构建以"意识培养—理论学习—模拟实践（赛事训练）"三层次架构为主体的，具有层次性、实践性、自主性、开放性特征的学生社团参与创新创业实践平台体系。根据平台功能差异，可将实践教育平台划分为三类：其一，体验类实践平台，专注于意识培养，为普适型平台。其二，课程类实践平台，重视系统性理论学习，属于培育型平台。其三，训练类实践平台，致力于赛事训练或项目孵化，属于实战型平台。宁波财经学院在相关平台的建设过程中展开了很多有益的探索，以下介绍三类实践教育平台中所列举的大学生科技文化节、创新创业博览会、创新创业实验班、学生科研骨干班、BM-Lab 商业模式实验室和匠心创客空间这六个平台案例均来自该校。

（一）体验类实践平台

体验类实践平台面向所有专业背景的学生群体开放，其核心在于通过观摩和亲身体验活动揭开创新创业的神秘面纱。其主旨是鼓励学生形成创新创业思维，点燃他们对于培养创新能力和创业动力的热情。因此，在打造这类平台时，重点在于整合校内外相关资源，为学生寻找和提供各种形

式的观摩和体验的机会，让大学生能更深入和直观地理解产品从开发到营销、从设计到策划的全过程，从而培养正确的创新创业观念，并形成不畏困难、持之以恒、勇于进取、坚定向前的信心和决心。

借助讲座、研讨会、工作坊以及实地考察等形式，学生能够近距离接触行业专家和成功企业家，近距离感知创新创业的实践过程。目睹某个创新案例的首尾全貌，亲耳聆听将原创理念转化为市场创新产品或服务的经验之谈。这些体验旨在激发学生在面对挑战时能够主动寻求创新性解决方案，而非简单模仿。这不仅关乎知识技能的习得，更注重个人信念与精神的培育，培养一种敢于探索未知、勇于挑战传统和持续自我超越的品质。以下介绍两个比较具有代表性的相关实践平台。

大学生科技文化节。为营造浓郁的校园创新氛围，提升大学生的科技创新意识与能力，该校每年定期举办大学生科技文化节，作为活动的主体学生是当之无愧的主角。科技文化节中各类科技活动精彩纷呈，包括"挑战杯"创业计划大赛校内选拔赛、校级大学生科研项目立项、科技作品展、学术讲座等等。据统计，自2008年起，每年参与学校各类科技文化活动的大学生人数超过3000人，占比达到在校大学生总人数的20%以上。该校学生在科技创新活动中也取得了丰硕的成果，仅2015到2017三年中，该校学生获得各类专利累计达192项，共发表学术论文77篇，获得省市级大学生科技创新比赛各类奖项10项。

创新创业博览会。为进一步激发大学生创新创业热情，展示学校创新创业教育成果，加速推进创新创业教育工作，自2016年5月起，该校每年举办一次大学生创新创业博览会。博览会主要包括大学生创新创业成果展示、大学生创新创业竞赛比武、大学生创新创业工作交流三个部分。活动采用项目立项制，各专业社团、工作室、训练营、项目团队等均可申报，为广大青年大学生创新创业提供发展创意的孵化空间，培育一批大学生创客，助推大学生创新创业，并营造良好氛围。活动充分发挥创客学堂和创客空间的作用，组织开展创新创客沙龙、寻找身边的创客、创意制作与分享、创意众筹等一系列丰富多彩的活动。浙江教育在线等媒体曾高度评价创新创业博览会："该校学生创新创业博览会主题鲜明、目标明确、组织精细、亮点突出、成果丰硕，参与人员之广、参与热情之高、活动项目之多、影响力之大，当属该校大学生校园文化活动之最，并享誉省内高校。"可以说，创新创业博览会这一育人载体实现了第二课堂与第一课堂的深度融合，展现了学生创新创业的成果，激发了广大学生创新创业的热情，营造了良好的校园创新创业氛围。

（二）课程类实践平台

课程类实践平台专为潜在的创新创业精英学生群体设计，致力于通过综合性系统性的双创理论教育，培养学生深思熟虑并勇于创新的能力，为参与创新创业实践打下坚实的理论基础。平台的目标是点燃学生对于创新创业的热情，帮助他们明确自己在未来可能追求的创新创业道路，并进行必要的知识能力素质方面的准备。因此，在构建此类平台时，重点应放在提升课程教学质量上，主要包括加强师资队伍建设、创新创业课程体系建设以及提供优良的教学条件，并建立一系列的激励和约束机制以确保学习效果。在教学策略方面，应当运用多元化的手段，如案例分析、模拟创业项目以及与企业的合作项目等。课程内容应为学生提供全方位理解创业流程的机会，力求涵盖市场调研、商业计划书编制、风险评估、融资策略等各领域。在师资力量方面，除了校内导师外，还应引入学术权威、业界成功人士和企业领袖作为校外导师，为学生打造完备的创新创业生态环境和学术氛围。以下介绍两个比较具有代表性的相关实践平台。

创新创业实验班项目是宁波财经学院2008年启动的。该项目通过开设相应的创新创业课程，挖掘并提升学生的自主学习潜能。项目采用小班教学模式，注重学生间的互动讨论，教师的角色更倾向于指导者和教练，鼓励学生积极参与讨论活动并发表个人见解，让学生真正成为创新创业课堂的核心。创新创业实验班通过组建合作型教师团队，开发了包括基本能力课程、关键能力课程和实践课程在内的课程模块。同时，项目强调至少培养学生一项关键能力。自开设以来，创新创业实验班以其明确的培养目标、创新的教学模式以及依托社团实现学生充分有效地参与等特色，取得了显著的育人成果。仅 2010 年和 2011 年，实验班成员便主持了 8 项省级大学生科技创新活动计划项目、9 项校内大学生科研项目，发表了 23 篇论文，获得了 32 项国家专利，还在全国营销大赛中获得二等奖，浙江省大学生案例分析大赛中获得一等奖，省大学生"挑战杯"创业计划大赛中获得二等奖等荣誉。此外，2008 级学生创新创业实验班还荣获了 2011 年宁波市优秀大学生集体的称号。

学生科研骨干班项目致力于选拔热衷于研究及善于思考的学生，通过系统性培训将其塑造为大学生中的科研精英。在该项目中，学生的学习模式从被动接受转变为主动探索，从而在文献检索查阅、实践操作及写作等方面能力大幅提升。学员所取得的研究成果颇丰。以原外国语学院学生为例，仅 2010 学年，他们在各类正规学术期刊上发表学术论文 17 篇，获批校级大学生科研项目 4 项，申请国家专利 1 项。论文发表及课题立项的学生占该学院本科学生总数的 12.3%，科研训练成果显著。

（三）训练类实践平台

训练类实践平台主要面向显示出强烈双创热情、具备创新创业潜质、已拥有项目基础的大学生（或学生团队）设立。其宗旨是提供全方位的项目指导服务和有效的孵化支持，帮助他们在创新创业的道路上迈出坚实的步伐，扶持一些有希望的项目落地。着重于赛事训练，以赛促学，指导学生参与各类创新创业竞赛，增强实践能力。在构建此类平台过程中，应着重考虑汇聚校内外的各种实践资源，例如产学研或产教融合实践基地、校企合作平台、专业实训中心、科研实验室等，从而为学生提供孵化项目所需的理想环境和资源条件。此外，为深化平台的功能和影响力，应考虑引入额外的资源，比如专业导师团队、前沿实验仪器设备、创新创业竞赛、线上行业交流、创投接洽会等。最终，将平台打造成为可以实验、可以模拟、可以试错和最终实现创新创业梦想的孵化器。以下介绍两个比较具有代表性的相关实践平台。

商业模式实验室（BUSINESS MODEL LAB，可简称为 BM-Lab ）是宁波财经学院创业教育的重点实验室，于 2016 年 4 月正式成立。实验室面向校内外、服务于全市大学生创业企业（项目），专注于商业模式的验证和优化，通过商业模式感知与激发、商业模式验证与修正、商业模式实施与支持，帮助创业团队打磨和完善其商业模式。实验室的目标是为大学生的创业项目提供科学和精准的评估验证，协助他们从创业构思过渡到实践执行，进而发展壮大，将 BM-Lab 打造成为宁波大学生创意和创业项目的核心试验中心。BM-Lab 的三大功能服务模块包括"商业模式感知与激发""商业模式验证与修正"以及"商业模式实施与支持"，其中验证与修正环节构成了实验室的核心。学习者可以先通过在线资料自行学习商业模式的基础知识和组成要素，接着在拥有创业想法和准备项目时，进入验证与修正阶段，在这里可以获得概念验证服务，并对其业务构想和商业模式加以打磨完善。一旦项目准备好成立公司或者开始具体运作，学习者可进入实施与支持阶段，将获得包括一对一导师指导、链接校外资金、提供场地支持以及创业咨询等资源与服务。

匠心创客空间由机构工作坊、模型制作工作坊、创意活动室、开源（硬件、软件）工作坊和学生科创成果陈列室等组成。这个空间为参加各级创新创业活动和竞赛的学生提供必要的实践环境，帮助学生将头脑中的想法转变为创意产品，把创意产品转变为创意商品，并通过这一过程完善工程阅历，培养创新思维和应用创新能力。此外，匠心创客空间得到了美国德州仪器（TI）、Auduino 中国等国际知名公司的支持，并与深圳柴火创客空间、中科院宁波创客空间等国内知名创客空间建立了合作关系，已经成为"项目化教学＋创客式教育"的重点实践基地。

第三节 参与创新创业平台运行模式

本部分的研究重点是围绕学生社团参与创新创业教育运行模式总体目标，以期通过优化制度，实现创新创业教育各环节资源的高效、灵活和稳定配置，进而设计出一套能充分激发学生和学生社团参与积极性，且可在高校广泛推广的运行体系结构。学生社团参与创新创业教育过程的运行和实施模式，是指如何最大限度地在实践平台的运行过程中发挥学生的主体作用，发挥学生社团的积极作用，促进参与创新创业良性环境的形成，进而实现创新创业教育的最终目标。将"以人为本"的教育理念融入创新创业教育体系，构建参与创新创业平台运行的框架模型，并从政策环境、组织保证、物质保障和制度优化四个方面进行构建。通过这四个方面的协同推进，为学生社团参与创新创业实践平台的良性运行提供充足的资源保障。

一、政策环境体系

政策环境的根本性改革是确保创新创业平台有效运行的基础。高校应将"创新创业能力培养"贯穿于整个教育教学过程，以启发式教育为主，引导学生从被动接受转变为主动学习。高度重视并大力推进广泛覆盖、形式多样的创新创业教育活动，构建不受时间和空间限制的创新创业训练平台，为学生提供更多实践机会和条件。为实现这些目标，高校需制定一系列制度性文件，比如《大学生科研项目管理办法》《大学生学术、科技、文化、实践活动指导教师奖励办法》《关于推进大学生创新创业教育工作推进方案》和《学生社团参与创新创业教育有关规定和奖励办法》等，为教育改革活动提供政策保障，从而激发广大师生和学生社团积极参与的热情。设立专项基金，激发学生社团和指导教师积极参与创新创业实践活动的热情，切实推动各院系将大学生创新创业工作视为全面推进大学生素质教育的重要举措。

二、组织保证体系

组织机构的建立是确保创新创业平台有序运行的关键要素。在创新创业实践平台中，各类参与者需承担繁多的工作任务：在宏观层面，包括活动规划设计、宏观指导以及组织协调等；在中观层面，涉及方案策划、机制保障以及氛围营造等；在微观层面，涵盖积极动员、项目管理和沟通交流等。因此，设立专门针对创新创业平台的组织机构，是确保实践平台顺利运行的基本前提。

以前文提及的实践平台为例，为加强大学生创新创业工作的领导，学校成立了"最高规格"的校院两级创新创业工作领导小组，旨在提升该项工作的统筹规划能力和全员参与程度。对于国家级大学生创新创业训练项目、省大学生科技创新活动计划、校内大学生科研项目、大学生创业KAB课程、"挑战杯"全国大学生系列科技学术竞赛及各专业学科竞赛等现有"规定动作"的负责部门，进行整合优化。通过扶持各类相关学生社团，将课外科技精品活动的组织者纳入创新创业组织体系，吸收有意愿有能力承担平台运行部分工作的学生社团加入，以壮大组织体系，在全校范围内营造出浓厚的"三全参与、三全创新"的校园创新创业氛围。

三、物质保障体系

充足的物质保障是参与创新创业平台顺畅运行的重要推动力。参与创新创业实践平台的核心任务在于培养学生具备实践能力，提升其创业素养和实战经验。为此，高校需在创新创业教育场地管理、资金支持、指导教师配备等方面创造有利条件，尽力为学生创新创业活动在社会各界寻求物质支持，保障学生创新创业实践的长期性和规模化发展。此外，高校应为学生提供创新创业活动所需的资源、设备和实践场所，以便利其创新创业实践。

以前文所提的实践平台为例，学校设立专项经费支持大学生科研项目基金，为学生课外学术活动提供资金保障。为激发指导教师积极性，学校出台专门制度奖励在大学生学术、科技、文化、实践活动中表现突出的教师。前述的商业模式实验室（BM-Lab）平台，不仅为创业学子提供免费场地，还提供全程帮扶和一站式服务：包括成立人才猎头公司、提供财务咨询和公司孵化，以及对接政府创投基金和创投机构，聘请企业家和风投家担任创业顾问，为学生提供个性化订单式服务。据统计，学校每年投入超过 1500 万元用于非常规创新创业教育活动和相关课程开发。

四、制度优化体系

科学的制度体系是参与创新创业平台稳定运行的关键支持。如何吸引广大学生自觉主动地将课余时间应用于以创新创业为主要内容的学习交流与课外实践是制度优化体系的逻辑起点。尽管高校已经精心打造了众多创新创业实践平台，但这些平台想要发挥最大效能，至关重要的是需要学生的积极投入和热忱参与。学生社团是学生课余时间的重要活动空间，提升运行效果可以从拓宽学生社团在这些平台上的参与广度、深度与热度为出发点。如前文所述的创新创业实验班对学员所修课程及创业项目实践可认证为第二课堂创新创业类学分。学员的创业项目可优先推荐参加创业大赛、创业模拟，优先进驻孵化基地，优先获得创业资金支持及与投资公司洽谈机会。创新创业博览会为了动员和鼓励广大学生积极参与各项活动，特推出了"双创积分制"，即通过积分形式记录学生在博览会中的参与情况，达到积分要求者可获得实践教学课时认定，并可换算成素质拓展学分及兑换实物奖品。对于学生社团而言，借助学校相关平台参与创新创业教育，不仅为成员提供了从理论到实践、从创意到成功转化的实质性帮助，而且可以获得更多的资金支持与发展机遇，还有助于形成一种积极向上的社团文化氛围。

第四节 参与创新创业实践平台运行实证分析

响应"大众创业、万众创新"的倡议，我国高校创新创业教育呈现出盎然生机。调研发现很多高校在学生社团参与创新创业教育方面独具匠心，构建了诸多创新性实践平台，实现了第二课堂与第一课堂的有机融合，同时推动了学生社团内涵式发展。本节所述的"学生社团参与高校创新创业教育体系案例"系著者作为指导老师亲历的探索性实践，社团以学科竞赛、专利申请、科研立项、论文撰写等为抓手，将成员的注意力引导到创新、创造、发明、科研、竞赛等领域，取得了可喜的成绩。因其具有示范性、先进性、创新性，曾获校级品牌项目殊荣，参与其中的社员们皆收获颇丰。

一、特色社团"成功体验工作室"创建的背景

大学生是建设创新型国家的生力军，虽然各高校在此方面进行了一系列大胆和有益的尝试，但当前学生中仍存在着"安于现状、推崇权威、畏惧挑战、自我否定"等恐惧创新的心理趋向，部分大学生的创新心理素质水平亟待提升。创新的内涵是突破和超越，是否定和发展，是一种激情，是一种不满足现状的追求。作为大学生成长的重要平台，学生社团有责任激发和维持大学生的创新实践行为，帮助他们确立稳定的价值取向，促使

他们在创新行为中积累更多的正向情感和良性情绪体验，从而提高其参与课外学术与科技创新活动的积极性和主动性，为高校创新型人才培养做出应有的贡献。

（一）大学生创新素质水平普遍偏低

当前，大学生群体渴望在"万众创新"的时代为国家和社会贡献自己的聪明才智，但他们实际的创新素质能力却与这一美好愿望间存在着不小的差距，无法适应创新型国家建设的战略需求。大学生创新素质水平普遍偏低，主要表现为：其一，创新意识淡漠，缺乏投身创新的勇气与意志，在行动上迟迟不参与创新实践活动，缺少不甘落后、积极进取的竞争意识。其二，自我评价消极，缺乏自信心和创新成就事件，对自我创新能力的评价较为消极，创新热情不足，不敢奢望自己也能创新创造。其三，创新人格缺失，部分大学生尚未形成好奇心、怀疑感、求知欲等个性品质，学习思考独立性不强，思维风格缺乏批判性、新颖性和独特性等特征。

（二）促使学生主动创新实践是关键

目前大学生参与创新活动的主动性普遍不佳，学生常常是因为学校设有必修学分而心不甘情不愿地"被动实践"，参与课外学术和科技创新活动实属无奈之举。可见，启发学生主动实践是创新能力培养的关键所在，如何激发学生创新创造热情，是需要深入研究和探索的重要课题。

（三）成功体验是激发学生创新热情最好的营养剂

人不是为了被打败而来到这个世界上的。天生我材必有用不仅是一种心理暗示，更需要具体的成功事例来验证。对于创新心理素质尚需提高的大学生来说，只有看到成功的希望，才有努力的力量。成功体验将诱发他们无限的动力，挖掘他们惊人的潜能。社团恰恰是帮助其创造成功经历，并不断巩固已有成就感、自我价值感和自信心的最佳空间。

二、"成功体验工作室"宗旨

社团秉持学习、交流、互助的核心理念，热衷于创新、创业，具备积极进取精神的在校学生均有资格申请加入。同时，招募在某一领域具有显著创新创业成果的高年级学生作为朋辈指导员。社团实行会员制度，定期举办创新经验与方法分享会等活动，旨在促进会员间的相互学习、交流与探讨。同时，通过参加与其他兄弟院校的交流活动，构建结对交流机制。社团活动以协助会员申请国家专利、发表科技论文、申报科研课题、参加学科竞赛为中心任务，开展创新创业基本知识与技能的学习。在适当的时间，还会组织健康和谐的休闲娱乐及联谊活动。

三、"成功体验工作室"社团建设目标和主要举措

（一）建设目标

引爆学生创新潜能。成功体验将满足学生被尊重的需要，就像枯萎的庄稼见到阳光，会迅速引爆学生潜能。当社团为学生提供一次成功体验，他们将给世界展现一个全新的自我。社团建设过程中重点思考如何使学生在创新实践中"尝到甜头"，如何创设使成员产生成功体验的实践平台。哪怕只是小小的成功，对于学生（特别是缺乏自信心的学生）来说也是弥足珍贵的。

实现较广的活动辐射面。无论是一般意义上的好学生，还是教育中所谓的"后进生"，其实每个学生都需要成功体验，某种程度上说"后进生"对于成功体验的渴求反而更加强烈。这是解决学生参与创新教育实践活动积极性不高的绝好途径，故而社团活动实施中将尽量提升服务对象的覆盖面。

（二）主要举措

作为核心的内部机制，社团运行模式（如图9-1）的目标理念体系、

主体体系、实现途径、平台体系四个部分相互依存，其中目标理念体系和主体体系偏向于意识层面，实现途径和平台体系则偏向于操作层面。

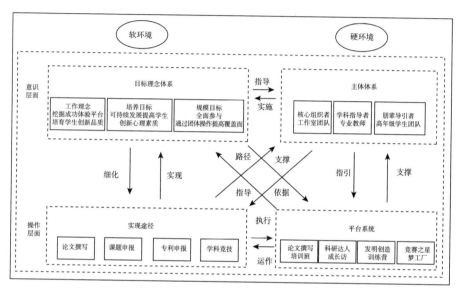

图 9-1　成功体验工作室社团运行模式框架体系

第一，明确社团自身定位，构建目标理念体系。作为高校创新型人才培养体系的有益补充，社团必须明确自身定位，不断明晰工作室的工作理念、培养目标和规模目标。需明确服务对象为全体学生，教育过程应贯穿整个大学四年全程实施。在实践中，针对学生的个体需求和能力差异，为不同群体设定具有针对性的工作内容，通过个案操作与团体操作相结合的方式扩大实践范围，始终聚焦于培养学生的创新心理素质开展社团活动。值得注意的是，后进学生往往自控力差、自尊心强、意志力薄弱、不善与人交流，他们比其他学生更需要关注和鼓励。社团不仅要帮助他们品尝到创新实践的甜头，更需要从深层次考虑该群体创新个性品质的形成问题，助力他们的可持续全面发展。

第二，组建"自我教育为主"的工作团队，健全实施主体体系。主体体系作为目标理念体系的实施保障，有力地支撑实践平台体系的顺利运行，遵循实现路径以达成目标理念。本社团主体体系具有显著的层次化、多元化特点，由核心组织者、学科指导者、朋辈导引者三部分组成，打造协同互助梯形团队。其中核心组织者为工作室团队成员（包括指导老师、社团主要干部），体系运行中该群体将致力于对社团这一组织功能进行拓展和延伸；学科指导者为各专业专任教师，为学生学科相关创新实践提供有力的指导保障；朋辈导引者为具有丰富创新实践经验的高年级学生团队，他们会以同龄人的特殊优势，激发学生创新热情，帮助学生制订创新素养提升计划。

第三，细化工作目标理念指标，探索实现途径体系。实现途径是目标理念体系的细化，是主体体系实施运作的路径，是搭建平台体系思路的指引。社团会秉承"授学生以创新之渔更显工作价值"的理念，着眼学生创新自主性不足这一实际问题，强化创新意识的引导与基本科研方法的传授，致力于帮助学生通过努力品尝创新果实的甘甜。比如指导学生掌握如何选题，如何搜集、分析、整理资料，如何提炼论点（观点），如何谋篇布局、安排论文结构，如何论证阐述，如何撰写论文等等具体实务。

第四，着眼学生创新素质提升，搭建实践平台体系。平台体系是实现途径的运作层面，支撑着工作室的主体体系和目标理念体系。丰富创新实践成功体验路径，着力打造广受学生欢迎的成功体验平台，是社团生存发展的生命线。前期运行中发现，已设立的成功体验平台总体效果良好，但平台还比较有限，数量和种类均有待提高。除现有比较成熟的"论文撰写培训班""发明创造训练营"之外，结合指导教师和核心骨干的特点，继续打造更多的创新实践成功体验平台，以满足不同学生群体的需求，比如以课题项目申报和科研为核心的"科研达人成长坊"；以各类学科竞赛培苗为目的的"竞赛之星梦工厂"等。

四、实证思考

案例是学生社团在参与创新创业体系构建框架下，对于平台建设的崭新尝试，社团致力于培育大学生在创新方面的自我认同、自尊心和自信心，通过为学生提供成功体验平台，激活学生创新潜能，破解大学生创新教育难题，富有较强的针对性和创新性。社团活动拥有较为固定的实践平台，形成了一定的典型性经验和理论研究成果。总之，案例是以学生社团为载体的创新创业教育探索，不仅实现了第二课堂与第一课堂的深度融合，而且还很好地调动了大学生参与创新、创造、发明、科研、竞赛等方面活动的热情。

（一）落实"以生为本"教育理念，激活学生创新潜能

传统双创教育模式主要以课堂理论教学为主，导致学生对创新教育的理解偏向理论化，对于提升学生创新实践能力的效果较为有限。此外，枯燥的理论学习有碍于学生思维的发散，抑制了他们的想象力和创造力，不利于创新能力的提升以及创新活动的展开。以社团为载体进行创新教育，使学生通过系统学习了解创新规律与过程，发掘学生潜在的创新能力，提高创新意识，进而达到教育目标。通过社团活动形式，激发学生的主人翁意识，让他们自愿选择参与，从而提高学生对创新教育的参与热情，以及开展创新活动的积极性和主动性。此外，学生享受到美妙的成功体验（取得某个创新成果）之后，注重及时介入引导，激活学生潜在的创新潜能和自信，始终尊重学生的主体地位。

（二）充分发挥社团优势，产生更大辐射效应

社团的后期实践逐步增加了实践平台种类，扩大了受益学生的范围，通过选拔学生创新骨干担任社团"朋辈指导者"，邀请已毕业的优秀社团成员返校讲座，举办"学生创新论坛"和"学生创新风采展"等活动，借助社团成员间的传承与互助，对社团乃至全校产生了辐射效应，激发了更

多学生的创新热情，吸引了更多学生参与到创新活动中。充分发挥社团作用，汇聚优秀创新人才，组建各类创新团队，使得更多有创新创业意向和创新创业计划的学生得到亲历创新的机会。这些实践无疑是对学生社团参与创新创业教育的生动诠释，同时在探索教育载体过程中，进一步拓宽了参与创新创业体系构建的思路。

第十章　提升学生社团育人价值实现模式运行效率的对策分析

　　为贯彻落实《中共中央　国务院关于进一步加强和改进大学生思想政治教育的意见》（中发〔2004〕16 号）精神，共青团中央、教育部于 2005年 1 月 13 日颁发了《关于加强和改进大学生社团工作的意见》（中青联发〔2005〕15 号），该意见明确指出，"要充分认识加强和改进大学生社团工作的重要性，要明确加强和改进大学生社团工作的总体要求和主要任务，要积极支持大学生社团开展健康有益的活动，要切实加强对大学生社团的领导和管理，要不断健全大学生社团发展的工作机制。"党中央和政府部门之所以如此重视学生社团的发展，是因为在众多育人载体中学生社团在人才培养中发挥的作用不容小觑。

　　各高校通过加强对社团的管理、关注社团活动实效、强化条件和环境保障等途径，构建社团育人体系，鼓励社团主动参与到学校育人和专业教育的各个环节之中，以此进一步落实"以生为本"的教育理念，推进高等教育的现代化改革，提升学校育人水平。如此一来，学生社团可以在思想教育、专业教育、组织服务、文化建设、实践历练、创新创业等多个环节构建育人实践平台体系，并深度参与人才培养。然而，随着学生社团育人价值实现模式的不断丰富和发展，随着该模式实践的不断深入，社团的参与形态、参与策略与参与功能等将不断发生变化，高校需要更好地诠释各类学生社团在人才培养系统中的地位、作用及其自身发展，从而进一步拓宽学生社团育人价值实现模式的实践思路，促进学生社团育人价值实现模式持续健康发展。本章基于学习体验和学习投入的视角，结合前文理论与实证的研究结果，对提升学生社团育人价值实现模型运行效率的相应对策做出思考。

第一节　高校学生社团育人价值
实现模式运行现状及原因分析

　　学生社团育人价值实现模式需要一个多要素、进化型、循环性的结构体系，并且在实际运行中可能会面临一些制约因素。为了实现该体系的良性运行，需要在政策环境、特色凝练、渠道拓展和队伍建设等多个方面精准发力。然而在现实教育管理情境中，上述几个方面仍存在一定的不足，学生社团未完全实现高质量、实质性的有效参与，距离全员参与、全过程参与、全方位参与还存在着一定的差距。

一、保障不力，育人价值实现受到局限

　　在教育管理的政策环境方面，我国的教育管理部门和高校有必要制定一系列支持学生社团发展的政策和规定。这些政策和规定应当具有稳定性和可操作性，以确保学生社团在健康、有序的环境中发展。应充分考虑学生社团发展的需要和实际情况，完善社团的管理机制，提供更便捷的活动申报和审核流程。同时，教育管理部门和高校还需要对学生社团给予更多的经费和场地支持，以便社团能够开展更多有意义的活动。然而，当前我国的学生社团普遍面临着经费短缺、活动场地有限等发展困境。这些困境的存在，无疑制约了学生社团的进一步发展。为此，高校的相关部门需要

转变管理理念，从根本上认识到学生社团在育人功能方面的不可替代性。虽然教育管理部门和高校反复强调学生社团的重要性，但在政策和制度层面并未为其发展提供强有力的保障。这种现象导致社团活动的层次难以提升，使社团的发展难以实现内涵式进步。更为严重的是，这种现象削弱了社团活动的育人功能，打击了广大社团干部和成员的积极性。为此，教育管理部门和高校需要加强对学生社团的监督和指导，注重社团建设的长远发展，出台更为有力的支持和激励政策。同时，高校还需要提高对学生社团活动的评价标准，关注社团内部管理服务质量等问题，为社团发展提供更为广泛和深入的支持。除此之外，政策的落实也需要加紧，营造更为良好的社团发展氛围，让学生社团具有更大的发展空间和更强的生命力。总之，学生社团在人才培养体系中具有不可替代的地位，教育管理部门和高校应充分认识到其在育人方面的作用。通过出台相关政策、提供经费和场地支持等措施，为社团的发展提供强有力的保障，使社团发展能够更具有可持续性和内在活力，让学生社团活动在校园中发挥更大的作用，为学生的综合素质提升和全面发展做出更大的贡献。

二、自治不力，社团的传承性普遍较弱

在特色凝练和渠道拓展方面，学生社团有必要提高自身自治力，降低成员流动性，促进社团活动内容与形式的丰富与创新。目前绝大多数社团未凝练形成社团特色文化和品牌活动，社团自治不力主要原因表现为：一是不科学的组织结构。科学合理的组织结构是提高社团自治力的基础。目前社团的运作效率和资源利用效率普遍较低，存在内部部门设置不合理、存在重叠，运行效率低下，资源利用不科学等问题。二是不明晰的管理制度。建立健全管理制度是社团规范运行并实现自身可持续发展的重要前提。目前部分学生社团采用"人治"管理方式，单纯依靠共同志趣维系社团发展，导致"乱收费""乱传位"等现象频发，管理制度的缺失已严重

影响社团的可持续健康发展。三是社团管理团队不稳定且缺乏传承，导致社团管理运行不善。目前社团骨干结构大多呈现出"大一占主体，大四没人影"的不稳定性特点。有些社团干部只注重个人任期内的活动开展和自我锻炼提升，忽视了对下一任社团骨干的培养关心和对社团文化的继承发展，甚至直接指定要好的朋友作为下一任社团干部，严重阻碍了社团的长期健康发展。四是忽视品牌活动打造。当前许多社团看似丰富多彩，但实际上缺乏精品活动和品牌活动，传承开展的更是少之又少。很多社团片面追求活动数量，并未思考如何探索社团发展的特色方向，如何选择发掘具有社会意义和内在价值的特色活动，如何精心策划提高活动的质量和知名度，如何不断改进、延续、传承和发展社团活动等问题。随着年级的增长，学生的认识水平和参与能力都会逐渐提高，对于社团各项工作也将产生更大的积极作用。然而，由于社团自治力的不足，学生特别是高年级学生对参与社团活动的积极性逐渐降低。相关调查结果显示，随着年级的增长，学生在社团方面的投入程度逐渐减少，"不参与"的人数逐渐增加，达到了全体学生的13.0%。其中大四学生在各类社团中的"不参与"人数最多。不同年级的学生由于经历不同，对于参加社团的认识也有差异。那些拥有美好参与经历的学生往往会更积极地参与社团活动，而那些经历不愉快的学生则可能形成消极的情绪记忆，从而扰乱对社团活动与自身关系的积极认知，进而对参加社团活动产生负面影响。调查结果也证实了大四学生不参与社团活动的原因最多，同时形成的消极认知也最多。一旦学生形成消极认知，并在后续的参与经历中不断积累负性情绪，这种消极认知往往会被强化为一种思维习惯，并会削弱学生下一阶段参与社团活动的意愿、程度和行为。

三、引导不力，指导管理力量明显不足

学生社团的发展离不开专业、高效的指导管理队伍的支持。因此，在

队伍建设方面，高校有必要优化师资配置，提升指导管理质量，以满足学生社团日益增长的相关需求。高校需打造一支关注学生社团发展且能提供有力指导和支持的队伍，由社团管理人员和指导教师两个群体组成。他们需具备较高的教育管理能力和专业素养，指导学生社团的发展方向，帮助社团解决困难和问题。学生社团的育人价值实现，取决于指导教师和社团管理人员是否坚定不移地贯彻"以学生为本"的工作理念。这就要求教育管理者必须达到新的更高要求。然而，在现实教育管理情境中，社团管理人员对于社团的决定往往比社团成员的意愿更重要，如决定社团是否可以成立、活动是否可以举办等，而这些决定往往没有专门的委员会讨论受理。因此，在社团看来，社团管理者是约束自身发展的各项制度的执行者，是有着数之不尽要求和规定的人。当社团面临困境和迷茫时，如创建之初亟须明晰发展方向、日常管理亟须建立健全制度、活动开展亟须创新内容形式等难题，管理者并未给予足够的导引和支持。这就使得社团在发展过程中，常常感到束手束脚，难以发挥出其应有的活力和创造力。指导教师是社团的灵魂和精神支柱，他们是引领学生成长、促进学生发展的引路人。然而，现实配置的指导老师队伍与社团活动大发展、大创新、大繁荣的需求之间存在显著的矛盾。目前，高校社团普遍缺少专业指导，配置的指导老师有很多与社团专业不吻合，无法给予社团强有力的技术支持和专业指导。加之所有指导老师均是专任教师、行政教师或学生工作人员兼任，能够投入社团指导的时间精力非常有限。这就使得社团在发展过程中，往往面临着种种困难和挑战。

第二节　提升学生社团育人价值
实现模式运行效率的路径

　　学生社团育人价值实现模式推进过程中，其运行效率与社团活动质量的保证和提高并非一蹴而就的事情，需要长期持之以恒的努力和积累。运行过程中对此产生影响的因素纷繁复杂，来自高等院校内外的方方面面。具体而言，从政府教育管理部门的角度看，关键在于加强制度建设和实施宏观管理。这意味着要建立健全相关政策法规，为学生社团的健康发展提供有力保障。同时，教育管理部门还需关注学生社团的发展动态，适时调整管理策略，使政策更加符合高校学生社团实际情况；从社会的角度看，需要营造一个良好的质量文化环境，并为高等教育提供有效的需求信息。这意味着社会各界要关注和支持高校学生社团的发展，鼓励创新和求异，为学生提供更多实践和锻炼的机会。同时，要根据社会需求，为高校学生社团提供有针对性的指导和建议，帮助其提升活动质量；从高校的角度看，关键点在于革新教育理念和建设指导管理队伍。这意味着高校要注重培养学生的综合素质，倡导学生自主组织和参与社团活动，并为其提供充足的资源和指导。同时，要加强师资队伍建设，选拔有经验、有热情的老师担任社团指导教师，以提升社团活动的质量；从学生社团的角度，关键在于优化组织结构、建立健全管理制度，加强社团内部约束机制。这意味着社团要注重自治力建设，明确发展目标，提升活动策划和组织能力。同时，要加强与其他社团和高校内部的交流合作，共享资源，共同提升育人效果；从学生的角度，除了参与社团的平台、程度、成效之外，更需要关注的是学生的参与体验。这意味着社团要关注学生的需求，提供具有针对性且有趣有益的精品社团活动，使学生在参与过程中感受到收获感和成就感。本部分主要以高校视角尝试提出提升学生社团育人价值实现模型运行效率的对策建议。

一、基于"学习投入"探讨学生社团育人价值实现的可行性

学生社团通过参与人才培养，实现其育人价值。学生社团能为学生提供多元化的实践学习平台。对于学生而言，参加社团活动是一种特殊的学习行为。在社团中，部分学生有机会担任各级领导职务，在实际操作中领导和管理团队，参与规划和组织社团活动，从而锻炼管理能力、组织能力和领导能力。参与社团活动可以帮助学生拓宽视野，增长见识，开阔思维，使学生们在专业学术、兴趣爱好、人际沟通等方面得到全面的锻炼和提升。社团中学生们需要团队合作，共同完成各项任务，通过和其他社团成员、教师和管理者合作，学生能够学会协调冲突、沟通协商和培养团队合作精神。在社团活动中，学生可能会遇到各种问题和挑战，这些问题多数时候需要学生主动寻找答案，制定解决方案，迅速做出决策来解决，这有助于学生锻炼思维的快速反应能力和分析问题的能力。因此，从"学习投入"视角探讨学生社团育人价值实现中如何改善学生的参与体验，如何提高学生学习投入程度，以优化学生社团育人价值实现模式具有现实意义。

学习投入概念探究源于社会控制理论，在探索其内涵的过程中，学者们对学习投入的主体到底是"学生"还是"学生＋院校"展开了激烈地学术争鸣。随着学习投入被视为评价高校教育质量的关键因素，其含义由学生的个体投入延伸至院校环境对学生的影响，最具代表性的是"全美大学生学习投入调查"（简称 NSSE）。测量内容既包括学生个体付出的时间和精力，也包括院校为增加学生学习投入所实行的政策和活动。题目设置有显著的"双主体"特征。多个研究指出不应将学习投入本身与其影响因素

不做区分地纠缠在一起。学习投入内涵应以学生而非院校为主体，即便包含了学生与院校环境的互动，也应是基于学生个体的互动性活动。著者认同此种观点。

对学习投入结构的认识上，学界经历了从行为视角到心理视角再到复合视角的演变过程。随着持久而愈加深入的讨论，"行为＋情感＋认知"的多维特质得到了普遍认可和接受。然而学者们却发现互动性投入很难融入该体系中：有些研究无奈舍弃了互动性相关内容，显然这样的处理是不妥当的，因为在现实情境中是不可能忽略其存在的；有些研究则是采取无界限混合的方式将其融入行为、情感、认知三种投入中，但是这存在很大的模糊性与主观性；还有些研究将原有的三维模型扩展成四维，把互动性投入视为与其他三个维度并列的关系来处理。如 Reeve and Tseng（2011）、Reeve（2013）、Sinatra（2015）等所提出的代理投入，以及 Rimm-Kaufman etal.（2015）所提出的社交投入。审视这一维度的概念界定不难发现，这类基于人际互动的投入行为与"行为投入"维度上的个体投入行为存在明显的重叠。学生经过交流互动后，往往会出现一系列崭新的情绪情感体验和学业策略调节，这又与"情感投入"和"认知投入"两个维度的内容存在界限不清、相互重合的情况。因此扩展成四维模型的处理方式并不可取；可喜的是已经有学者提出了建设性的解决方案，如王文（2018）将"基于个体＋基于互动"和"行为＋认知＋情感"两组维度进行交叉和结合，以此搭建形成定义明确、边界清晰的学习投入解释框架。本章也重点借鉴了这种较为合理的划分标准。

二、提升学生社团育人价值实现模式运行效率的对策建议

（一）建立健全社团活动体验评价体系

学生参与社团活动的体验是彰显学生主体地位、提升社团活动质量的

核心环节。社团活动体验评价体系的建立与健全，应成为学生社团育人质量保障体系建设的重要内容。西方教育研究者较早发现了学生参与评价的重要性。相关研究者努力将学习投入的概念应用到高等教育质量评价的实践中，开发出一系列从不同角度调查和测量大学生体验和在校期间教育活动参与程度的调查量表，这包括基于学生涉入理论的 CIRP 的系列调查量表、基于学生努力质量理论的美国大学生学习调查问卷以及基于学习投入理论的 NSSE 调查量表。其中 NSSE 调查的规模最大，影响力也最为广泛，成为改善美国本科教育质量的重要战略。随着学习投入研究和实践的不断推广，国内高等教育研究者、高校管理者和教师也逐渐意识到学生学习投入是影响教育质量的重要因素。清华大学与美国印第安纳大学教育学院合作对"全美大学生学习参与度调查"（NSSE）进行了汉化工作，得到经过文化适应的调查工具 NSSE–China。

对学生学习投入和学习体验的评价是衡量学生社团育人价值实现模式运行效率的核心指标，是评估高校人才培养质量的重要依据。作为高等教育的重要利益相关者，学生在社团活动中投入了大量的时间和精力，是社团第二课堂场域中最为直接和完整的体验者。学生的学习投入与学习体验是提升高等教育人才培养质量的主要着眼点。在欧洲和北美，许多国家已经将学习投入与学习体验纳入全国范围的高等教育质量保障体系内容中。重视学生在校期间各种活动的投入程度和主观体验，已经成为高等教育人才培养质量的关注点，成为国外高等教育人才培养模式改革的重要方向，也是高等教育质量评价和保障的重要元素。

目前学生社团育人价值实现模式的探索与实践中，缺乏对学生学习投入与学习体验的评估。相关研究者应将学习投入等相关理论与社团实践紧密结合，尽快开发出具有普适性、通用性良好，且信效度较高的能够广泛应用的本土化大学生社团活动体验调查工具。著者曾基于学生主体视角建构评估指标体系，包括个体行为投入、个体认知投入、个体情感投入、互动行为投入、互动认知投入、互动情感投入六个维度。实证数据经过检验，KMO 值为 0.981，Bartlett 球形度检验的显著性为 0.000，说明指标体系结构效度较好，数据具有相关性。下阶段评价体系还需通过实证进一步完善。

社团要把学生需求及其学习投入程度作为社团活动的关注重点，把与学生的互动视为社团活动质量改进最为重要的着眼点。社团所拥有的教育资源只有在被学生有效充分利用的情况下，才能真正促进人才培养质量的提高。因此，各类社团评价体系的构建与完善应始终围绕学生学习投入这一中心指标，确立"以学生个体行为、认知、情感为根本，以学生互动行为、认知、情感为核心"的学生社团育人价值实现模式质量保障建设思路。比如在评价社团活动时，不应只关注其数量，而应关注社团活动是否有利于学生个体的具身投入，是否能够促进学生与老师、朋辈和相关群体之间的互动，在行为、认知、情感等多个维度上保证学生最大限度地投入实践学习中。社团活动评价是一个动态调整、持续改进的过程。社团要根据评价结果，主动与学校教育教学体系紧密结合，为学生提供实践平台，不断优化活动内容和形式，提高活动质量。

（二）关注"学生感受"创设和谐参与环境

学生社团育人价值实现模式的内涵和精髓强调学生的主体性作用，突出学生的主体地位。衡量社团育人价值实现运行效率的高低，主要是看能否给予学生欢欣、满足、愉悦的体验感受，能否促进学生充分利用社团提供的各项教育资源平台，能否提高学生各项社团活动的参与程度。佩斯提出的努力质量理论认为：学生在学习、与朋辈或老师互动、将所学到的知识应用于具体实践等的教育活动中投入的时间和努力越多，则他们从学习或其他方面的大学体验中收获就越多。可见，具身投入社团生活和社团活动中，学生将会在诸多维度收获意想不到的自我发展，学生只有全身心参与到社团的各项活动中才能更充分地利用课余时间并实现个人成长。前文的实证研究也充分证明，学生社团以不同角色参与各种育人环节，对大学生综合素质能力的发展有着显著的、正向的、直接的影响，对学校的人才培养质量提升也有着间接作用。可见，以学生为主体推进教育体制创新是高校未来发展的必然走向，教育活动不仅需要学生以接受者的身份积极参加，而且需要学生以主人翁姿态为其科学发展献计献策，如此才能实现学生成长和学校人才培养的事半功倍。

社团经历中学生的主观感受是影响他们形成积极认识的关键性因素，不愉快的社团经历所形成的负性情绪记忆会严重影响学生在社团活动中的参与程度。在高校学生社团体系中学生具有双重角色身份，他们既是教育管理活动的策划者、筹备者和组织者，也是教育管理活动的参与者、体验者和受益者，他们渴望获得充分的自主权和更为宽松广阔的舞台，美好的主观感受会促进他们生成更为积极地参与行为，通过"乐此不疲"地投入社团生活与社团活动，他们积累了更多正向的参与经历记忆，进而促使他们在社团体系中发挥更大的作用，

如此就形成了理想的学生社团育人价值实现良性循环。可见，改善学生主观体验是优化学生社团育人价值实现模型运行的关键点。

创设和谐环境是改善学生主观体验的有效途径。相关研究显示，高校的环境因素会从不同侧面对学生参与教育活动的程度产生影响，环境包括政策支持、资源配置、教师对学生参与的激励和引导等软硬件环境。因此，围绕学生主观体验创设社团参与人才培养的和谐环境，将有效提升学生在校期间参与社团活动的广度、深度、热度。高校应紧密围绕自身人才培养目标，贯彻以学生为本的教育理念，积极创造条件和机会，鼓励社团全面参与学校教育服务活动。充分尊重学生的主体地位，搭建多元化的、广受学生欢迎的社团活动平台。将学生主观体验作为平台创建的核心指标给予科学考量和充分论证，以学生在社团经历中体验到的欢欣、满足、愉悦等正向积极感官直觉作为重要准绳。

总之，创设"以学生全面发展为中心，以发挥学生作用为手段，以学生发展需求为导向，以促进学生成才为目标，以遵从学生成长规律为理念"的和谐环境，为不同年级、不同个性、不同背景、不同需求的学生提供最佳社团平台，能够最大限度地促进学生在校期间素质能力的提升和个人的良好发展。

（三）优化社团指导管理队伍建设

首先，需要提高一线社团管理者和指导教师的管理工作水平，其中最为重要的当属沟通能力。通过与社团干部的有效沟通，社团管理者和指导教师不仅可以培养其自治意识、激发其自治热情、促成其自治行为，而且还能及时掌握社团中存在的自治矛盾、自治困扰、自治误区。掌控这些一手信息是促进社团管理上水平的重要基础。一线管理指导者可以针对不同社团自治问题进行原因分析，并采取不同方法指导社团解决自治矛盾，直面自治困扰，走出自治误区。比如，社团希望为成员提供更多的展示和交流机会，但苦于无法拓展活动渠道。社团管理者和指导教师需要积极寻找外部资源和合作伙伴，与其他社会团体、社区、企业等建立合作关系，为社团的运行提供更多的支持和资源。如果分析得出社团干部自治不力是由于缺乏自信和能力，就需要在日常管理指导中对社团干部多加鼓励与指导，当他们取得进步和成绩时及时表扬，强化其自治行为。如果他们是由于对指导管理者缺乏信任，就需要教师进行自我反思，考虑平日教育管理的方式、方法、模式等是否需要改善，再以实际行动、真诚情感、合理解释去改进和提高自身工作，取得社团干部的认同和支持。

其次，需要浓化一线社团管理者和指导教师的服务意识，使他们善于与学生建立和谐关系，成为学生利益的守护者。现今大学生常常被评价为：个人中心主义、无责任感、玩世不恭、游戏人生、张显非主流的个性等等，此种惯性思维下社团管理者和指导教师往往采取严厉指责、加强管束、严格管控等方式，在学生面前的形象往往是声色俱厉、不苟言笑、正言厉色。事实上，现代大学生是思维敏捷、善于思考、富有创造性的一代，社团管理者和指导教师要善于全面分析学生，根据实际情况归纳出不同学生在社团活动中的投入程度与需求类型，把握学生的特点，用心感受学生的思想和感情，成为社团大家庭受学生欢迎的"家长"。

最后，需要强化一线社团管理者和指导教师的创新能力，谋求工作研究化和研究工作化，从而促进社团育人价值实现与教育创新的统一关系。一线社团管理者和指导教师面对的是不同专业、不同特点、形形色色的学生，因此即便是同一所高校的不同院系也不能强求完全统一的社团育人平台体系，而应当在充分认识所属学生特点的基础上，创建特色平台，形成"百家争鸣""全面开花"的社团指导管理格局。一线社团管理者和指导教师应将关注点聚焦于学校人才培养的方方面面，打破固有僵化思维方式，以更高的主人翁姿态创设有助于提升育人水平的社团活动平台，针对不同类型的学生社团和学生在成长方面的不同需求，铺设有针对性的激励措施和个性化社团发展路径。

参考文献

一、著　作

[1] 梁启超．敬告留学生诸君 [M]// 饮冰室文集合编（第 4 册）．上海：广益书局，1948.

[2] 朱有．中国近代学制史料（第 1 辑上册）[M]．上海：华东师范大学出版社，1983.

[3] 邹再华．现代组织管理学 [M]．长沙：湖南人民出版社，1988.

[4] 谈松华，陈芙泉．大学思想政治教育简史 [M]．上海：上海交通大学出版社，1989.

[5] 孙彤．组织行为学教程 [M]．北京：高等教育出版社，1990.

[6] 吴鼎福，诸文蔚．教育生态学 [M]．南京：江苏教育出版社，1990.

[7] 吴大进，曹力，陈立华．协同学原理和应用 [M]．武汉：华中理工大学出版社，1990.

[8] 王炳照等．中国教育简史 [M]．北京：北京师范大学出版社，1994.

[9] 鲁迅．坟·我们现在怎样做父亲 [M]．鲁迅文集全编．国际文化出版公司，1995.

[10] 裴娣娜．教育研究方法导论 [M]．合肥：安徽教育出版社，1995.

[11] 母国光，翁史烈．高等教育管理 [M]．北京：北京师范大学出版社，1996.

[12] 魏源．海国图志 [M]．河南：中州古籍出版社，1999.

[13] 毛泽东．中共中央关于整理抗大问题的指示 [M]// 毛泽东同志论教育工作．北京：人民教育出版社，2000.

[14] 范国睿．教育生态学 [M]．北京：人民教育出版社，2000.

[15] 古俊贤．中国社团发展史 [M]．北京：当代中国出版社，2001.

[16] 张德．企业文化建设 [M]．北京：清华大社学出版，2003.

[17] 王陆．虚拟学习社区原理与应用 [M]．北京：高等教育出版社，2004.

[18] 谢丁宁.长效机制的建立与运作 [M].福州：海风出版社，2006.

[19] 焦李成.刘芳.刘静.智能数据挖掘与知识发现 [M].西安：西安电子科技大学出版社，2006.

[20] 单中惠.外国大学教育问题史 [M].山东：山东教育出版社，2006.

[21] 李静萍，谢帮昌.多元统计分析方法与应用 [M].北京：人民大学出版社，2008.

[22] 王彦.高等教育学实用教程 [M].桂林：广西师范大学出版社，2009.

[23] 陈军平.高等学校后勤公寓服务管理 [M].河北：河北大学出版社，2009.

[24] 国家中长期教育改革和发展规划纲要（2010-2020 年）[M].北京：人民出版社，2010.

[25] 于洪波等.简明中外教育史 [M].山东：山东人民出版社，2010.

[26] 葛明贵.大学生学习心理研究 [M].合肥：合肥工业大学出版社，2010.

[27] 唐启义.DPS 数据处理系统 [M].北京：科学出版社，2010.

[28] 夸美纽斯.大教学论 [M].傅任敢.北京：人民教育出版社，1979.

[29] 科恩.论民主 [M].聂崇信，朱秀贤.北京.商务印书馆，1988.

[30] 亨利·罗索夫斯基.美国校园文化——学生·教授·管理 [M].谢宗仙，周灵芝，马宝兰.济南：山东人民出版社，1996.

[31] 涂尔干.社会分工论 [M].渠东.北京：三联书店，2000.

[32] 斯格特.组织理论：理论、自然和开放系统 [M].黄洋.北京：华夏出版社，2001.

[33] 奥尔特加·加塞特.大学的使命 [M].徐小洲，陈军.杭州：浙江教育出版社，2001.

[34] 菲利普·G·阿特巴赫.比较高等教育：知识、大学与发展 [M].人民教育出版社教育室.北京：人民教育出版社，2001.

[35] 弗里曼.战略管理：利益相关者方法 [M].王彦华，梁豪.上海：上海译文出版社，2006.

[36] 伊戈尔.安索夫.公司战略 [M].成都：西南财经大学出版社，2009.

[37] 尹晓敏.利益相关者参与逻辑下的大学治理研究 [M].杭州：浙江大学出版社，2010.

[38] Levinson.Organization Diagnosis[M].*Harvard University Press*,1962.

[39] Pace C.R. Measuring the Quality of College Student Experiences: An Account of the Development and Use of the College Student Experiences Questionnaire[M]. *Los Angeles: Higher Education Research Institute*, 1984.

[40] Kotter, J.P., Heskett, J.L.Corporate culture and performance[M].*New York: The Free Press*, 1992.

[41] Cameron, K.S., Quinn, R.E.Diagnosing and changing organizational culture: Based on the competing values framework[M].*Upper Saddle River, NJ: Addison — Wesley*,1999.

[42] Robert L.Solso,M.Kimberly Maclin,Otto H.Maclin.Cognitive Psychology[M].*Peking:Peking University Press*,2004.

二、学术论文

[1] 孔企平."学生投入"的概念内涵与结构 [J]. 外国教育资料，2000（2）：72–76.

[2] 曾琦. 学生的参与及其发展价值 [J]. 学科教育，2001（1）：4–7.

[3] 陈昌贵，牛端. 论大学生参与式学习 [J]. 高教探索，2001，（4）：59–62.

[4] 赵丽敏. 论学生参与 [J]. 中国教育学刊，2002（8）：26–29.

[5] 胡定荣. 回顾与反思：二十世纪课堂教学中学生主体参与的研究 [J]. 教育理论与实践，2002（05）：40–44.

[6] 王万民. 国外学生社团发展特征及启示 [J]. 山东省团校学报.2002（4）：45–46.

[7] 王肃元. 马虎银. 素质教育与高校学生社团建设 [J]. 陕西师范大学学报.2003（32）：284–290.

[8] 刘芸. 如何实现员工满意与企业绩效的"双赢"[J]. 经济师，2004（11）.

[9] 王定福. 高校学生公寓学风建设的原则及措施 [J]. 高教论坛，2004，8：93–95.

[10] 蔡红梅. 充分发挥军训在大学生素质教育中的作用 [J]. 湖南：株洲工学院，2004（6）.

[11] 胡赤弟. 高等教育中的利益相关者分析 [J]. 教育研究，2005（3）：38–46.

[12] 金银凤，裴育. 高等教育考试改革中的利益相关者分析 [J]. 山西财经大学学报：高等教育版，2005，8（3）：49–54.

[13] 李森，李霞. 论参与性教学的背景、内涵及实施 [J]. 西南师范大学学报（人文社会科学版），2005（01）：72–77.

[14] 焦笑南. 美国、英国、澳大利亚的大学治理及对我们的启示 [J]. 中国高教研究，2005（1）：51–53.

[15] 贺祖斌. 高等教育生态研究述评 [J]. 广西师范大学学报（哲学社会科学版），2005，41（1）：123–124.

[16] 张黎莉，周耀烈．员工工作满意度研究综述 [J]. 企业经济，2005，（2）.

[17] 裘伟廷．网络教育中的虚拟学习共同体 [J]. 现代远距离教育，2005（5）.

[18] 况姗芸．网络学习共同体的构建 [J]. 开放教育研究，2005（04）.

[19] 于凌云．蒋立兵，基于任务的导学型网络学习共同体的构建 [J]. 理工高教研究，2006（2）.

[20] 郑葳；王大为．生态学习观：一种审视学习的新视角 [J]. 心理科学，2006（04）

[21] 郑雨尧，刘 燕，娄钰华．基于当前公寓环境下学风建设的实践与研究＿以绍兴文理学院为例 [J]. 绍兴文理学院学报，2006，4：45-46.

[22] 郭芳．应用型本科院校大学生社团建设探析 [J]. 徐州工程学院学报.2006（21）：89-91.

[23] 马超．西方大学学生自治的嬗变及启示 [J]. 比较教育研究，2006（8）.

[24] 李福华．利益相关者视野中大学的责任 [J]. 高等教育研究，2007，28（1）：50-53.

[25] 王健．高校财务战略中的利益相关者分析 [J]. 教育财会研究，2007（2）：1-8.

[26] 钟洪，李超玲．基于 AHP 的大学利益相关者权重研究 [J]. 科技管理研究，2007（9）：120-122.

[27] 潘海生．作为利益相关者组织的大学治理理论分析 [J]. 中国地质大学学报：社会科学版，2007，7（5）：17-20.

[28] 王珩．高校学生社团发展调查报告 [J]. 中国政治青年学院学报，2007（3）：35-39.

[29] 贾洪鉴．高校学生工作推进公寓学风建设的思考与实践 [J]. 中国科教创新导刊，2007，12：55-57.

[30] 李静，王东方，汪志华，熊鸿．寝室文化建设与学风建设的相关性及对策研究 [J]. 学校党建与思想教育，2007，1：68-70.

[31] 汤正华．论应用型人才非智力素质培养与学生社团建设的契合 [J]. 中国高教研究.2007（8）：65-68.

[32] 伍德勤．高职院校学生社团活动现状及优化策略 [J]. 高等教育研究.2007（1）：82-86.

[33] 郑小红．高校学生社团活动中存在的问题及对策 [J]. 新乡师范高等专科学校学报.2007（3）：141-143.

[34] 李斌雄，张小秋．大学生对社会主义核心价值体系的认同研究 [J]. 思想政治教育研究，

2007（04）：6–9.

[35] 刘明凯．以社会主义核心价值体系引领高校思想政治教育工作 [J]．中国高等教育，2008（07）：45–46.

[36] 申艳婷．大学生和寝室人际关系构建 [J]．教育与职业．2008（2）.

[37] 孟宪青，王宗广，单晴雯．高校公寓学风建设的困境与对策 [J]．中国电力教育，2008，11：146–147.

[38] 胡子祥，雷斌．大学生参与对高等教育服务质量影响的实证研究 [J]．现代大学教育，2008（3）：104–110.

[39] 王玲等．教育生态学研究进展概述 [J]．中国林业教育，2009（02）：1–4.

[40] 张锅红．论高校学生参与学校管理的瓶颈及改进措施 [J]．华南师范大学学报（社会科学版），2009，4：151–153.

[41] 陆树程，李瑾．论当代大学生社会主义核心价值体系心理认同机制 [J]．思想理论教育导刊，2009（01）：92–95.

[42] 杨晓慧．社会主义核心价值体系融入大学生思想政治教育全过程论析 [J]．东北师大学报：哲学社会科学版，2009（05）：1–6.

[43] 王占仁．社会主义核心价值体系融入大学生思想政治教育的途径研究 [J]．东北师大学报：哲学社会科学版，2009（05）：16–19.

[44] 高地．社会主义核心价值体系融入大学生思想政治教育的载体研究 [J]．东北师大学报：哲学社会科学版，2009（05）：20–23.

[45] 陈致中，张德．中国背景下的组织文化认同度模型建构 [J]．科学学与科学技术管理，2009（12）：64–69.

[46] 张秒高．学生公寓学风调查及分析 [J]．高校辅导员学刊，2010（8）：65–68.

[47] 钟楠．高校分层分级学生活动体系构建的研究 [J]．重庆电子工程职业学院学报，2010（5）：80–82.

[48] 崔乃鑫，张宝进．大学生军训的育人功能 [J]．辽宁工程技术大学军事教学部，辽宁工程技术大学学报（社会科学版）．2010（1）.

[49] 肖云．王瑞杰．蔡建碧．提高大学生社团活动质量的思考 [J]．高校辅导员学刊．2010（10）：40–44.

[50] 孙沩睿，丁小浩 . 大学生课外参与投入的适度性研究 [J]. 大学教育科学，2010（6）：53–61.

[51] 石芳华 . 本科教育质量评价改革新视角：学习投入度 [J]. 现代教育管理，2010（5）：51–54.

[52] 刘明海 . 社会主义核心价值体系引领高校网络思想政治教育的策略浅析 [J]. 毛泽东思想研究，2011（05）：152–156.

[53] 司保江 . 孙梦青 . 由国外大学学生社团建设和发展得到的启示 [J]. 河南教育 .2011（10）：52–53.

[54] 刘峰 . 用社会主义核心价值体系引领大学生思想政治教育工作 [J]. 思想理论教育导刊，2012（09）：96–98.

[55] 胡三嫚 . 大学生社团参与质量的实证研究 [J]. 高教探索，2012（01）：128–133.

[56] 黄爱华，陆娟 . 组织文化认同度与组织绩效关系研究 [J]. 商业时代，2012（01）：89–90.

[57] 王巍 . 新民主主义革命时期我国高校的学生会组织 [J]. 中共山西省委党校学报，2012（10）：105–106.

[58] 张华 . 民国时期大学学生管理述论 [J]. 兰台世界，2012（9）：23–24.

[59] 林晓峰，朱志明，刘磊 . 大学生践行社会主义核心价值体系的社会影响因素探究 [J]. 思想理论教育导刊，2012（09）：88–93.

[60] 龙希利 . 樊立三 . 应用型人才培养视野下的学生社团管理路径选择 [J]. 山东省团校学报 .2012（6）：43–45.

[61] 刘化波 . 探析大学生社团服务应用型人才的培养 [J]. 合作经济与科技 .2012（446）：99–101.

[62] 杨晓宏，贾巍 . 基于利益相关者视角的农村中小学现代远程教育工程应用效益评估研究 [J]. 电化教育研究，2013，（10）：52–57.

[63] 侯旻翡，谭钊 . 高校校园文化活动品牌培育探究——以广东省高校校园文化活动优秀品牌为例 [J]. 广西青年干部学院学报 .2013（03）.

[64] 姜新 . 应用型本科院校教研室指导专业性学生社团的实践教学模式研究 [J]. 大学教育 .2013（2）：117–118.

[65] 许利敏.国外学生社团发展特点及对我国高校的启示 [J].赤峰学院学报.2013（34）：259–261.

[66] 赵欢春.大学生社会主义核心价值观认同路径研究 [J].江苏社会科学，2014（03）：7–11.

[67] 覃轶珊.大学生社会主义核心价值观培育和践行的路径探析 [J].思想理论教育导刊，2014（08）：109–112.

[68] 王春明.大学生践行社会主义核心价值观的内涵与路径 [J].中国高等教育，2014（19）：39–41.

[69] 林长兴.试析高校学生参与管理的问题与对策 [J].高教探索.2014（02）.

[70] 杨立军，韩晓玲.基于 NSSE-CHINA 问卷的大学生学习投入结构研究 [J].复旦教育论坛，2014（3）.

[71] 郭冬娥.技术应用型人才培养视域下的学生社团建设探析 [J].江苏高教.2014（5）：127–129.

[72] 秦玉国.应用型人才培养模式下高校学生科技创新类社团建设研究 [J].山东青年政治学院学报.2014（4）：84–87.

[73] 王志军.现代大学制度视域下学生参与制度探析 [J].教育评论.2016（05）.

[74] 吴勇.新时期高校军训教学的改革与实践.教育理论与实践，2017（24）.

[75] 王文.中国大学生学习投入的内涵变化和测量改进——来自"中国大学生学习与发展追踪调查"（CCSS）的探索 [J].中国高教研究.2018（12）：39–45.

[76] 陈立明；刘炳辉；曹亮.群体性互动学习：高校读书会的本质与模式分析.青少年研究与实践，2019（04）.

[77] Hoppock R.Job satisfaction[M].*New York:Harper & Brothers Publishers*,1935.

[78] Herzberg F.,Mausner B.,Peterson R.O.&Capwell D.F.Job Attitudes:Review Of Research and Opinion.Pittsburgh[J].*PA:Psychological Service of Pittsburgh*,1957.

[79] Kotter.The Psychological Contract[J].*California Management Review*,1973（15）.

[80] Wanous J.P.A Causal–corelational Analysis of the job–satisfaction and Performance Relationship[J].*Journal of Applied Psychology*,1974.

[81] Finn J.D. Withdrawing from school[J]. *Review of Educational Research*,1989（59）:117–142.

[82] Zimmerman B J. A social cognitive viewof self–regulated learning[J].*Journal of Educational Psychology*,1989,（03）.

[83] Pintrich P R,De Groot E V.Motivational and Self–regulated Learning Components of Classroom Academic Performance[J].*Journal of Educational Psychology*,1990,（01）

[84] Dehyle.D.Constructing failure and maintaining cultural identity: Navajo and Ute school leavers[J]. *Journal of American Indian Education*,1992,31（2）: 25–46.

[85] Astin,A.W. Assessment for excellence: The philosophy and practice of Assessment and Evaluation in Higher Education[M].*ORYX Press*,1993.

[86] Borman WC,Brush DH.More Progress toward a taxonomy of managerial Performance requirements[J].*Human Performance*,1993（1）.

[87] Rousseau, D.M.& Park,J.M.The contract of individuals and organizations[J].*Research in organizational behavior*,1993（15）.

[88] orman WC,Hanson M,Hedge J.Personnel selection[J].*Annual ReviewPsychology*,1997.

[89] Rousseau,D.M.&Tijoriwala,S.A.Assessing Psychological Contracts:Issues,Alternatives and measures[J].*Journal of organizational Behavior*,1998（19）.

[90] Porter,LW,Pearce,JL,Tripoli,AM,&Lewis,KM.Differential perceptions of employers'inducements:i mplications for psychological contracts[J].*Journal of Organizational Behavior*,1998（19）.

[91] Lee,C,Tinsley,C.H.& Chen,G.Z.,Psychological Normative Contracts of Work Group Member in the US and Hong Kong,in Rousseau（Ed）Psychological Contract in Employment: Cross–national Perspective[J],*Sage*,2000.

[92] Kathryn MB.Influence of Performance evaluation rating segmentation on Motivation and fairness perceptions[J].*Journal of Applied Psychology*,2001（6）.

[93] S.D.Johnson al. Team development and group processes of virtual learning teams [J].*Computer and Education*,2002.

[94] KUH G D. What we're learning about student engagement from NSSE[J].*Chang*, 2003, 35（2）: 25–32.

[95] Reeve J.,Tseng C.–M. Agency as a fourth aspect of students' engagement during learning activities[J].*Contemporary Educational Psychology*,2011,36（4）:257–267.

[96] Reeve J. How students create motivationally supportive learning environments for themselves:The concept of agentic engagement[J].*Journal of Educational Psychology*,2013,105（3）:579–595.

[97] Sinatra G. M., Heddy B.C., Lombardi D. The Challenges of Defining and Measuring Student Engagement in Science[J].*Educational Psychologist*,2015,50（1）:1–13.

[98] Rimmkaufman S. E., Baroody A. E., Larsen R. A. A., Curby T. W., Abry T. To what extent do teacher–student interaction quality and student gender contribute to fifth graders' engagement in mathematics learning?[J].*Journal of Educational Psychology*,2015,107（1）:170–185.

[99] ZUSHO A. Toward an integrated model of student learning in the college classroom[J].*Educational Psychology Review*,2017,29（2）:301–324.

三、硕博学位论文

[1] 庞维国 . 自主学习——学习与教的原理和策略 [D]. 华东师范大学，2003.

[2] 宣勇 . 大学组织结构研究 .[D] 华东师范大学，2004.

[3] 杨小兵 . 聚类分析中若干关键技术的研究 [D]. 浙江大学，2005.

[4] 郝英奇 . 管理系统动力机制研究 [D]. 天津大学，2006.

[5] 周敏 . 独立学院本科应用型人才培养模式研究周敏 [D]. 理工大学，2006.

[6] 丁小明 . 大学本科应用型人才培养研究 [D]. 广西师范大学，2006.

[7] 周绍斌 . 高等院校培养本科应用型人才的问题与对策研究 [D]. 西南大学，2007.

[8] 李春明 . 基于博客师范生学习共同体的互动研究 [D]. 首都师范大学，2007.

[9] 翟承强 . 高校学生社团的功能及其拓展问题探讨 .[D] 山东大学，2007.

[10] 周庆莎 . 体验视域下大学生社团的德育价值研究 .[D] 西南大学，2008.

[11] 董兴 . 高校学生社团管理研究探析 .[D] 山东大学，2008.

[12] 陈曦 . 大学生社团活动管理研究 [D]. 中南民族大学，2008.

[13] 周硕 . 大学生学风建设途径新探 [D]. 中南大学，2008.

[14] 柏晟 . 面向终身学习的专题虚拟社区研究 [D]. 湖南师范大学，2009.

[15] 李真 . 高校学生社团成员满意度研究——以 S 大学为例 .[D] 上海师范大学，2009.

[16] 熊继承 . 大学生学术型社团发展的问题与对策研究 [D]. 中南大学，2009.

[17] 郭三强.基于生态学习观的虚拟学习社区的构建研究 [D].浙江师范大学，2010.

[18] 朱敏.国外终身学习政策推展模式研究 [D].华东师范大学，2010.

[19] 郭倩.论终身学习对人的全面发展 [D].北京邮电大学，2010.

[20] 罗妍妍.新时期高校学生社团管理模式创新研究 [D].西南交通大学，2010.

[21] 腾佩容.高校学生社团组织与大学生全面发展研究 [D].兰州大学，2010.

[22] 范秀娟.我国本科应用型人才培养的探索和研究 [D].兰州大学，2010.

[23] 王静.网络学习共同体参与主体的学习动机研究 [D].广西师范大学，2010.

[24] 李涌涛.论高校学生军训制度化建设 [D].中山大学，2010.

[25] 王艳.新时期大学生理想信念教育实效性研究 [D].辽宁师范大学，2011.

[26] 刘敏.当代大学生理想信念教育实效性研究 [D].四川农业大学，2011.

[27] 李瑶孺.基于能力结构的应用型人才培养研究 [D].大连理工大学，2011.

[28] 常青.高校学生社团问题研究 [D].东北师范大学，2012.

[29] 李朝阳.高校学生社团现状研究 [D].苏州大学，2013.

[30] 于雪燕.利益相关者视角下高校学生参与权的实现路径探究 [D].山东师范大学，2013.

[31] 黄韵.大学生学习共同体构建研究 [D].广西师范学院，2013.

[32] 牟佳杰.论军训对大学生国防意识的影响——以上海大学为例（D）.上海大学，2013.

[33] 古添雄.高校学生军训管理研究——基于中山大学"一体两翼"军训管理实践 [D].天津师范大学，2013.

[34] 向华.民国前期学生自治研究 [D].华中师范大学，2014.

[35] 史丹.组织文化视角下的高校学生社团文化研究 [D].江西师范大学，2015.

[36] 王大春.我国高校学生社团建设研究 [D].哈尔滨理工大学，2015.

[37] 刘宁宁.高校大学生社团参与质量及其影响因素研究 [D].浙江师范大学，2016.

[38] 陆凯.高校学生社团文化建设研究 [D].大连理工大学，2019.

后　记

在本书即将完成之际，回顾过往，感悟油然而生。我与学生社团的渊源可以追溯到十五年前，机缘巧合之下，我成为学校艺术团话剧队的指导老师。在与队员们共事的过程中，他们对话剧的热爱与执着深深触动了我。为了实现"拥有属于自己的话剧专场"的梦想，即使可能性微乎其微，他们也愿意付出艰辛的努力去争取，这种精神令我深感敬佩。因此，我决定与他们并肩作战，共同实现了他们的梦想——举办学校首个话剧专场。那场演出取得了巨大成功，话剧队因此升格为话剧团，从此开启了开挂般的社团发展之路。这次难忘的经历不仅让我对话剧产生了浓厚的兴趣，也让我认识到学生社团在育人方面具有的惊人能量和巨大潜力。

从那时起，我开始对学生社团进行深入研究，希望能探索出更多有关社团发展的规律和经验。回顾这一路走来，感慨万千，有幸得到了许多老师的悉心指导和无私帮助。他们不仅在专业知识上给予了我极大的支持，还在我遇到困难时无数次伸出援手，给予了我鼓励和鞭策。特别要感谢蒋天颖教授、吴勇教授、李书彦教授、张维朋教授，他们严谨的治学风范和深厚的学术造诣，给予我很大的启发。内心深处真的很感激各位老师对我的指导与帮助，在此，向各位前辈表示诚挚的感谢和崇高的敬意！

此外，还要感谢曾一起共事的各位"战友"，与你们并肩作战过程中，耳濡目染、潜移默化，使我接受了很多全新的思想观念和思维方式。此书也是结合我们共同的实践进行的一些思考、总结和提炼，书中的一些案例实践承蒙各位同事不吝"赐教"。本拙作必有不成熟、不完善之处，恳请各位前辈与同仁多多批评指正。

　　写作终于画上句号，即将付梓之际，回顾往昔，心中泛起层层感念之情。感谢父母，感谢丈夫，对我工作的理解与支持；感谢女儿健康懂事；感谢自己，已过不惑，黑发还在，工作热情犹存。